rororo aktuell Essay – Herausgeber
Ingke Brodersen · Freimut Duve

W0272435

ROLF HENRICH

Der vormundschaftliche Staat

Vom Versagen des real
existierenden Sozialismus

rororo

Rowohlt

Originalausgabe
Redaktion Thomas Becker

Veröffentlicht im Rowohlt Taschenbuch Verlag GmbH,
Reinbek bei Hamburg, April 1989
Copyright © 1989 by Rowohlt Taschenbuch Verlag GmbH,
Reinbek bei Hamburg
Alle Rechte vorbehalten
Umschlagentwurf Jürgen Kaffer / Peter Wippermann
Satz Baskerville (Linotron 202)
Gesamtherstellung Clausen & Bosse, Leck
Printed in Germany
20 00-ISBN 3 499 12536 6

INHALT

EINLEITUNG

«Am Anbeginn war Kunze mit sich eins, daß Hinze zu seinem Glück gezwungen werden müsse. Denn selber schien der nicht zu wissen, was ihm guttut, er stand an seiner Maschine, man mußte ihn mit der Nase auf den Plan und die Prämie stoßen. Als Kunze aber in entwickelter Phase wieder an die Maschine trat, sah er Hinze nicht klüger geworden; jetzt lief ohne materielle Hebel nichts mehr. Der Zwang hatte nicht angeschlagen. Es half nicht durchzugreifen; irgendwie griff die Methode nicht. Er schlich in seine Etage zurück, von einem fantastischen Gedanken verfolgt. ES GAB VIELLEICHT KEINE MACHT AUF ERDEN, DIE HINZE WIDER WILLEN BEFREIEN, IHN OHNE SEIN WISSEN GLÜCKLICH MACHEN KONNTE.»

Volker Braun: Fantastischer Gedanke

Der vormundschaftliche Staat – mit diesem Titel will ich an das hierzulande stillgelegte Unternehmen Aufklärung erinnern. Denn spätestens seit dem «Sieg der sozialistischen Produktionsverhältnisse» sind die Hoffnungen aus den Gründerjahren des Staatssozialismus verflogen, daß geänderte Eigentumsverhältnisse an den Produktionsmitteln und ein aufrechter Gang des Menschen automatisch zusammengehen. Wenn diese Hoffnungen sich aber nicht erfüllt haben, dann ist erst einmal wieder die Frage zu klären, worin unser Leiden im Staatssozialismus besteht. Schließlich muß das Verstehen und Innewerden des wahren Leidens immer der erste Schritt eines Weges sein, der zur Aufhebung des Leidens führt. Jedenfalls lehren es uns so die Vier Vortrefflichen Wahrheiten.

Bilanzieren wir einmal unvoreingenommen die für eine aufgeklärte, selbstbestimmte Existenzweise verfügbaren objektiven und subjektiven Möglichkeiten, dann ist der Widerspruch zwischen der heute schon lebbaren und der tatsächlich verwirklichten menschlichen Verfassung gar nicht zu übersehen. Ganz allgemein können wir deshalb sagen, wir leiden an dem Unvermögen, das Prinzip der Selbstbestimmung in unserem Handeln zu verwirklichen. Und der vormundschaftliche Staat ist der krasseste Ausdruck dieses Unvermögens.

Wer sich in das Gedächtnis ruft, wie Immanuel Kant die epochale Frage «Was ist Aufklärung?» beantwortet hat, dem wird schlagartig das hier angesprochene Defizit praktischer Vernunft bewußt, das den Alltag des Sozialismus so geleithammelt erscheinen läßt. Welche Gedanken würden wohl wachgerufen, läse man den zumeist gelangweilten Hörern einer beliebigen Philosophievorlesung an unserer hauptstädtischen Alma mater den berühmten einführenden Absatz der Kantischen Antwort auf die Aufklärungsfrage vor? «...Aufklärung ist der Ausgang des Menschen aus seiner selbst verschuldeten Unmündigkeit. Unmündigkeit ist das Unvermögen, sich seines Verstandes ohne Leitung eines anderen zu bedienen.»[1] Und wer hätte den Mut, nach Sätzen solchen Zuschnitts noch den pikanten Einwand J. G. Hamanns vorzubringen, der den brandaktuellen Gesichtspunkt der «selbstverschuldeten Unmündigkeit» spinozistisch wendet, indem er von «einer allerhöchst selbstverschuldeten Vormundschaft» spricht?

Wie kümmerlich die Vernunft ist, die unter sozialistischen Verhältnissen waltet, veranschaulicht diese kleine Spekulation nur annähernd. Nichts wäre allerdings verhängnisvoller, als in diesen Zuständen ausschließlich die Objektivationen des Kräfteparallelogramms einer totalen Macht im Staatssozialismus sehen zu wollen. Ohne die das moralisch-praktische Handeln lähmende «Angst vor selbständiger, freiheitlicher Lebensführung» oder allgemeiner: ohne die subjektive Rückendeckung der Politbürokratie durch die Machtunterworfenen in den Blick zu nehmen, sind die Voraussetzungen der «allerhöchst selbstverschuldeten Vormundschaft» nicht aufzuklären. Die wehleidige Selbsteinschätzung, wir allesamt seien «Opfer der politischen Macht», übersieht geflissentlich, daß derjenige, der diesen Schluß für sich gezogen hat, selber meist durch Unterlassen zur Erhaltung eines Systems der Verunselbständigung beihilft. Die martialischen Drohgebärden der Sicherheitsapparate im Staatssozialismus sind natürlich nicht zu übersehen. Unter diesen Umständen wird es dem einzelnen wie nirgendwo sonst leichtgemacht, sich vor sich selber zu entschuldigen.

Die Opfermentalität ist eine Form des Selbst-Betrugs. In dieser Form erscheinen die Verhältnisse im Sozialismus stets wie mit einem Schleier der Negativität überzogen. Anderen dagegen erscheinen dieselben Verhältnisse grundsätzlich positiv. Die tatsächlich vorhandenen guten Seiten müssen in dieser zweiten Einstellung herhalten, damit wir uns einreden können, auch die übrigen Dinge, von denen wir längst Gegenteiliges wissen, seien gar nicht so schlimm, wie wir denken.

Ich glaube nicht, daß meine Betrachtungsweise frei von Selbstbetrug ist. Ich hoffe aber, die gegebene Darstellung des Sozialismus sei letztendlich weniger selbstbetrügerisch als andere; womit lediglich gesagt sein soll, daß diese Darstellung für sich in Anspruch nimmt, besser zum Verstehen des Staatssozialismus beizutragen. Wäre das der Fall, dann hätte das vorliegende Buch seinen Zweck erfüllt. Denn Verstehen ist ja immer auch ein Modus des bewußten Seins. Und im Verstehen wurzelt die Sicht, in der sich uns die Wirklichkeit darstellt.

Im Begriff «vormundschaftlicher Staat» fasse ich meine Kritik am zeitgenössischen Sozialismus zusammen! Diesen Begriff verdanke ich der Lektüre des leider vergessenen Eduard Gans, des akademischen Lehrers von Karl Marx. Hegel überdenkend stellt Gans in seiner Gegenüberstellung der Staatsphilosophie einerseits und der preußischen Verfassungswirklichkeit andererseits fest, daß weder die Kategorien des absoluten noch des patriarchalischen oder des konstitutionellen Staats auf Preußen Anwendung finden könnten, weshalb die Rubrik gesucht werden müsse, die ihm eigentümlich sei. «Es kann nur eine solche sein», so die Antwort von Gans, «die von allen diesen Seiten eine Beimischung enthält, die am absoluten, väterlichen und verfassungsmäßigen Staat teilhat, die den östlichen und westlichen Bestandteil zu verbinden und die Grundsätze der Alleinherrschaft in der Wirklichkeit einer mäßigen Freiheit auszuüben sucht. Diese Kategorie ist die des *vormundschaftlichen Staates*.»[2]

Die Konsequenz aus dieser Begriffsbestimmung besteht für Gans wie bei der familienrechtlichen Institution der Vormundschaft darin, daß die dieser staatsphilosophischen Kategorie entsprechenden Verhältnisse immer nur vorübergehenden Charakter tragen können. Denn die

Staatsgewalt, die anstelle des Bevormundeten entscheidet, kann natürlich nur so lange berechtigt sein, wie sie begründet für diesen und nicht etwa zu eigenen Gunsten gebraucht wird. Hindert die Staatsgewalt den Bevormundeten daran, mündig zu werden und selbstbestimmt zu leben, wird sie reaktionär. In dieser Weise benutzt, soll der Begriff des «vormundschaftlichen Staates» von vornherein an die in der Aufklärung entworfene Perspektive des mündigen Menschen erinnern.

Der Status des Menschen im Sozialismus, wie er sich zwischen Oder und Elbe herausgebildet hat, ist genau noch der eines Mündels! Der einzelne Mensch ist hier an sich frei, ja er ist nicht einmal mehr abhängig von irgendwelchen Produktionsmitteleigentümern, da er ja Miteigentümer des Volkseigentums ist, wie es heißt; allein die Praxis, die Praxis sieht ganz anders aus; was der Mensch da längst selber tun könnte und worüber er allein entscheiden sollte, das vollführt in der Regel ein anderer, weil man unterstellt, die Menschen seien noch nicht reif genug. Wie das im einzelnen aussieht, werde ich später zeigen. Hier will ich lediglich noch einmal unterstreichen: Wenn staatliche Autorität, wie wir sie erleben, in ihrer paternalistischen Form überhaupt noch möglich ist, dann hängt das ebenso mit frühkindlichen Empfindungen der Hilflosigkeit zusammen wie mit massenhaften Regressionen des Selbstwerterlebens, die das praktisch erlittene Schicksal der Ohnmacht bei den Machtunterworfenen auslöst. Viele dürstet geradezu nach der Sicherheit und Geborgenheit versprechenden Autorität. Nicht die strikt und unpersönlich das Gesetz vollstreckende Autorität wird gewünscht. Menschlichen Wunschvorstellungen kommt offenbar nicht selten die polternde, etwas altmodische Bürokratie näher, die in der Wut ihre Fähigkeit unter Beweis stellt, uns in Schutz zu nehmen, deren noch deutlich sichtbare «menschliche» Schwächen aber zugleich unser Selbstwerterleben spürbar entlasten.

Wer wissen will, in welcher Form sich diese subjektive Verfassung widerspiegelt, muß sich nur richtig vor Augen führen, welches Zeremoniell gilt, sobald der Generalsekretär der Staatspartei irgendwo in der Öffentlichkeit aufkreuzt. Lackschwarze Staatskarossen, schwerbewaffnetes Gefolge sowie Geheimpolizisten vor und hinter den Kulissen bilden den Rahmen für die versteckt drohende Selbstdarstellung der Autorität – deren Bedrohlichkeit jedoch sogleich gemildert wird durch die organisierte Einbeziehung von Kindern in das Empfangsritual: Der alte Mann ist ansprechbar, er reagiert mit freundlichen Verhaltensweisen der Kinderfürsorge, tätschelt die lieben Kleinen, kann sich schwer von ihnen losreißen. Wer kennt das nicht?

Doch welche über die übliche Gängelei hinausgehenden Phänomene sind es nun, für die der Begriff «vormundschaftlicher Staat» im folgenden einstehen soll? Was die DDR anbelangt, so ist damit zunächst die «östliche Beimischung» angesprochen. Der vormundschaftliche Staat ist hier ja in gewisser Weise selber ein «bevormundeter» Staat. Der «vormundschaftliche» Einfluß der Sowjetmacht ist nicht zu übersehen, denn er ist offiziell in staatsrechtlicher Form gesichert. Jenseits aller parteiamtlicher Idealisierungen des «Bruderbundes» (der übrigens notwendiger denn je ist!) besteht wenigstens in diesem Punkt eine Interessengemeinschaft zwischen der Politbürokratie und den ihrer Macht unterworfenen Menschen, die allzuoft einfach vergessen wird.

Doch der Einfluß der Sowjetmacht ist tiefer dimensioniert als allgemein angenommen. Das ist ein erster Grund, warum ich in diesem Buch abermals das unter Marxisten heißumstrittene Problem der «asiatischen» Produktionsweise/Despotie aufwerfe. Erst diese Überlegungen ermöglichen es nämlich, die zeitgenössische «östliche Beimischung» als «Formationsverdrängung» genauer zu erklären. Vor dem Hintergrund dieser Darstellung werde ich dann zeigen, in welcher Weise das staatssozialistische Herrschaftssystem – weit über die industrielle Arbeitswelt hinausgreifend – ehemals relativ autonome Lebensverhältnisse mit Macht vormundschaftlich strukturieren will.

Ein weiterer Grund, über die von Marx so genannte «asiatische» Produktionsweise zu sprechen, betrifft die Legitimation der politbürokratischen Herrschaftsform. Unsere politische Klasse fühlt sich zu einem ganz bestimmten Handeln berufen und berechtigt, da sie der Meinung ist, mit ihrer Politik das Gesetz der Geschichte zu vollstrecken. Bei ihrem Tun mangelt es den Führern der politischen Klasse gewiß nicht am guten Willen, aber sie sind, wie wir sehen werden, in ihrem Handeln gefährlich eingeschränkt, weil die «Grundlügen» des Systems um jeden Preis aufrechterhalten werden müssen. Von daher erklärt sich die dogmatische Sicht der für die historische Legitimation wichtigsten Ereignisse, besonders der Oktoberrevolution (und davon abgeleitet des Vorgangs der «Formationsverdrängung» in den osteuropäischen Ländern). Wollen wir die Verwirrtheiten des politischen Denkens klären, wird es darauf ankommen, den Blickwinkel vor allem im Hinblick auf diese angeblichen Schicksalsereignisse wieder zu erweitern. Dies soll in der vorliegenden Schrift exemplarisch versucht werden. Damit will ich zugleich andere ermutigen, ebenfalls mit einer eigenen Sichtweise zur historischen Wahrheitsfindung beizutragen.

Wenn wir uns klarwerden wollen über die heutigen Verwirklichungschancen des «Unternehmens Aufklärung», dann kommen wir an einer systematischen Kritik des Staatssozialismus nicht vorbei. Dieser Kritik ist der zweite Teil des Buches gewidmet. Die Gründer des ersten deutschen Arbeiter- und Bauernstaates hatten seinerzeit viel Gutes im Sinn, und der Gesellschaftsbau, der ihnen vorschwebte, war erklärtermaßen auf ein «besseres Deutschland» gerichtet. In ihrem Traumland sollte es keine Klassenunterschiede und keine Sorge um den Lebensunterhalt mehr geben. Gefragt, wodurch der erwünschte Gesellschaftsbau zusammengehalten werden sollte und was der wichtigste Inhalt des neuen Lebens sein könnte, hätten die Aktivisten der ersten Stunde nicht gezögert, sich einer Voraussage Georg Lukács' anzuschließen. «Auf diese Frage», meinte Lukács, «können wir nur von der Seite der Moral eine Antwort erhalten. Die radikale Ausmerzung der Klassenunterschiede hat bloß dann einen Sinn gehabt, wenn dadurch alles aus dem zwischenmenschlichen Leben verlorenging, was die Menschen voneinander getrennt hat: jeglicher Zorn und Haß, jeglicher Neid und Hochmut. Mit einem Wort: wenn die klassenlose Gesellschaft die Gesellschaft der gegenseitigen Liebe und des Verständnisses sein wird.»[3]

Heute sind wir uns unserer Sache unsicher geworden. Wer könnte schon ruhigen Gewissens behaupten, wir seien auf dem Wege in eine Gesellschaft gegenseitiger Liebe und menschlichen Verständnisses? Aber die Unsicherheit und die Enttäuschung über unsere gesellschaftliche Wirklichkeit können heilsam sein, wenn wir über dieses Empfinden nicht hinwegreden. Indem wir unsere Zweifel offen aussprechen, wenden wir uns ja bereits von einem «Wissen» ab, welches vor lauter Arroganz vergessen hat, «daß es nichts weiß». Wir beseitigen damit wenigstens einen Teil des ideologischen Schleiers. Und auf uns selber zurückverwiesen, lernen wir wieder, die Frage nach dem wahrhaft Guten mit eigenen Worten zu stellen. Diese «praktische» Frage werde ich an den verschiedensten Stellen und in den unterschiedlichsten Zusammenhängen und Formen aufwerfen.

Schon bei der Formulierung «praktischer» Fragen geraten Marxisten gewöhnlich von Hause aus ins Stottern. Bereits Marx übernahm von Hegel die Abneigung gegen alles Seinsollende und den Satz, daß allein das vernünftig ist, was wirklich ist; obschon dieses immer in seiner Entwicklung – gewissermaßen im Werden und Vergehen – begriffen werden sollte. Das klassische Werk von Karl Marx bleibt allemal bedeutsam für das Verständnis der Politökonomie in unserer Zeit. Aber weder aus der Analyse des Warencharakters der menschlichen Arbeit noch aus der von Marx untersuchten Produktionslogik lassen sich kulturelle Werte und Normen herauslesen. So kann der funktionalistische Marxismus-Leninismus bis heute das Problem der Begründung praktischer gegenüber der Begründung theoretischer Fragen offenhalten, ohne damit erkennbar gegen die kanonisierten Schriften verstoßen zu müssen. Indem er die Richtlinien praktischer Politik und handlungsorientierende Werte allein aus dem Faktum des Bestehenden herzuleiten versucht, bestätigt er dieses nur. Die das öffentliche Leben im Sozialismus prägende Machtanbetung straft alle anderslautenden Versicherungen Lügen.

Dabei war gerade die interessengeleitete Verkleidung der Sachzwänge des Arbeitsprozesses in moralisch-praktische Normsätze einmal der ureigenste Angriffspunkt der marxistischen Kritik. Diese aber operierte bei allen Zweideutigkeiten von der ersten Stunde an unter dem kategorischen Imperativ, wonach «alle Verhältnisse» zu zerschlagen sind, ich unterstreiche noch einmal, *alle Verhältnisse*, «in denen der Mensch ein erniedrigtes, ein geknechtetes, ein verlassenes, ein verächtliches Wesen ist»[4].

Wohin sind wir eigentlich gekommen, wenn uns die Glossatoren des Marxismus-Leninismus inzwischen rüdeste polizeiliche Ordnungsvorstellungen und eine sklavische Arbeitsdisziplin unter Berufung auf Marx als die höchsten Güter der Menschheit preisen dürfen? Man hat schon der alten Arbeiterbewegung nicht zu Unrecht angekreidet, daß sie sich selber kaum jemals moralkritisch befragt hat. Zunächst klangen angesichts der Verelendung des Proletariats ihre Forderungen nach Abschaffung der Ausbeutung ja auch derart überzeugend, daß der Klassenkampf mitsamt den dabei angewandten Mitteln gerechtfertigt erscheinen mußten. Seit der Marxismus jedoch in Gestalt des Leninismus zur ideologischen Staatspartei geworden ist, muß er dazu herhalten, die Anwendung einer Doppelmoral zu stützen. Mit Marx und Engels wird begründet, warum man diejenigen Menschen, die das Bestehende bessern wollen, in einer Weise behandelt, wie man selber nicht behandelt werden möchte. Es gehört zur Tragik der marxistischen Idee, daß sie genau das, wogegen sie sich einst gewandt hatte, heute auf höherer Stufenleiter mit reproduziert: ein System der Politökonomie, welches nur noch gewaltsam aufrechterhalten werden kann.

Das alles ist mir Anlaß genug, um anhand des kategorischen Imperativs nach der «Tugend des Systems» zu fragen. Die mit dieser Frage verbundene normative Negation des Bestehenden kann aber nur dann richtig sein, wenn sie niemals den Zusammenhang aus den Augen verliert, der zwischen der Herausbildung des eigenen (falschen) Ich und der Erhaltung des Systems besteht. Denn oftmals ist es nicht «Der Große Bruder», sondern das «Große Ich», welches uns erfolgreich daran hindert, entsprechend dem Prinzip der Selbstbestimmung zu leben. Grundlegend wird jeder soziale Wandel deshalb immer erst dann, wenn sich die Menschen selber durch die Erneuerung ihres Geistes wandeln.

Heute stehen wir an einem Punkt in der Entwicklung des Staatssozialismus, wo die Erkenntnis reift, daß die weitere Wirksamkeit der marxistischen Aufklärung wesentlich davon abhängt, ob es ihr gelingt, philosophisch wieder den Blick zu öffnen auf «das eine», das kein «zweites» leidet. Dieses ewige, eine, ungeteilte Sein, davon die großen Weltreligionen in allen Sprachen reden, kann aber alleine der wahrhaft schauen – und das gilt unterschiedslos für Christen und Marxisten –, dessen Auge «einfältig» ist, wie es bei Matthäus heißt. Fragen dieser Art stehen im dritten Teil des Buches im Vordergrund. Dabei geht es keinesfalls um eine Flucht vor der Wirklichkeit des Staatssozialismus in ein religiöses Scheinleben. Ganz im Gegenteil: Um der Befreiung des «inneren Menschen» willen bedarf es eines natürlichen Zugangs zu den Urbildern des Lebens. Erst aus seinem religiösen Wesen fließen dem Menschen die Kräfte zu, die zusammen mit der Vernunft das Vermögen zur Selbstbestimmung begründen.

Wie müßte eine Neugliederung des Staatssozialismus beschaffen sein, um einen Gesellschaftsaufbau hervorzubringen, der den Bedürfnissen des «inneren Menschen» gerecht wird, eine Gesellschaft, die anstelle der Vormundschaft die mündige Selbstbestimmung der Menschen setzt? Was können wir selbst dazu tun, wo liegen die Ansatzpunkte alternativen Handelns? Um die Suche nach Antworten auf diese Zukunftsfragen soll es im Schlußteil des vorliegenden Buches gehen. Dabei besteht jedoch eine Schwierigkeit. Während der gegebene politökonomische Handlungsrahmen im Staatssozialismus mit einiger Genauigkeit rekonstruiert werden kann, lassen sich die künftigen globalen Handlungsbedingungen für ein selbstbestimmtes Leben nicht mit Gewißheit vorhersagen. Nur eines wissen wir ganz sicher: die Zukunft wird uns Unvorhergesehenes bringen. Mag sein, daß den Industriegesellschaften in Ost und West gleichermaßen ein abruptes Ende bevorsteht, wenn sie weiter so wirtschaften wie bisher – ohne Rücksichtnahme auf das soziale und ökologische Gleichgewicht des Planeten, bar jeglichen Mitleids mit sich selber und den Verdammten dieser Erde. Vielleicht wird eines Tages «Stalin für die Welt» mindestens ebenso überlebensnotwendig sein wie «Brot für die Welt», um den erwirtschafteten Mangel unter der Aufsicht einer despotischen Weltregierung gerecht zu verteilen. Der Realismus einer solchen negativen Prophetie wird entscheidend davon abhängen, ob und wann es uns in den produzierenden und verbrauchenden reichen Ländern des Nordens gelingen wird, zunächst einmal im Inneren unseres Herzens und im Inneren unserer Gesellschaften Solidarität zu stiften – damit die Kriegsgefahr gesenkt, die drohende ökologische Katastrophe abgewendet und ein weitgehend gewaltfreier Konsens mit den Armen im Süden gefunden wird.

Wir sollten uns nichts vormachen: Es ist höchst unwahrscheinlich, daß die beängstigenden Menschheitsprobleme global gelöst werden. Für sich genommen ist das dennoch kein Grund, die Versuche abzubrechen, um die Verhältnisse zum Besseren zu wenden. Gemessen an den vorherrschenden Systemstrukturen waren soziale Umwälzungen allemal unwahrscheinlich. Das ist heute nicht anders als etwa am Ausgang des Mittelalters. Niemals in der Geschichte hat es eine Gesellschaftsformation gegeben, die sich selber als Provisorium begriffen hätte. Lediglich der Sozialismus kokettierte kurzzeitig in der akademischen Selbstreflexion mit dem Begriff der «Übergangsphase in den Kommunismus», ohne daß dies allerdings irgendwelche Konsequenzen nach sich gezogen hätte. Und dennoch hat der geschichtliche Wandel stets Unwahrscheinliches wahrscheinlich werden lassen. Der Mensch kann anders, wenn er will!

Welcher immense Aufwand notwendig sein wird, um menschlichere und demokratische Strukturen auszubilden, kann man sich vor dem Hintergrund der steinzeitlichen Freiheitsbeschränkungen, des verbreiteten Paternalismus usw. schnell vergegenwärtigen. Gerade in der heutigen Entwicklungsphase des Staatssozialismus, wo wir in Moskau den wohl aufgeklärtesten industriellen Despoten amtieren sehen, den wir uns jemals hätten wünschen können, dämmert es mancherorts, daß die Probleme des Staatssozialismus mit einem Kaderwechsel an der Spitze ganz sicher nicht gelöst werden. Zudem ist bisher nicht entschieden, worum es den Reformern um Michail Gorbatschow zu tun ist; ob das weitere Wachstum der sowjetischen Industrie für sie Vorrang hat, wozu ja allein schon Antriebskräfte in großem Stil – einschließlich der dazu gehörenden politischen Motivation – erschlossen werden müßten, oder ob es den Reformern um ein «gelungenes Leben» im ethischen Sinne geht.

Sicher, wir wissen wenig darüber, was in einer sozialistischen Gesellschaft als gelungenes Leben gelten darf. Was ich dazu sagen kann, ist nicht viel mehr, als daß uns ein Leben in der Wahrheit so lange verwehrt sein wird, bis wir mündig sind, die klassische Frage nach dem wahren und guten Leben angstfrei und öffentlich zu stellen.

Das Mündig-Werden des Einzelmenschen ist ein historischer Prozeß innerhalb der bestehenden Verhältnisse und darüber hinaus. Das gilt in jeder Hinsicht! Das «gewöhnliche Leben» aber, in dem dieser Prozeß seinen Ausgang nehmen soll, ist in der Gegenwart zerfurcht vom Gegensatz der politischen Systeme, die sich um den Ost-West-Antagonismus herum gruppiert haben. Fragen wir also zuerst einmal danach, wie es zu diesem Widerspruch gekommen ist. Für den Marxismus ist diese Frage identisch mit der Frage nach dessen Vorläuferformationen des Staatssozialismus und dessen eigener Stellung in der formativen Stufenfolge.

ERSTER TEIL: RÜCKSCHAU

1. OST UND WEST – EIN FORMATIVER GEGENSATZ?

«Es gibt in Asien, was uns fehlt und was uns doch wesentlich angeht! Es treten von dort Fragen an uns heran, die in unserer eigenen Tiefe ruhen. Wir haben für das, was wir hervorbrachten, vermochten, geworden sind, einen Preis gezahlt. Keineswegs sind wir auf dem Wege des sich vollendenden Menschseins. Asien ist unsere unerläßliche Ergänzung.»

Karl Jaspers

Die Politbürokratie im Staatssozialismus hält ihre Herrschaft erklärtermaßen bereits deshalb für legitim, weil wir – und uns voran die Sowjetunion – im Vergleich zu den spätkapitalistischen Gesellschaften des Westens «schon eine historische Epoche weitergegangen sind». Mit dieser formationsgeschichtlichen Rechtfertigung der bürokratischen Macht will man «wissenschaftlich» beweisen, daß etwas in der Gegenwart und Zukunft sein soll, weil ein anderes in der Vergangenheit gewesen ist. Wie selbstverständlich unterstellt diese Legitimationsbegründung einen monokausalen Geschichtsverlauf, der darin seinen Höhepunkt findet, daß der Staatssozialismus die spätkapitalistischen Gesellschaftsordnungen des Westens ablöst. Noch immer gehört – mitunter kunstvoll variiert – die Behauptung, Geschichte vollziehe sich in der Stufenfolge: Kapitalismus – Sozialismus, zu den entscheidenden Grundpfeilern allen dogmatischen Denkens. Noch in der letzten Neufassung des Programms der KPdSU kann man nachlesen: «Die Große Sozialistische Oktoberrevolution wurde zum Wendepunkt der Weltgeschichte, sie bestimmte die Hauptrichtung und die Grundtendenzen der Entwicklung in der Welt, sie leitete den unumkehrbaren Prozeß, die Ablösung des Kapitalismus durch eine neue, die kommunistische ökonomische Gesellschaftsformation ein.»

Was aber, wenn sich herausstellen sollte, daß der Staatssozialismus – jedenfalls in seinen Ursprungsländern Rußland und China – das Ergebnis eines selbständigen, zweiten Entwicklungspfades der Menschheit ist, der die kapitalistisch-liberale Phase gar nicht durchlaufen hat? Wäre dann nicht die Sichtweise zu verändern?

Wer in diese Richtung denkt, der bezweifelt bereits – bewußt oder unbewußt – die geltende Rechtfertigungsideologie der politbürokratischen Herrschaft. Apodiktisch setzt diese nämlich die Verstaatlichung des privaten Produktionsmitteleigentums in den westlich der Sowjetunion gelegenen Ländern (z. B. der DDR) gleich mit dem neuzeitlichen Formenwandel des seit alters her existierenden Staatseigentums in den Zentren der asiatischen Produktionsweise. Mit Hilfe des marxistischen Formationsbegriffs wird so eine unterschiedslose Einheit zwischen den Kulturen, die sich in China und Indien, aber auch im zaristischen Rußland herausgebildet haben, und der europäischen Kulturgeschichte unterstellt. Auf diese Weise wird zugleich unsere eigene nationale Situation in ein Überlieferungsgeschehen eingeordnet, demzufolge alle deutsche Geschichte «gesetzmäßig» in den Staatssozialismus einmündet.

Um daran anschließend zu schlußfolgern, man sei im Fortschreiten zum immer Besseren begriffen, bedarf es allerdings noch eines weiteren Kunstgriffs: der irreführenden Gleichsetzung des staatlichen mit dem gesellschaftlichen Eigentum. Ist dies einmal bewerkstelligt, dann kann man behaupten, durch den Akt der Enteignung und Verstaatlichung seien die Industriebetriebe in den Besitz der Gesellschaft übergegangen, und die auf dieser Basis – dem angeblichen gesellschaftlichen Produktionsmitteleigentum – zustande kommenden sozialen Beziehungen seien schon aus diesem Grunde sozialistisch. Historisch-materialistische Formationslehre und praktische Herrschaftslegitimationen gehen so insgeheim ineinander über.

Jede kritische Sichtung der marxistisch-leninistischen Formationslehre wird damit zwangsläufig zugleich zur Auseinandersetzung mit der herrschenden Rechtfertigungsideologie, und genau darum ist es mir hier zu tun. Die vorrangige Absicht meiner Kritik ist also nicht etwa die Rekonstruktion der Formationslehre, sondern die Zersetzung eines Dogmas, damit anstelle der geistigen Vormundschaft wieder die Individualität des Sehens treten kann.

Um die Geschichtlichkeit des Staatssozialismus zu verstehen, müssen wir zuerst einmal die Einlinigkeit durchbrechen, mit der die herrschende Ideologie die Weltgeschichte eurozentrisch periodisiert hat. Es gilt zuallererst, wieder das Verständnis für die von Marx 1859 im Vorwort «Zur Kritik der politischen Ökonomie» entworfene Formationsfolge zu wecken. Dazumal hat Marx in großen Umrissen, wie er schreibt, aus dem Sammelsurium historischer Gesellschaftskörper, die sich nach dem Zerfall der sakralen Gemeinwesen ausbilden, asiatische, antike und feudale Produktionsweisen «als progressive Epochen der ökonomischen Gesellschaftsformation» kategorisiert. Förmlich unterscheiden diese Epochen sich bei ihm nach der charakteristischen Art und Weise, wie in ihnen den bäuerlichen Produzenten die Mehrarbeit abgepreßt wird.

Wenn wir uns von der verbreiteten Vorstellung lösen, welche die asiatische, antike, feudale und kapitalistische Gesellschaftsformation *einlinig auf- und auseinanderfolgen* läßt, dann ist innerhalb des breiten Spektrums der von Marx kategorisierten Formationen die klassische Polarität von Orient und Okzident nicht zu übersehen, welche seit Herodots Zeiten jedes Geschichtsdenken bewegt. Vergleichen wir weiterhin die Ergebnisse der industriellen Umwälzungen der asiatischen Produktionsweise in Rußland und China – den originären Staatssozialismus unterschiedlichster Prägung – mit den Westgesellschaften, dann gewinnt das anhaltende *Nebeneinander* in der Zeit weit schärfere Konturen, als das zu Lebzeiten der Klassiker des Marxismus jemals vorauszusehen war. Angesichts dieser bleibenden Parallelität der menschlichen Entwicklungspfade ist die Schlußfolgerung unabweisbar, daß sich in der bedrückenden Ost-West-Konfrontation der historischen Blöcke des 20. Jahrhunderts zwar nicht der lauthals propagierte weltweite formative Übergang in den Sozialismus, sehr wohl aber der alte Gegensatz von Orient und Okzident in neuer Form zeigt. Damit wäre klargestellt: Es stehen sich nicht zwei «Entwicklungstufen» der menschlichen Gesellschaft in Ost und West gegenüber, die auf derselben historischen Linie liegen, sondern zwei unterschiedliche «Gesellschaftsformationen», verschieden in ihrer Entwicklungsrichtung und ihrem Entwicklungspotential. In irgendeiner Form polarisieren sich gegenwärtig alle geschichtlichen Entwürfe nach diesen beiden untereinander streitenden Totalitäten hin.

Wenn das wahr ist, dann kann es natürlich niemals darum gehen, daß die eine Seite die historische Richtung der anderen Seite einschlägt – die manchmal erwünschte «Europäisierung» Rußlands, aber auch die von Marx erhoffte «Schaffung der materiellen Grundlagen einer westlichen Gesellschaftsordnung in Asien»[5] sind solche Mißverständnisse! Heißt das aber nun

– «East is east, and west is west,
Never the twain will meet» –,

wie der englische Dichter Rudyard Kipling gesagt hat? Sind der östliche und der westliche Entwicklungspfad wirklich derart gegensätzlich, daß es auch zukünftig nirgendwo einen Kreuzungspunkt geben wird? Oder wird sich vielleicht «Was erst auseinanderfiel» doch irgendwann einmal wieder lieben dürfen?

Die Entstehungsgeschichte des Ost-West-Gegensatzes ist heute in Vergessenheit geraten. Den meisten Menschen erscheint die mit diesem Gegensatz verbundene innere und äußere Beziehungsstruktur als immer schon bestehend, substantiell und endgültig. Einen Zusammenhang gar zwischen unserem eigenen dualistischen Denken, welches ständig zwischen dem «Ich» und «anderem» scheidet, und dem Phänomen, daß die Welt in zwei feindliche Lager gespalten ist, wollen die meisten nicht wahrhaben. Inzwischen wissen wir nicht einmal mehr, wann und wie wir in diesen Gegensatz hineingeraten sind. Wann und wie kam es also zu diesem Ur-Sprung in der Geschichte? Wo ist universalgeschichtlich der Ausgangspunkt menschlicher Verworrenheit zu setzen?

Wer nach dem Ur-Sprung fragt, der die ganze Weltgeschichte seit der Antike prägt, der wird sehr bald feststellen, daß sich darin mythisches Geschehen ausspricht. Europa – und damit der ganze Westen – kommt ja aus Asien her! Und es liegt seit seinem Beginnen in Hellas im Streit mit dem Osten. Wie der Mythos von der Europa belegt, wußte das antike Bewußtsein im Unterschied zu uns Heutigen um die Gründe des Streits noch genauestens Bescheid. Nach seiner Kunde war es der Kronide Zeus, der, in einen «asiatischen» Stier verwandelt, die friedlich mit ihren Freundinnen am Meeresufer spielende Europa, die Tochter des Phönizierkönigs Agenor, mit List nach Griechenland entführte. Damit erfüllte sich ein Traum, der die Europa zuvor heimgesucht hatte. Bereits im Traumbild erschienen der Europa «zwei Weltteile in Frauengestalt, Asien und der gegenüberliegende, und stritten um ihren Besitz. Die eine der Frauen hatte die Gestalt einer Fremden; die andere – und dies war Asien – glich an Aussehen und Gebärde einer Einheimischen. Diese wehrte sich mit zärtlichem Eifer für ihr Kind, Europa, sprechend, daß *sie* es sei, welche die geliebte Tochter geboren und gesäugt hätte. Das fremde Weib aber umfaßte sie wie einen Raub mit gewaltigen Armen und zog sie mit sich fort, ohne daß Europa im Innern zu widerstreben vermochte.»[6]

Wir sollten uns den Inhalt dieser Ur-Kunde wieder ins Gedächtnis rufen!

Es braucht uns nicht weiter zu überraschen, daß gerade in den seltenen Augenblicken der Menschheitsgeschichte, in denen sich ganze Gesellschaftsformationen geistig-seelisch, ökonomisch, politisch und räumlich voneinander absetzen, mythisches Erkennen aufleuchtet. In Zeiten kultureller Hochspannung kommt mit dem Mythos gleichsam Geist «von oben her» in das gesellschaftliche Bewußtsein. Durch ihn nähert sich das Bewußtsein weitestgehend der Wahrheit an. Der Mythos von der Europa ermöglicht jedenfalls bis heute ein Verständnis davon, wie schmerzlich der antike Mensch die Abgrenzung gegenüber dem Osten erlebt haben muß. Ihm dürfte es kaum anders als der Europa selber ergangen sein. Am anderen Ufer eingetroffen, mußte diese sich erst einmal gegen alles das wehren, was ihr innerlich zwar weiterhin verwandt war, was aber mit seinen Eigenschaften noch aus der asiatischen Lebensweise mit in die neue Welt hineinragte. Mit anderen Worten: Europa mußte die natürliche Vormundschaft Asiens abschütteln. «Elende Europa», fragt sie sich, «hörst du nicht die Stimme deines abwesenden Vaters, der dich verflucht, wenn du deinem schimpflichen Leben nicht ein Ende machst?» In dieser Krise ist es Aphrodite, die der Europa mit den Worten Trost spendet: «Tröste dich, Europa! Zeus ist es, der dich geraubt hat; du bist die irdische Göttin des unbesiegten Gottes; unsterblich wird dein Name werden, denn der fremde Weltteil, der dich aufgenommen hat, heißt hinfort Europa!»

Um aus dem bis dahin namenlosen Erdteil Europa zu machen, bedurfte es zunächst erst einmal der Namensgebung, womit Europa zwar nicht geschaffen, jedoch für seine Bewohner Realität wurde. «Als man aber mit namen begann zu trennen die Dinge», sagt Laotse, «wurden selbstherrlich die namen.» So war es dann auch. In der Handelskonkurrenz mit Phönizien entfalteten die Griechen ihre Macht und schufen damit die Voraussetzungen für ihre kommende Herrschaft über die paradiesischen Gärten, in denen einst die Europa aufgewachsen war. Schon damals hat der westliche Mensch in der archetypischen Polarität mit dem Orient die allgemeinste Struktur seiner Außenpolitik ausgelebt. Der Mythos zeigt auf, wie tief dem Menschen im Westen diese Struktur eingebildet ist. Mit Recht hat Hegel deshalb von der doppelten Bildung des griechischen Volkes gesprochen, die einerseits aus sich heraus entstanden ist, andererseits aber aus fremder Anregung.

In Zeiten der Herauslösung einer Gesellschaftsformation aus der anderen setzt sich jedoch das, was hereinragt aus der zurückliegenden Epoche, sogleich mit dem neu Entstehenden in einen äußeren Gegensatz. Die Gesellschaftsformationen entwickeln sich im Streit in Raum und Zeit nebeneinander her. Im Perserkrieg geraten Ost und West erstmalig gewaltsam aneinander. Damit beginnt eine Kette historischer Gestaltungen des Ost-West-Konflikts, die über die Spaltung des römischen Imperiums in das West- und Ostreich, die blutigen Auseinandersetzungen mit dem Islam, die globalen Kolonialunternehmungen der Europäer bis in den atomaren Rüstungswettlauf der Supermächte reicht. Die Menschheit lebt mit sich selbst im Widerspruch.

Der universale Widerspruch, von dem hier die Rede ist, wird natürlich – wer könnte ihn schon übersehen? – überall wahrgenommen. Nicht das ist die Frage. Die Frage ist, ob wir die ganze kulturgeschichtliche Tiefendimension des Problems erfassen? Wenn Michail Gorbatschow die widersprüchliche Art des Sich-zu-sich-selbst-Verhaltens der Menschheit durch die «wichtigste Gruppe von Widersprüchen» in der Geschichte angetrieben sieht, die wir kennen, nämlich durch jenen weltpolitisch entscheidenden Antagonismus, der «mit den *Beziehungen zwischen den Staaten beider Systeme, beider Formationen* verbunden» ist, kann man dem nur zustimmen. Sobald er aber meint – und damit setzt er dann die übliche dogmatische Lesart der Geschichte fort –, der schicksalbestimmende Ost-West-Gegensatz sei ein Ergebnis des «Großen Oktober», zeigt er, wie geschichtlich kurzatmig der Sinn seiner Rede ist. Denn daß sich der Gegensatz eines Tages in Gestalt der globalen Konkurrenz (die etwas gänzlich anderes ist als die «dialektische Negation») des amerikanischen und des sowjetischen Imperialismus zeigen würde, war schon lange vor dem Großen Oktober klar. Bereits 1835 hatte Tocqueville vorausgesagt, wie sich die «Kette historischer Gestaltungen» weiterentwickeln würde. Mit welcher Genauigkeit ihm dies gelang, darüber kann man allerdings nur staunen:

«Es gibt jetzt auf der Erde zwei große Völker, die von verschiedenen Punkten ausgehen und zum nämlichen Ziele vorrücken, die Russen und die englischen Amerikaner.

Beide wurden im Dunkeln groß, und indes die Blicke der Menschen auf andere Gegenstände gerichtet waren, haben sie sich plötzlich in den ersten Rang der Nationen gestellt, so daß das Publikum fast zu gleicher Zeit ihre Entstehung und ihre Größe erfuhr.

Alle anderen Völker scheinen ungefähr die ihnen von der Natur bestimmten Grenzen erreicht zu haben, mit der Verpflichtung, sich darin zu erhalten, aber diese beiden befinden sich noch in ihrem Wachstum. Alle übrigen befinden sich in einer Art Hemmung. Jene allein marschieren leichten Schrittes in einer Laufbahn, deren Grenze das Auge noch nicht erblickt.

Der Amerikaner kämpft nur mit den Hindernissen der Natur. Der Russe dagegen mehr mit den Menschen. Der erste bekämpft die Wüsten und die Barbarei. Der andere wird beschuldigt, die Zivilisation zu bekämpfen. Der Amerikaner erwirbt seine Eroberungen meistens mit dem Pfluge, und der Russe, außer seinen jetzigen Grenzen, mit dem Schwerte seiner Krieger.

Um seinen Zweck zu erreichen, stützt sich der Amerikaner auf das persönliche Interesse, und läßt, ohne sie zu leiten, die Kraft und die Vernunft der Individuen handeln. Der Russe dagegen vereinigt gewissermaßen in seinem durch seinen Charakter verehrten Autokraten die ganze Macht des Staates. Durch die Freiheit wirkt vorzüglich der Amerikaner, und der Russe durch die Knechtschaft.

Beide gehen aus von verschiedenen Punkten, und ihre Bahnen sind verschieden; nichtsdestoweniger scheinen beide, nach einer uns noch geheimen Absicht der Vorsehung, bestimmt zu sein, jeder in seiner Obhut eine halbe Erde zu halten.»[7]

Die heutige Konfrontation zwischen den Supermächten, die schon Tocqueville vorausgesehen hat, ist nicht ein bloßes Resultat der Oktoberrevolution, hier findet nicht nur die Auseinandersetzung zwischen Staatssozialismus und Monopolkapitalismus statt. Diese Konfrontation ist vor allem Ausdruck und letzte Zuspitzung des klassischen Gegensatzes zwischen Ost und West.

Ist der beschriebene Gegensatz überwindbar, oder wird er unser Schicksal noch in ferner Zukunft bestimmen? Die Antwort auf diese Frage hängt ganz sicher davon ab, ob die Menschen bereit sind, über alle formativen Gegensätze hinweg das Wohl und Wehe des jeweils anderen Teils der Menschheit zu ihrem eigenen Motiv zu machen. Denn nur Teilnahme am fremden Leiden kann die Mauern überwinden, welche die Menschheit in Ost und West trennen. Bis heute herrscht jedoch allerorten ein Seinsverständnis vor, das die Gewohnheit ausgebildet hat, alles das, was außerhalb des eigenen Gesichtskreises passiert, entweder wie ein ganz anderes zu erfahren oder dasselbe so schnell wie möglich in seiner Andersartigkeit einzuebnen. Auf diese Weise wird eine Verworrenheit erzeugt, die uns davon abhält zu erkennen, daß alle mit dem Ost-West-Gegensatz verbundenen Formbestimmungen des politischen Lebens zwar in ihrer Erscheinung bestechen, jedoch keine letztendliche Natur besitzen. Der Buddha soll einmal gesagt haben, daß der dumm wie ein Esel sei, der die Dinge für absolut und ewig hält. So ist auch alles Denken, welches sich *endgültig* am Ost-West-Gegensatz orientiert, nichts weiter als Ausdruck tiefer Verwirrtheit.

Spuren der Verwirrtheit sind auf beiden Seiten des Gegensatzes zu finden. Noch vor kurzem war es die «gelbe Gefahr», die den Westen bedrohte. Und heute noch will mancher brave Mann «lieber tot als rot sein». Unterdessen kämpfen auf der anderen Seite der Barrikade nicht wenige Politbürokraten weiterhin «ihren» Klassenkampf, wenngleich auch hier nicht mehr genau feststeht gegen wen. Und so bildet sich denn am Ost-West-Gegensatz entlang weiterhin eine Gefühlswelt aus, die durch Abneigung und Anziehung gekennzeichnet ist. Einerseits fühlt der Mensch sich zu einem als geradezu paradiesisch empfundenen Westen/Osten hingezogen. Denken wir nur an die vielen Morgenlandfahrer, die seit den Zeiten der Romantik im Osten das Heil suchen. Vergessen wir auch Rilke nicht mit seiner Leidenschaft für die russische Seele. Oder die vielen «Westler», die im Osten leben. Diesen positiv Empfindenden stehen andererseits – nicht selten in einer Person – die Menschen gegenüber, die sich von der jeweils anderen Seite abgestoßen fühlen, da diese ihnen häßlich und negativ erscheint.

Es muß gesagt werden: Niemand hat uns so eingeteilt! Gefühlsmäßig verwirrt verhalten wir uns aber in einer Weise, die immer wieder nur den alten Gegensatz reproduziert. Zwar versuchen viele Menschen mittlerweile, den «anderen» nicht mehr nur unter dem Gesichtspunkt der Nichtzugehörigkeit zur eigenen Gruppe, Schicht, Nation,

Kulturgemeinschaft usw. zu sehen, sondern in diesem den Nächsten und Fernsten zugleich wahrzunehmen. Gleichwohl kann man dabei immer wieder feststellen, wie am Ende doch das auf Abgrenzung gegründete Selbst überwiegt. Dieses Bestreben, das jeweilige Selbst zu sichern und abzugrenzen, hindert uns daran, uns als Glieder der *einen* geistigen Welt zu verstehen und als solche den uns trennenden Ost-West-Gegensatz in Brüderlichkeit praktisch aufzuheben.

2. DAS BEISPIEL RUSSLAND

Das Zarenreich – eine «halbasiatische» Despotie

«Russische Sphinx. Traurig, vor Freude toll,
Ihr schwarzes Blut verströmt sie, sich verschenkend,
Und sieht euch an, teils haß-, teils liebevoll,
Mit Blicken, die sich stumm in euch versenken.»

Alexander Block

«Einzig das machtvoll entwickelte Denken des Westens … ist imstande, die Samenkeime zu befruchten, die in der patriarchalischen slawischen Lebensform schlummern … Despotismus oder Sozialismus – es gibt keine andere Wahl.»

Alexander I. Herzen

«In unseren aufrichtigen engen Freundschaftsbeziehungen zum Westen nehmen wir nicht wahr, daß wir es gleichsam mit einem Menschen zu tun haben, der eine bösartige Infektionskrankheit in sich trägt und in dessen Dunstkreis zu atmen lebensgefährlich ist … wir wittern vor lauter Lust am Gelage nicht den Leichengeruch, nach dem es schon stinkt.»

Stepan P. Schewyrjow

Das allgemeine Interesse am Schicksal anderer Menschen ist heute gewaltig gestiegen. In einem merkwürdigen Kontrast dazu stehen die Kenntnisse der Geschichte Rußlands und Chinas. Zwar hat es in der Vergangenheit durchaus literarische Unternehmungen gegeben, die darauf abzielten, neu aus den Quellen der russischen Geschichte zu schöpfen; so haben sich Rudi Dutschke und Rudolf Bahro bemüht, die historische Wahrheit hinter dem ideologischen Schleier vorzuziehen. Alle diese Bemühungen haben jedoch kaum Spuren im Geschichtsbewußtsein der Öffentlichkeit hinterlassen. Bis heute leben wir im Schatten eines Weltbilds, für welches die russische Geschichte erst 1917 beginnt und das aus diesem Grunde ein tieferes Verständnis der Strukturen unseres eigenen Staatswesens nicht zuläßt.

Bis in die Gegenwart zeigt sich in der Doppelgestalt Rußlands zwischen Europa und Asien, daß hier der Raum ist, wo sich die beiden in Rede stehenden formativen Entwicklungspfade treffen und zusammenlaufen. Hier herrscht Empfindlichkeit für die süßen Klänge des Panmongolismus. Hier ist der Mensch Westler und Slawophiler in einem, oder, wie Alexander Block sagt: Hier leben die Skythen! In der Terminologie des Marxismus wird dieser Tatbestand in der Bezeichnung der alten russischen ökonomischen Gesellschafsformation als «halb asiatisch» deutlich. Eine Bestimmung, in der Überlagerungen ebenso wie ökonomische und politische Mischformen, kurz: «historische Unschärfen» angezeigt sind.

Halbasiatisch: In diesem Begriff drückt sich die Doppeldeutigkeit aus, die uns immer wieder in der russischen Geschichte begegnet. Von vornherein verweist er die zaristisch-tributäre Produktionsweise und Despotie an den Rand der asiatischen Formation. Ohne das massenhafte «Zusammentreiben des Volks» – wie in den Brennpunkten der altorientalischen Kulturen – war sie nicht auf staatlich erzwungener, gewaltiger Gemeinschaftsarbeit gegründet. Anders als etwa in China, wo die gesellschaftliche Entwicklung auf einer vergleichbaren politischen Grundlage schon in der Song-Zeit (960–1279) einen Stand erreichte, der dem europäischen Entwicklungsniveau mindestens ebenbürtig war, blieb die russische Gesellschaft seit den Zeiten der Kiewer Rus, des altrussischen Staates, der sich gegen Ende des ersten Jahrtausends formierte, immer wieder in Kümmerformen stecken – gewalttätig durchaus, wirklich gewaltig aber allein in ihren räumlichen Maßen.

In dieser Rückständigkeit lagen begünstigende Bedingungen dafür, daß der formative Wandel, der sich auf der Basis der asiatischen Produktionsweise in Rußland vollzog, unter europäischem Einfluß seinen Anfang nahm. Gleichwohl war das despotisch regierte Bauernrußland am Vorabend der Oktoberereignisse alles andere als der «Knotenpunkt aller Widersprüche der kapitalistischen Welt». Es war eine in den letzten Zuckungen liegende gesellschaftliche Ordnung eigener Formationen, deren zusammenhängende Einheit sich nicht über den inneren Markt herstellte wie in Europa. Statt dessen bedurfte es eines «zentralen Despotismus» der politischen Macht, um das gesellschaftliche Ganze überhaupt zusammenzuhalten. Und das auf einem Territorium, dessen große Weite schon für Katharina II. ihre Despotie hinreichend legitimierte. «Ein weiträumiges Reich», so instruierte Katharina ihre berühmte gesetzgebende Versammlung, «setzt eine unumschränkte Gewalt in derjenigen Person voraus, die ein solches regiert. Die Geschwindigkeit in der Entscheidung der Sachen, die aus fernen Orten einlaufen, muß die Langsamkeit ersetzen, die aus dieser weiten Entfernung entsteht.»

Das Wissen um den einmaligen Stellenwert der zaristischen Despotie für den Zusammenhalt der russischen Gesellschaft rechnet seit Jahrhunderten zum Fundus der Selbstverständlichkeiten östlichen Denkens. Aus diesem Wissen speist sich die überlieferte Skepsis gegenüber demokratischen Staatsformen auf dem Terrain der tributären Produktionsweise. «Für mich hat es niemals etwas Ungereimteres gegeben als die Idee von einer republikanischen Regierung in Rußland», diktierte einst Fjodor M. Dostojewski im politischen Prozeß gegen die Petraschewzen der Ermittlungsbehörde in das Vernehmungsprotokoll. Und geschichtsbewußt begründete er sein Apodiktum mit dem Hinweis:

«Unser Staat hat sich nicht nach westlichem Muster gebildet! Wir haben die Beispiele aus der Geschichte vor Augen: erstens Rußlands Niederlage gegen die Tataren durch Schwächung der Autorität und durch ihre Aufspaltung, zweitens das Fiasko der Nowgoroder Republik, einer Republik, die einige Jahrhunderte lang auf slawischem Boden ausprobiert worden ist, und schließlich drittens die zweimalige Rettung Rußlands einzig und allein durch eine Stärkung der Autorität, durch eine Stärkung der Selbstherrschaft: das erste Mal vor den Tataren, das zweite Mal durch die Reform Peters des Großen, als nur der kindlich zuversichtliche Glaube an seinen großen Ernährer Rußland die Möglichkeit gab, eine solche jähe Wende zum neuen Leben auszuhalten. Wer denkt schon bei uns an eine Republik? Wenn auch Reformen bevorstehen, so ist es doch selbst für jene, die diese Reformen herbeiwünschen, klar wie der helle Tag, daß diese Reformen auf jeden Fall von der Autorität ausgehen müssen.»[8]

Vergleichbare Würdigungen der «Progressivität der Selbstherrschaft» füllen viele Seiten in der russischen Literatur. Stets erscheint dabei das Siechtum der despotischen Autorität als der eigentliche Krebsschaden, unter dem die vorsozialistische Gesellschaft in Rußland leidet. Es bedurfte eines Mannes wie Lenin, um den belletristischen Schwarmgeist des alten Rußland auf den harten Begriff der Sowjetmacht zu bringen. Mochten sich Lenins Programm und Sprachgebrauch auch noch so sehr westlich an Denkern wie Marx und Engels orientieren; den überkommenen machtpolitischen Verhältnissen konnten er und seine Bolschewiki nicht entgehen. Lenin mußte schließlich dem Landhunger der Bauern entsprechen, aber zugleich einen Staatsapparat in Betrieb nehmen, der Bauernrußland in die industrielle Revolution peitschen konnte. Der von ihm geschaffene despotische Staat mußte von vornherein historischer Zeitraffer sein, um diejenige gewaltige Umformung der russischen Agrargesellschaft fristgemäß zu bewerkstelligen, die in Westeuropa durch den sachlichen Zwang der Kapitalverhältnisse längst herbeigeführt worden war.

Allein diese wenigen Überlegungen geben genügend Anlaß, wenigstens in zusammenfassender Form die gesellschaftlichen Merkmale zu beschreiben, die sich seit der tatarisch-mongolischen Invasion und dem darauf folgenden dramatischen Aufstieg Moskaus (Ende des 15. und 16. Jahrhunderts) zur Metropole der von Ivan III., Vasilj III. und Ivan Groznyj begründeten zaristischen Despotie herausgebildet haben und die in die ursprüngliche Akkumulation des Sowjetstaates eingegangen sind. Denn ohne eine entsprechende Kenntnis der Vor-Geschichte des «Großen Oktober» bleibt die politische Praxis der Bolschewiki weiterhin ein Buch mit sieben Siegeln.

Während in Europa mit der Begründung der Nationalstaaten Rahmenbedingungen für die im Schoße der Feudalordnung vorgeformten bürgerlichen Verkehrsverhältnisse geschaffen wurden, nahm die Staats- und Gesellschaftsgeschichte im zaristischen Rußland ihren eigenen Lauf. Ihre Basis bestimmten von Anbeginn an nicht Allod und Feudum, sondern die in Dorfgemeinschaften zusammengeschlossenen, gemeinsam besitzenden «schwarzen» Bauern, die dem Zaren zins- und dienstpflichtig waren und ihr Ackerland, ihre Weiden, Gewässer und Wälder nur gemeinsam nutzen konnten. Nicht private Großgrundbesitzer wie in Europa, sondern die Opricniki – in einen staatlicherseits beschränkten Erbbesitz, das pomest'e, eingesetzte und zu Administration und Rechtsprechung auf Zeit verpflichtete Halb-Bürokraten – organisierten hier auf eigene Rechnung und im Interesse der zaristischen Despotie unterschiedlichste Formen der ökonomischen Abhängigkeit. Sie traten an die Stelle der ehemaligen Teilfürsten und Bojaren, einer halbfeudalen, in ihrer Selbständigkeit in etwa dem europäischen Feudaladel vergleichbaren Kaste, die im Verlauf der terroristischen «Opricninapolitik» Ivan Groznyjs vertrieben oder liquidiert wurden.

Auf diese Weise wurden mit der Schaffung des russischen Einheitsstaates zugleich die unterschiedlichsten Verkehrsverhältnisse zu einer *speziellen Variante* der asiatischen Produktionsweise bereinigt. Mit der Aus- und Gleichschaltung der das reibungslose Funktionieren der tributären Produktion störenden halbfeudalen Elemente betrieb Ivan Groznyj von einem obersten Zentrum aus die Vollendung und systematische Ausarbeitung eines seiner Despotie angemessenen Systems der Produktion.

Bis heute kolportiert die Geschichtsschreibung ohne jedes Verständnis des besonderen Ergänzungsverhältnisses zwischen russischer Produktionsweise und zaristischer

Despotie jenes abfällige Urteil von Ivans deutschem Ratgeber Joh. v. Taube, der in der «Bande der Opricniki» lediglich «ein der blödsinnigen Phantasie des grausamen Zaren entsprungenes System der Beherrschung und Ausbeutung seines eigenen verteidigungslosen Volkes durch eine skrupellose Janitscharentruppe» sehen wollte. Natürlich war die Opricnina, wie übrigens schon Plechanow anmerkte, eine «organisation essentiellement asiatique». Und sie war beileibe nicht nur die Verwirklichung eines *Staats*ideals, sondern in erster Linie eines ökonomischen Ideals. Hierin liegt das eigentliche Motiv für die Musterung und Vertreibung der übriggebliebenen Bojaren.

Enteignung und Umsiedlung der Bojaren, die Verstaatlichung ihres Grundbesitzes und dessen Neuverteilung an die bürokratische Kaste der Opricniki, die physische Vernichtung angestammter Autoritäten, wochenlange Massaker in Nowgorod (1570), dem Zentrum der halbfeudalen Opposition, die Beseitigung aller Zollschranken, die Einrichtung einer zentralen Prikasverwaltung und immer wieder das Privateigentum an Grund und Boden verdrängende Verfügungen – das sind im Stenogramm die Maßnahmen, die Ivan den Furchterregenden als effektiven ökonomischen Despoten ausweisen, der sich der wirtschaftlichen Mission seiner Herrschaft wie kein zweiter in seiner Zeit bewußt war (und dessen Politik sich eingestandenermaßen noch für den «aufgeklärten» Peter als das Modell russischer Regierungskunst darstellte). Nicht zu Unrecht zog Ivan selbst nur einen Vergleich seiner Herrschaft mit der des türkischen Sultans in Betracht, währenddessen er die englische Königin verspottete, da diese in ihrem Amt dem Stande der Krämer und dem Parlament Gehör schenken mußte. Anschaulicher kann man den grundsätzlichen Unterschied der beiden Staatstypen, denen diese Herrscher in ihrem Amt vorstanden, kaum verdeutlichen.

Unbeschadet seiner vielen despotischen Züge verkörperte aber das «groza»-Regime des Ivan IV. durchaus die Gerechtigkeitsvorstellungen seiner Untertanen. Deren «pravda»-Forderungen richteten sich in Übereinstimmung mit den Erfordernissen einer tributären Gesellschaft vor allem gegen den Sonderstatus der verbliebenen Bojaren und Teilfürsten – eines immer wieder rebellierenden Elements in der sich konstituierenden staatsbedingten Gesellschaftsform. Anders als im Westen, wo sich mit der Ausbreitung der Warenproduktion die formale Gleichheit vor dem Gesetz und zivile Rechte ausbildeten, bestand die Gleichheit der orientalischen Despotie von Anfang an in der gleichermaßen uneingeschränkten Abhängigkeit aller sozialen Kräfte vom Despoten (Nahe dem Zaren, nahe dem Tod – lautete ein altes Sprichwort). Die originellste Idealisierung dieser Gerechtigkeitsauffassungen entstammt der Feder des russischen Diplomaten Fedor Kuricyns, der in seiner Erzählung vom walachischen Woiwoden Drakula dem grausamen, aber gerechten Despoten, der kompromißlos das auf Bosheit und Egoismus beruhende Regiment der vielen kleinen Möchtegern-Zaren bekämpft, ein in der Weltliteratur unvergleichliches Denkmal gesetzt hat.

Geduldiges Warten auf den Erlöser-Zaren, das ist die Haltung, die seit den Zeiten Ivans des Furchterregenden die subjektive Verfassung der bäuerlichen Massen bestimmte. Es war dies eine Erwartungshaltung, der durch den periodischen Kaderwechsel im bürokratischen Apparat ebenso entsprochen wurde wie durch das Auftreten der vielen «falschen» Zaren, die in den Bauernrevolten kurzzeitig zu politischem Einfluß gelangten. Selbst ein

Bauernführer wie Pugatschow mußte noch in die Rolle des «guten» Zaren schlüpfen. Am besten aber verstand es die zaristische Bürokratie, den naiven Volksglauben an den Zaren bis zur Neige auszubeuten. Wie ungebrochen sich dieser Glaube an den Erlöser-Despoten bis in unser Jahrhundert erhalten hat, zeigte sich noch am sogenannten «Blutsonntag», dem Tag, an dem nach der offiziellen Geschichtsschreibung die erste russische Revolution entbrannte. An diesem Tage zogen Arbeiter und Bauern in friedlicher Prozession unter Führung eines Popen – Kirchenlieder singend – vor das Winterpalais, um mit einer Bittschrift ihre Wünsche vorzutragen. Im Bewußtsein seines Volkes war der Zar noch 1905 der «schlafende Recke», der eines Tages all die braven Leute im Land Osten von ihrer Qual und Pein befreien würde. Dieses Bewußtsein, an das der Stalinismus wenig später anschließen konnte, war unberührt geblieben vom «Golfstrom der Renaissance», den «aufrüttelnden Stürmen der Reformation» und dem «Gluthauch der Philosophie des 18. Jahrhunderts», wie Rosa Luxemburg 1918 im Gefängnis in Breslau notierte.

(In märchenhafter Form hat Saltykow-Schtschedrin diesen Sachverhalt gestaltet. Kurz und gut, sagt er, tausend Jahre lang hatte jenes Land alle Schmerzen erlitten, die man sich vorstellen kann, der Recke aber nicht ein einzigesmal aufgehorcht oder aufgemerkt, um zu erfahren, warum das Land ringsum ächzte und stöhnte. Was mochte das für ein Recke sein? Aber jenes leidgeprüfte, geduldige Volk war von starkem Glauben beseelt und hielt unter Weinen und Seufzen unerschütterlich an ihm fest. Es glaubte, einmal würde der Quell der Seufzer und Tränen versiegen, einmal würde der Recke seine Zeit gekommen erachten und seinem Volke Rettung bringen. Aber die Zeit läßt auf sich warten, und Schtschedrins Recken-Märchen mündet in eine zeitlose Vision. Denn als der Recke in der Stunde größter Not die Hilferufe des Volkes nicht hört, tritt Iwanuschka der Dummling an den Eichenbaum heran, in dessen Höhle der Recke schlummert, und schlägt beherzt zu. Und was sieht er da? Ottern und Schlangen haben des Recken Rumpf bis zum Halse hinauf zerfressen!)

Bevor Iwanuschka erstmalig zuschlagen sollte, lebte nach Ivan, der in die Geschichte mit dem Beinamen «Grosnyj», der Furchtgebietende, eingegangen ist, die zaristische Despotie noch einmal in zwei hervorragenden Vertretern auf, bevor sie endgültig in ihr Verfallsstadium eintrat: in Peter und Katharina.

In den Petrinischen Reformen erfuhr der bürokratische Überbau seinen letzten Schliff mit der Einführung einer vierzehnstufigen Rangtabelle, mit welcher die letzten angestammten Standesunterschiede beiseite geschoben wurden. Peter selber berief während seiner Regierungszeit (1682–1725) aus dem «gemeinsten Stand» Mitarbeiter in seinen Senat. Der ehemalige Schweinehirt Jagushinskij wurde Generalstaatsanwalt, ein Krämer jüdischer Herkunft namens Schafirow leitete die auswärtigen Angelegenheiten, und von dem engsten Mitarbeiter des Zaren, von Alexander Danilowitsch Menschikow, wird berichtet, er habe in seiner Jugend als Sohn eines Stallknechts auf dem Markt Piroggen verkauft.

Erbarmungslos wird von dieser hochbegabten, aller sozialen Bindungen ledigen Regierungsmannschaft das «Fenster nach Europa» aufgerissen und Bauernrußland einem zivilisatorischen Sturmwind ausgesetzt, der es in allen seinen sozialen Schichten erzittern läßt. Ähnlich wie später der Leninismus steht auch der Petrinismus für ein Programm der «Europäisierung» ein, ohne dabei, wie Lenin einmal gesagt hat, vor «barbarischen Methoden des Kampfes gegen die Barbarei zurückzuschrecken». Keine gesellschaftliche Kraft begrenzt hier die schrankenlose Ausbeutung der Bauernschaft und die parasitäre Aneignung des gesellschaftlichen Reichtums durch die Despotie. In paradoxer Weise wird die tributäre Produktionsweise durch die Ausschöpfung ihres gesamten Potentials zur Grundlage einer Modernisierung des Staates, die gleichzeitig die überkommene ökonomische Struktur noch zementiert.

Noch den geographischen Hauptunterschied Asiens gegenüber Europa, nach hegelscher Lesart ein solcher zwischen Binnen- und Küstenland, versuchte Peter in einem Menschenalter zu überwinden, indem er den theokratischen Bauernstaat zu einem bürokratischen Seestaat herausputzte. Mit Hilfe seines «Heiligsten Synod», welcher der bürokratischen Macht unterstellt war, brach er die mittelalterliche Macht der russischen Kirche, und es gelang ihm damit, den im Interesse einer Modernisierung der agrarischen Despotie notwendigen Handlungszusammenschluß zu straffen.

Doch bereits in den auf Peters Ableben folgenden Thronrevolten zeigten sich die ersten Anzeichen des Verfalls. Es sollte allerdings noch 50 Jahre dauern, bis mit dem von Jemeljan Pugatschow angeführten Bauernaufstand (1773–1775) die allgemeine Krise der asiatischen Produktionsweise und ihrer Despotie deutlich sichtbar wurde. Zu dieser Zeit zweifelte selbst Katharina II. bereits einen historischen Augenblick lang an der weiteren Tragfähigkeit der ihrer Herrschaftsform zugrundeliegenden Produktionsweise. 1776 ließ sie durch ihre berühmt gewordene «Freie Ökonomische Gesellschaft» die vielsagende Preisfrage ausschreiben: «Ob es dem gemeinen Wesen vorteilhafter und nützlicher sei, daß der Bauer Land oder nur bewegliche Güter als Eigentum besitze?» Wirkliche Konsequenzen konnte ein solches auf die «Eigentumsfrage» abzielendes Frage-Antwort-Spiel natürlich niemals haben. Aber es zeigte sich darin, wo die Probleme der agrarischen Despotie zu suchen waren.

Während die von Katharina beauftragten ersten Köpfe des russischen Reiches über ihrer Antwort schwitzten, bewältigte der die Verwaltung führende Potemkin die Probleme der agrarischen Despotie noch einmal auf geradezu sprichwörtliche Art und Weise. Als Katharina nach Taurien reiste, wurden auf Weisung Potemkins in angemessener Entfernung von ihrer Reiseroute bunte Häuserimitationen aufgestellt, vor denen die Bewohner der Gegend in ihrem Sonntagsstaat lustwandeln mußten, um auf diese Weise der Zarin den allgemeinen Fortschritt optisch zu vermitteln. (Wie das historische Beispiel beweist, neigt bereits die alte ökonomische Despotie zum Selbstbetrug. Und dieser an den Blödsinn heranreichende Selbstbetrug hält bis heute unvermindert an, wie jeder weiß, der das verlogene Prunk- und Protzbauwesen im Staatssozialismus kennt.)

An der Wende vom 18. zum 19. Jahrhundert verschärften sich die sozialen Widersprüche. Im «Vaterländischen Krieg» gewaltsam aus ihrer Lethargie gerissen, wurden die bäuerlichen Massen Rußlands im Verlaufe der kriegerischen Auseinandersetzungen mit westeuropäischen Verkehrsverhältnissen bekannt gemacht, um nach ihrer Rückkehr von den Schlachtfeldern erneut in die dorfgemeindlichen Abhängigkeiten einer auf der Stelle tretenden Produktionsweise gepreßt zu werden. Dekabristische Militärs machten sich in dieser historischen Situation zu politischen Fürsprechern der Bauernmassen. In ihnen, die man mißverständlich «Adelsrevolutionäre» nannte, verkörperte sich zum erstenmal der Prototypus einer staatssozialistischen Elite, wie sie später in vielen nationalen Befreiungsbewegungen der Dritten Welt in den Umbrüchen von einer agrarischen zu einer industriellen Produktionsweise in Erscheinung treten sollten. Wenngleich es der zaristischen Despotie ziemlich schnell gelang, die Dekabristenbewegung niederzuschlagen, die Radikalisierung der Bauernschaft war nicht mehr aufzuhalten. Angesichts der wachsenden Zahl bäuerlicher Aufstände – im jährlichen Mittel kam es zwischen 1855 und 1860 immerhin zu 470 Erhebungen – blieb der zaristischen Despotie gar keine andere Wahl mehr, als der Bauernbewegung von oben entgegenzukommen.

Mit halbherzigen Reformen, welche die bäuerlichen Massen verpflichteten, trotz «Aufhebung der Leibeigenschaft» den von ihnen bewirtschafteten Boden durch Dienstleistungen oder Geldzahlungen abzulösen, versuchte die zaristische Despotie, sich den Erfordernissen der Zeit anzupassen. Obwohl die Eigentumsverhältnisse zugunsten der Bauern auf Kosten der «vielen kleinen Selbstherrscher» verändert wurden, blieb zunächst im größten Teil des zaristischen Reiches die kollektive Nutzung des Bodens innerhalb der Dorfgemeinschaft (Obtschina) erhalten. Der Grund und Boden wurde nicht in das Privateigentum einzelner Bauern übertragen, sondern der Obtschina als unveräußerliches und nicht verpfändbares Gemeineigentum zugeeignet. Riesige Ablösungssummen, die nicht für den industriellen Aufbau eingesetzt, sondern von den ehemaligen Gutsbesitzern parasitär verschwendet wurden, verzehrten alle Mittel der Bauernschaft. Nicht mehr als 10 von 100 Wirtschaften arbeiteten im Ergebnis der Reform mit Gewinn; 70 von 100 Bauernwirtschaften konnten ihren Besitzern nicht einmal das für Rußland geltende Existenzminimum sichern.

Vom Inbegriff sozialer Sicherheit verwandelte sich die Dorfgemeinschaft zur «Hungerkette am Halse der Bauern». Wie Rosa Luxemburg schrieb, gelang es dem Zarismus, die russische Dorfgemeinschaft mit ihrer Solidarhaft in eine «Steuerdruckmaschine» umzubauen. Mit staatlichen Machtmitteln gegenüber ihren Mitgliedern ausgerüstet, war die Obtschina berechtigt, Bauern nach «außerhalb» zu vermieten, sie konnte ihren Mitgliedern den Paß verweigern, ohne den der Bauer sein Dorf nicht verlassen durfte. Selbst die körperliche Züchtigung ihrer Mitglieder wegen auftretender Steuerrückstände lag in der Befugnis der Obtschina. Noch in ihrem Niedergang verhinderte auf diese Weise die altersschwache Despotie mit Hilfe der Obtschina, daß ein Prozeß in Gang gesetzt wurde, der – von Marx im «Kapital» beschrieben – zur Freisetzung eines doppelt freien Lohnarbeiters hätte führen können. Dieser aber wäre die Voraussetzung für jede Form von Kapitalismus gewesen.

Fragen wir abschließend noch einmal danach, warum im Gegensatz zu Europa im zaristischen Rußland von innen her keinerlei Impulse für eine modern-kapitalistische Entwicklung wirkten. Zunächst und vor allem ist dies darin begründet, daß es – anders als im europäischen Feudalismus – keine weitestgehend sich selbst bestimmenden gesellschaftlichen Kräfte wie einen grundbesitzenden Adel, ein städtisches Bürgertum und mit privatem Boden wirtschaftende Bauern gab. Da solche oder vergleichbar wirksame Kräfte in Rußland fehlten, konnte sich angesichts der gleichsam «naturwüchsigen» Macht des in der Zarenbürokratie, der orthodoxen Staatskirche und in den zins- und dienstpflichtigen Dorfgemeinschaften verkörperten Traditionalismus keine über die bestehenden Verhältnisse hinausweisende Eigendynamik entfalten. Genau dieser objektive und subjektive Tatbestand veranlaßte Engels, Rußland als «seinem Wesen und seiner Lebensart, seinen Traditionen und Einrichtungen nach... halbasiatisch» zu benennen. Denn ebenso wie andere Länder des Ostens war das Zarenreich in eine sozialökonomische Entwicklungsfalle geraten, der es aus eigener Kraft nicht entkommen konnte. Um diese Entwicklungsfalle aufzubrechen, bedurfte es äußerer Anstöße (Weltmarkt, Krieg).

Der Sowjetstaat – eine industrielle Despotie

Obwohl Marx besonders im Rahmen seines Briefwechsels mit V. I. Sassulitsch die formativen Merkmale der zaristischen Despotie und Produktionsweise hinreichend hervorgehoben hat und die historische *Unvermeidlichkeit* der allgemeinen Tendenz kapitalistischer Produktion «ausdrücklich auf die Länder Westeuropas beschränkt» wissen wollte, werden unsere Geschichtsschreiber nicht müde, den Zeitabschnitt von 1861 bis 1917 als die «Epoche des Kapitalismus in Rußland» zu qualifizieren. Aber was ist das schon für ein Kapitalismus, der in Rußland kein Menschenalter übersteht, währenddessen er in der westlichen Welt 500 Jahre Geschichte macht, um in unseren Tagen noch die letzten Ressourcen dieses Erdballs selbstsüchtig für den eigenen technischen Fortschritt auszuplündern? Mochten die Oktoberereignisse in den Augen Lenins noch als Vorläufer der inbrünstig herbeigesehnten Weltrevolution erscheinen, so wissen wir inzwischen aus eigener Anschauung, daß ihnen diese Bestimmung ebensowenig zukommt wie der albanischen «Revolution».

Unbestreitbar gehen viele der Ungereimtheiten, die unser Geschichtsverständnis verdunkeln, auf das Konto des mechanischen Konstruktivismus Lenins zurück, der, übrigens in Unkenntnis wichtiger Werke von Marx, unbedingt die russische Sozialgeschichte mit der europäischen Formationsfolge parallelisieren wollte. Dieser Absicht entspricht der untaugliche Versuch, die russischen Ereignisse von 1905 als «bürgerliche Umwälzung» zu begreifen. Mit dieser Wertung schuf Lenin die Grundlage für die Glorifizierung seiner «Oktoberrevolution» als «sozialistische Revolution». Da aber im weiten Rußland des gerade erst begonnenen 20. Jahrhunderts von vornherein, wie Lenin selber sagte, «der Sieg der bürgerlichen Revolution als *Sieg der Bourgeoisie* unmöglich» war, blieb Lenin gar nichts anderes übrig, als eine Form der bürgerlichen Revolution ohne Beteiligung des Bürgertums zu erfinden.[9]

Im Gegensatz zu Lenin hatte Marx durchaus die Möglichkeit eines nichtkapitalistischen Weges der russischen Gesellschaft für bedenkenswert gehalten. In dem ersten der drei hinterlassenen «Entwürfe einer Antwort auf den Brief von V. I. Sassulitsch» finden wir die Begründung dafür, warum damals eine solche Perspektive realistisch erschien: «Weil in Rußland, dank eines einzigartigen Zusammentreffens von Umständen, die noch in nationalem Maßstab vorhandene Dorfgemeinde sich nach und nach von ihren primitiven Wesenszügen befreien und sich unmittelbar als Element der kollektiven Produktion in nationalem Maßstab entwickeln kann.»[10] Hatte die russische Dorfgemeinschaft einmal erfolgreich der zersetzenden Wirkung des Handels getrotzt, lag es nahe, den tragenden Pfeiler ihrer Ökonomie – das halbstaatliche Grundeigentum – für eine sozialistische Rekonstruktion der Verhältnisse aufzuheben. Unerläßlich blieb dabei für Marx die Gleichzeitigkeit einer russischen und europäischen Revolution, denn ohne die Unterstützung des westlichen Proletariats war die kurzfristige Aneignung der Ergebnisse und Kultur einer industriellen Zivilisation durch die bäuerliche Gesellschaft Rußlands undenkbar.

Bekanntermaßen hat weder der Geschichtsverlauf in Europa noch der in Rußland den Marxschen Optimismus bestätigt. Der Weg der russischen Agrargesellschaft führte unweigerlich in das kaudinische Joch der staatssozialistischen Industrialisierung, wenngleich unter gänzlich anderen Umständen als von den Klassikern des Marxismus vorausgesehen.

Die Schwäche der marxistischen Analyse des russischen Entwicklungsweges resultiert wesentlich aus einer Unterschätzung der ökonomischen Rolle des despotischen Staates. Bezog die primär anarchisch funktionierende liberale Gesellschaft des frühen Kapitalismus ihren inneren Zusammenhalt aus dem in die Breite und Tiefe wachsenden Markt, setzte die Schaffung eines neuen Netzwerkes von ökonomischen Beziehungen in Rußland den totalen Einsatz des Staates voraus. Während in den bürgerlichen Umwälzungen in Europa lediglich eine bereits in der Feudalgesellschaft angelaufene Entwicklung in den wirtschaftlichen Verhältnissen ihre politische Sanktion erhält (in diesem Sinne wirklich «überbaut» wird!), mußte die russische Gesellschaft zuvörderst den despotischen Staat erneuern, damit dieser als ein zeitgemäßer «Motor» der industriellen Umgestaltung fungieren konnte. Die Richtigkeit dieser Einschätzung beweist der Abschnitt russischer Geschichte zwischen den Reformen bis zu den Oktoberereignissen. In dieser Phase ist die zaristische Despotie gerade noch fähig, eine kümmerliche Industrie im Rüstungsbereich zu päppeln, währenddessen sie augenscheinlich viel zu verbraucht ist, um den längst fälligen Übergang in den Industrialismus auf der ganzen Linie zu erzwingen.

Lenin hat in seinen letzten Lebensjahren wiederholt bestätigt, daß die Machtergreifung durch die Bolschewiki geradezu ein Kinderspiel war im Verhältnis zu den Aufgaben, welche die Industrialisierung stellte. Tatsächlich war ja auch der Zusammenbruch des zaristischen Staatsapparates weniger der Durchschlagskraft des proletarischen Klassenkampfes als vielmehr der bemitleidenswerten Schwäche seiner Verteidiger geschuldet. Im Februar 1917 waren es jedenfalls die Bolschewiki, die wie «Iwanuschka der Dummling» dastanden und voller Erstaunen feststellten, daß der Rumpf des zaristischen Recken längst bis zum Halse hinauf von Ottern und Schlangen zerfressen war. Innerhalb von fünf Tagen wurden die Romanows von der politischen Bühne des russischen Reiches weggefegt. Wenn jemand von den Ereignissen mitgerissen wurde, dann war es das kleine Häuflein der Bolschewiki, deren Parteiorganisation gerade mal 24000 Mitglieder erfaßte. Nicht «dem Ruf der Bolschewiki folgend», wie uns die Parteiideologen weismachen wollen, sondern spontan und ohne Führung waren die Massen in Aufruhr geraten. Es gehört deshalb schlicht in den Bereich der Rechtfertigungsideologie der politischen Macht, wenn bis heute die bolschewistische Partei für die treibende und führende Kraft des Aufstands ausgegeben wird.

Die Schwäche der zaristischen Despotie im Revolutionsjahr ist auch die Erklärung dafür, warum, wie zu Recht gesehen wird, verhältnismäßig wenig Blut geflossen ist. Um so größer war dann aber das Blutbad, als sich die avantgardistische Politbürokratie in den großen Städten verschanzte, um von hier aus Bauernrußland auf den Weg der Industrialisierung zu bringen.

Natürlich ist es ästhetisch reizvoll, die subjektive Seite des Formationswandels als Gesellschaftsspiel vorzuführen, in dessen Verlauf ein jugendlicher Herausforderer (die Bolschewiki) gegen einen alten, aber übermächtigen Tyrannen obsiegt. Mit wachsendem Abstand zu den Oktoberereignissen lernen wir aber immer besser verstehen, daß die staatssozialistischen Verhältnisse in größerem Umfang das Alte in sich bewahren als gemeinhin angenommen wird. Die politökonomische Anpassungsevolution um die Jahrhundertwende in Rußland war ein Prozeß der gesellschaftlichen Rationalisierung, der im Zentrum der hergebrachten Macht seinen Anfang nahm. Sie war nicht allein das Werk einer sozialen Gegenelite, die vom Leninismus inspiriert den Massen den rechten Weg gewiesen hätte.

Die Linie der vorsozialistischen Modernisierungsversuche ist in Rußland markiert durch das Oktobermanifest, die Duma und die Stolypinische Agrarreform: ein immer wieder durch die Angst vor dem bäuerlichen Protest gebremstes Forcieren der industriellen Entwicklung des Landes. Im Interesse dieser Entwicklung war selbst der zaristische Despot bereit, bis dahin geheiligte Grundsätze der Selbstherrschaft in Frage zu stellen – durch die Zulassung eines Scheins politischer Mitbestimmung, der Formierung zur Partei (Schwarzhunderter) und, wohl bei weitem die wichtigste Maßnahme, durch die 1907 angeordnete Zerstörung der alten Dorfgemeinde.

Wer den Formationswandel in Rußland verstehen will, muß sich natürlich fragen, ob es sich bei den Oktoberereignissen wirklich um die «Entscheidungsschlacht» handelt, die der marxistische Revolutionsbegriff meint. Versteht man unter sozialistischer Revolution eine offene Klassenschlacht, die hauptsächlich von Industrieproletariern ausgefochten wird, muß die Antwort negativ ausfallen. In einem Land mit 200 Millionen Bauern konnten etwa 800 000 Industrieproletarier keine Revolution machen, es sei denn, die Bauern nahmen teil an einem Aufstand. Rein zahlenmäßig waren die Arbeiter sogar noch der Bürokratie unterlegen. Die von Lenin verkündete politische Leitvorstellung einer «revolutionär-demokratischen Diktatur der Arbeiter und Bauern» rechnete in gewisser Weise mit diesem Tatbestand. Gleichwohl mißdeutet diese Sichtweise die wirkliche Rolle der Bauernmassen, denen die Funktion eines Erfüllungsgehilfen von Industriearbeitern zugeschrieben wird, genausowie die des Proletariats. Und, was schlimmer ist, diese Sichtweise unterschlägt das eigentliche Leiden der Massen.

Die an den Formationsübergängen von agrarischen zu staatssozialistischen Industriegesellschaften ausbrechenden großen Klassenkämpfe lassen sich angemessener als bäuerliche Verteidigungskämpfe gegen die allseits spürbaren Folgelasten des sich ausbreitenden Fabriksystems erklären, welches die traditionellen Lebensformen erklärtermaßen zu vernichten drohte. Abgesehen davon, daß sich die Menschen, die in Rußland an diesen Kämpfen beteiligt waren, zum überwiegenden Teil aus der bäuerlichen Bevölkerung rekrutierten, waren es unter allen sozialen Klassen vor allem die Bauern, denen das Wasser bis an den Hals stand. Zugunsten der Industrialisierung des Landes wurden die letzten materiellen Reserven der Landwirtschaft erbarmungslos geschröpft. Von der Obtschina aber führte der Weg der russischen Bauern in die Kollektivierung, die sich in ihren konkreten Formbestimmungen als zeitgemäße «Steuerdruckmaschine» des sozialistischen

Staates bewährte und womit die Niederlage der Bauern endgültig besiegelt wurde.

Was aber wollte die Arbeiterklasse in jenen Tagen, «die die Welt erschütterten»? Sie, die doch nach der reinen Lehre die hauptsächlichste Produktivkraft war und ist – was wollte sie? War es ihr wirklich darum zu tun, «sich den ganzen alten Dreck vom Halse zu schaffen und zu einer neuen Begründung der Gesellschaft befähigt zu werden»?

Hören wir auf die Arbeiter selber, dann ist klar, was diese wollten. Die von ihnen im gelobten siebzehner Jahr erhobenen Forderungen waren so, daß sie bis in die Gegenwart für jeden verständlich sind, der weiß, was Fabrikarbeit bedeutet. Am populärsten unter den Arbeitern war das Verlangen nach dem Acht-Stunden-Tag. Allgemein abgelehnt wurde die Akkordarbeit. Man wollte an seinem Arbeitsplatz etwas menschlicher behandelt werden und lehnte sich auf gegen willkürliche Lohnkürzungen. Die Betriebsleitungen wurden aufgefordert, sanitäre Einrichtungen zu schaffen oder warmes Wasser bereitzustellen usw. Zumeist drückte sich in den Forderungen der Arbeiter genau das aus, was unsere Ideologen so gerne als «tradeunionistisches Bewußtsein» apostrophieren. Den Arbeitern ging es im allgemeinen, wie wir sagen würden, um die Verbesserung ihrer Arbeits- und Lebensbedingungen. Mit ihren Protesten bezweckten sie die Humanisierung der Arbeitsverhältnisse; ihr Ziel war nicht die Revolutionierung der Eigentumsverhältnisse (was natürlich nicht heißt, daß sie etwas dagegen hatten!). Wo tatsächlich einmal Fabrikkomitees die Leitungen davonjagten, geschah das in der Regel aus Angst vor drohenden Fabrikschließungen. Den Tatbestand einer proletarischen Revolution im Sinne der marxistischen Theorie erfüllte dies alles ganz sicher nicht. Für den einzelnen Arbeiter und Bauern, der sich

1917 verzweifelt gegen die Auswirkungen des Industrialismus auf seine Lebensweise zur Wehr setzte, handelte es sich bei den Oktoberereignissen kaum um die sagenumwobene «Lokomotive der Weltgeschichte», die er mit seinem Handeln unter Dampf setzte. Für ihn stellte sich sein eigenes Handeln wohl eher als ein «Griff des in diesem Zuge reisenden Menschengeschlechts nach der Notbremse» dar, von dem Walter Benjamin gesprochen hat.

Der Grund dafür, warum die Oktoberereignisse weiterhin ohne Rücksicht auf die historische Wahrheit überliefert werden, ist also nicht einem Mangel an historischem Material geschuldet. Die herrschende Darstellungsweise entspricht dem Bedürfnis der Politbürokratie, die eigene Herrschaft zu legitimieren und die ungebrochene Kontinuität der «Staatssklaverei» zu verschleiern. Wie schon gesagt, marxistisch-leninistische Formationslehre und Legitimationsbeschaffung sind zwei Seiten ein und derselben Ideologie.

Das tatsächliche soziale Kräfteverhältnis 1917 weist jedoch nicht nur darauf hin, daß die neue Industriedespotie kaum mit allzuviel Zustimmung rechnen durfte, es zeigt mindestens ebenso deutlich, wieviel «Überzeugung durch Zwang» notwendig sein würde, um die Industrialisierung des Landes voranzubringen. Wie wir heute genau wissen, bedeutete Überzeugung durch Zwang eins: GUlAG! Deshalb schreibt Alexander Solschenizyn völlig zu Recht, «daß die Geburtsstunde des Archipels von den Schüssen der Aurora angekündigt wurde». Nach den von ihm mitgeteilten Berechnungen des Statistikers Kurganow kostete die Überzeugung durch Zwang die Sowjetunion von Beginn der Oktoberereignisse bis 1959 66 Millionen Menschenleben. («Natürlich übernehme ich für seine Zahl keine Gewähr», schreibt A. Solschenizyn dazu kommentierend, «bloß fehlen uns eben andere, offizielle Belege. Sobald eine amtlich bestätigte Zahl auftauchen sollte, werden die Fachleute beide Angaben unter die Lupe nehmen können.» Dem schließe ich mich an.)

Wollen wir auch im Staatssozialismus in der Wahrheit leben, dann dürfen wir über den Tatbestand des millionenfachen Mordes nicht mehr hinwegsehen. Hier ist Trauer und Aufklärung nötig. Wer da von Notwendigkeiten redet, die ihren Preis gehabt haben, redet zynisch. Alexander Solschenizyn hat die Tragödie der Seki für immer der Verborgenheit entrissen. Wir wissen also, was gewesen ist. Das eigentliche Problem besteht insoweit schon nicht mehr darin, der bereits erkennbaren Ideologie der kommenden Jahre standzuhalten, welche die Verbrechen auf den Zeitabschnitt von 1937/1938 beschränken will, um im übrigen alles beim alten zu belassen. (Der vorwurfsvolle Tenor dieser Ideologie hört sich so an: «Wie kann man zusammen mit den Fehlern, negativen Erscheinungen, Verbrechen und Verletzungen der sozialistischen Gesetzlichkeit und der Leninschen Normen des Parteilebens die Industrialisierung des Landes, die Kollektivierung der Landwirtschaft, die Kulturrevolution ... in einen Topf werfen? Wie kann man ganze Generationen und Menschenschicksale auf solch einen gemeinsamen Nenner bringen und ihnen ihre Ideale nehmen?» *Prawda*, 23. Juli 1987/*Neues Deutschland*, 1. August 1987) Wirklich schwierig ist die Selbst-Demaskierung! Warum setzen wir der historischen Wahrheit so einen verbissenen Widerstand entgegen? Wollen wir uns unsere Ideale nicht nehmen lassen?

Wir sollten das Gefühl der Enttäuschung darüber, wie erbärmlich das ganze im Gefolge der Oktoberereignisse zu verzeichnende Geschehen ist, nicht abwehren, denn die Enttäuschung ist das beste Gefährt auf dem Wege zu moralischer Einsicht. Auf diese Weise hätscheln wir nicht weiter unser Selbst, bereiten uns aber statt dessen auf die Erkenntnis vor, daß das Böse ein Teil unserer eigenen Natur ist, demgegenüber wir uns nicht leichtfertig verhalten dürfen. Nicht moralische Verachtung hilft weiter. Was not tut, ist Mitgefühl mit Opfern und Tätern.

3. STAATSPARTEI – PARTEISTAAT
(Luxemburg / Lenin über die «Organisationsfrage»)

Mit der Charakteristik des Sowjetstaates als «ökonomische Despotie» habe ich die Rolle des sozialistischen Staates für die Planwirtschaft angesprochen. Wenn jetzt vom Parteistaat die Rede ist, meint dies schon den gedoppelten Apparat, der auch das Ideologiemonopol verwaltet. Die funktionale Arbeitsteilung in Politik und Verwaltung, die dieser Differenzierung letztlich zugrunde liegt, ist naturgemäß im Staatssozialismus weniger ausgeformt als in den Gesellschaften, die das Prinzip der Gewaltenteilung offen zum Modell ihrer Machtverfassung erklären. Das bedeutet freilich nicht, daß die «Einheit von Beschlußfassung und Durchführung», die im Staatssozialismus die Gewaltenteilung ersetzen soll, wörtlich zu nehmen ist. Auch der Sozialismus ist auf Arbeitsteilung in jeder Hinsicht angewiesen. Mit der politischen Arbeitsteilung aber gehen wie mit jeder anderen Arbeitsteilung soziale Differenzierungen einher.

Die Partei, jedenfalls soweit ihr hauptamtliches Funktionärskorps betroffen ist, stellt neben dem höheren Offizierskader der Geheimpolizei *die* tonangebende Gruppe innerhalb des Sozialismus dar. Sozial gesehen rechnet zur Nomenklatur der Politbürokratie darüber hinaus noch die ganze Schicht unbefristet berufener oder gewählter Kader (finden «Wahlen» statt, dann ist das Abonnement auf Wiederwahl funktionsgebunden), welche hauptberuflich alle maßgeblichen politischen, administrativen und wirtschaftlichen Leitungs- und Machtfunktionen besetzt halten, einschließlich der in den Militär- und Sicherheitsapparaten sowie den ideologischen und kulturellen Einrichtungen. Es ist das Ideologie- und Entscheidungsmonopol, das diese großen Menschengruppen von anderen Klassen und Schichten abhebt und ihren Rang im gesellschaftlichen Leben bestimmt. Auf der obersten Ebene des Partei- und Staatsaufbaus plaziert, üben die Spitzenfunktionäre dieser politischen Klasse zumeist in Personalunion wichtige Funktionen in Partei und Staat gleichzeitig aus. Wer angesichts dieser Verhältnisse die staatsrechtlichen Unterschiede zwischen Partei und Staatsapparat überbewertet, verfällt dem Schein unserer politischen Verhältnisse. Für gewöhnlich schaffen sich moderne Staatsparteien im Parteistaat die ihnen maßgeschneiderte Daseinsweise!

Politisch entmündigt wie alle anderen Bürger auch sind dagegen die einfachen Mitglieder der Partei. Mitglieder in den unteren Rängen dürfen zwar ihre Meinung äußern, es ist ihnen jedoch streng untersagt, das mit anderen gemeinsam in organisierter Form zu tun. Während das Mitgliedschaftsverhältnis in der Partei so einerseits den erklärten Verzicht auf politische Selbstorganisation beinhaltet, verpflichtet es andererseits alle Mitglieder zu einer soldatischen Disziplin.

Für das Selbstverständnis des Staatssozialismus ist nun die Einsicht darein von großer Wichtigkeit, daß und wie sich noch vor den Oktoberereignissen aus den innerparteilichen Auseinandersetzungen der russischen Sozialdemokratie heraus die erste moderne Staatspartei formiert. Bereits in dieser Phase wird nämlich parteiorganisatorisch vorentschieden über die politischen Bedingungen und Freiheiten, unter denen der Aufbau des Sozialismus vollzogen werden soll. Wenn die Staatspartei ihr Statut und Programm beschließt, entscheidet sie gleichzeitig über die von ihr erstrebte Staatsverfassung. Die Macht über das Massen-Ich wurzelt in der Formbestimmung des Partei-Ich! Die Formbestimmung des Partei-Ich findet aber statt, bevor sich die Politbürokratie funktional differenziert der Politik und Verwaltung zuwendet.

Genau dieses Phänomen, die Formbestimmung einer «Partei neuen Typus», war Gegenstand des jahrzehntelangen Streits zwischen Rosa Luxemburg und Lenin, eines Streits, der sich im Jahre 1904 an «Organisationsfragen der russischen Sozialdemokratie» entzündete und in der Folgezeit niemals beigelegt wurde. Kompromißloser noch als Antonio Gramsci, der ebenfalls die rüde Form der innerparteilichen Auseinandersetzungen in der russischen Sozialdemokratie frühzeitig gerügt hatte, verfocht Rosa Luxemburg, unbeeindruckt von Lenins Autorität, gegen die totale Funktionalisierung der Partei das *Prinzip der diskursiven Willensbildung* in der Politik. Damit stellte sie sich von vornherein, und zwar noch bevor die industrielle Despotie Gestalt annahm, auf die Seite der einfachen Parteimitglieder und der arbeitenden Massen, deren Entmündigung nach der «Revolution» mit der Formbestimmung der Partei beschlossen werden sollte.

Man hat ausgerechnet Rosa Luxemburg vorgeworfen, in diesem Streit vorschnell und ohne ausreichende Kenntnisse der politischen Verhältnisse in Rußland geurteilt zu haben. Der vollständig nur aus der Formationsspezifik

Rußlands begreiflichen Besonderheiten war sich Rosa Luxemburg allerdings durchaus bewußt, ohne daraus jedoch gleich die Notwendigkeit einer Ausschaltung der innerparteilichen Demokratie abzuleiten. «Unter normalen Bedingungen», so schrieb sie, «das heißt dort, wo die entfaltete politische Klassenherrschaft der Bourgeoisie der sozialdemokratischen Bewegung vorausgeht, wird die erste politische Zusammenschweißung der Arbeiter in hohem Maße schon durch die Bourgeoisie besorgt.»[11] In der bürgerlichen Gesellschaft sei demnach die Organisation der sozialdemokratischen Bewegung «nicht ein künstliches Produkt der Propaganda, sondern ein historisches Produkt des Klassenkampfes, in das die Sozialdemokratie nur das politische Bewußtsein hineinträgt»[12]. Im Gegensatz dazu sei aber in Rußland der Partei «die Aufgabe zugefallen, einen Abschnitt des historischen Prozesses durch bewußtes Eingreifen zu ersetzen und das Proletariat direkt aus der politischen Atomisierung, die die Grundlage des absoluten Regimes bildet, zur höchsten Form der Organisation – als zielbewußt kämpfende Klasse zu führen»[13].

Der soziale Handlungsrahmen, den Rosa Luxemburg zu sehen glaubte, berücksichtigte durchaus die Formationsspezifik der Verhältnisse im zaristischen Rußland, wie sie sich auf der Basis einer im Wandel befindlichen tributären Produktionsweise darstellten. Unter diesen Bedingungen wollte aber Rosa Luxemburg im Gegensatz zu Lenin die sozialdemokratische Arbeiterbewegung als soziale und politische Emanzipationspartei und nicht als Staatspartei organisiert wissen. Das belegt die Kritik Rosa Luxemburgs an Lenins programmatischer Schrift «Ein Schritt vorwärts, zwei Schritte zurück». In der demokratischen Seinsweise der Partei sollte sich die Arbeiterklasse und mit ihr die ganze Gesellschaft wiederfinden. Wie Lenins Replik zeigt, nahm dieser subjektiv für sich genauso in Anspruch wie Rosa Luxemburg, die soziale und politische Emanzipation zu befördern. Praktisch organisierte Lenin jedoch längst die Staatspartei als den neuen Arbeitsherrn der kommenden russischen Industriegesellschaft.

Genau dieses Geheimnis hat Rosa Luxemburg verraten! Die Phänomenologie der «Partei neuen Typus», die Rosa Luxemburg anhand der Leninschen Parteilehre entwikkelte, ist bis heute die beste Darstellung der Staatspartei geblieben, die jemals gegeben wurde. Aus dem sicheren Instinkt für die kommenden Konsequenzen des Leninismus erkennt Rosa Luxemburg: «Das uns vorliegende Buch des Genossen *Lenin*», übrigens ein Buch, welches bisher als Katechismus der Lehre von der Partei in Gebrauch ist, «ist die systematische Darstellung der Ansichten der *ultrazentralistischen* Richtung der russischen Partei. Die Auffassung, die hier in eindringlicher und erschöpfender Weise ihren Ausdruck gefunden hat, ist die eines rücksichtslosen Zentralismus, dessen Lebensprinzip einerseits die scharfe Heraushebung und Absonderung der organisierten Trupps der ausgesprochenen und tätigen Revolutionäre von dem sie umgebenden, wenn auch unorganisierten, aber revolutionär-aktiven Milieu, andererseits die straffe Disziplin und die direkte, entscheidende und bestimmende Einmischung der Zentralbehörde in alle Lebensäußerungen der Lokalorganisationen der Partei.»[14] Was Rosa Luxemburg vorausgesehen hat, können wir heute in allen Staatsparteien erleben. Nämlich die kollektive Selbstherrschaft einer Zentralbehörde, welche «die Befugnis hat, alle Teilkomitees der Partei zu organisieren, also auch die persönliche Zusammensetzung jeder einzelnen russischen Lokalorganisation von Genf und Lüttich bis Tomsk und Irkutsk zu bestimmen, ihr ein selbstgefertigtes Lokalstatut zu geben, sie durch einen Machtspruch ganz aufzulösen und von neuem zu schaffen und schließlich auf diese Weise indirekt auch die Zusammensetzung der höchsten Parteiinstanz, des Parteitags, zu beeinflussen. Danach erscheint das Zentralkomitee als der eigentlich aktive Kern der Partei, alle übrigen Organisationen lediglich als seine ausführenden Werkzeuge.»[15]

Wer das Statut einer Staatspartei zur Hand nimmt, der kann sich selber davon überzeugen, daß dies genau die Partei ist, die wir heute haben. Der verlegene Einspruch Lenins gegen die Feststellungen Rosa Luxemburgs, der darauf hinauslief, nicht er sei es gewesen, sondern namentlich nicht genannte Mitglieder der Statutenkommission des 2. Parteitags der SDAPR, die dem Zentralkomitee diese selbstherrschaftliche Machtposition zugebilligt hätten, ändert im Ergebnis nichts am sachlichen Inhalt der Kritik Rosa Luxemburgs. Lenin plante die geschlossene, disziplinierte und militante Partei, die um jeden Preis den bedingungslosen Kampf um die Macht führen sollte. Die «tätigen Mitglieder» der Partei mußten sich deshalb innerhalb der von ihm entworfenen Organisationsstrukturen «in reine Ausführungsorgane eines außerhalb ihres eigenen Tätigkeitsfeldes im voraus bestimmten Willens, in *Werkzeuge* eines Zentralkomitees verwandeln»[16].

Der Doktrin Lenins stellte Rosa Luxemburg von allem Anfang an ihr Postulat der Einheit von Organisation und Aufklärung entgegen. Organisation und Aufklärung wollte sie nicht als «getrennte, mechanisch und auch zeitlich gesonderte Momente» gelten lassen, sondern ausschließlich als verschiedene Seiten eines einheitlichen Gemeinschaftshandelns begreifen. Das von ihr vertretene organisatorische Prinzip schloß zwar «die gebieterische Zusammenfassung des Willens» selbständig operierender

Parteigruppen in sich ein, doch sollte der einheitliche Wille über einen in den Basisgruppen verankerten «Selbstzentralismus» hervorgebracht werden. Die von Lenin in höchsten Tönen besungene Disziplin der Fabrikarbeit, die nichts weiter als eine besondere Form derselben Disziplin war, die der Arbeiterschaft «auch durch die *Kaserne*, auch durch den modernen Bürokratismus» angedrillt wurde, sollte dagegen nach Meinung Rosa Luxemburgs gebrochen werden. Gerade diese Disziplin der «Willen- und Gedankenlosigkeit einer vielbeinigen und vielarmigen Fleischmasse, die nach dem Taktstock mechanische Bewegungen ausführt», war es ja, die schrittweise ersetzt werden sollte durch die «freiwillige Koordinierung von bewußten politischen Handlungen».

Man mußte schon Rosa Luxemburg heißen und Polin sein, um im Jahre 1904 hinter der von Lenin geforderten Parteidisziplin den Schatten der kommenden Staats- und Arbeitsdisziplin im Sozialismus wahrzunehmen. Soviel jedenfalls sah Rosa Luxemburg voraus, daß mit der «bloßen Übertragung des Taktstockes» aus der Hand des alten Arbeitsherrn in die Hand des Zentralkomitees der Partei zwar die zaristische Despotie erledigt, nicht aber die *Subalternität der Massen* beendet würde. Ob Lenin diese jemals als das zentrale Problem der industriellen Gesellschaft angesehen hat, darf in Anbetracht seiner speziellen Vorliebe für bürokratische Organisationsformen ruhig bezweifelt werden. «Bürokratismus versus Demokratismus», so lautete die Leninsche Formel, die Rosa Luxemburg in Harnisch versetzt hatte, «das ist eben Zentralismus versus Autonomismus, das ist eben das organisatorische Prinzip der revolutionären Sozialdemokratie gegenüber dem organisatorischen Prinzip der Opportunisten der Sozialdemokratie.»[17]

Die stets riskante Vermittlung marxistischer Gesellschaftsvorstellungen über das Vehikel bürokratischer Mechanismen erschien Lenin letztlich trotz aller Vorbehalte unbedenklich. Erst in seinem Vermächtnis, der Schrift «Lieber weniger, aber besser», gestand er unmittelbar vor seinem Tode ein, daß es der praktischen Belehrung eines Jahrfünfts bürokratischer Partei- und Staatspraxis bedurft hatte, um ihn diesbezüglich «gehörig mit Mißtrauen und Skepsis» zu erfüllen. Praktische Konsequenzen für die Organisation des Staatssozialismus hatte diese späte Einsicht nicht mehr. Statt dessen zog die Parteizentrale der Bolschewiki nach Lenins Tod aus theoretischen Differenzen, die man auf allgemeine sozialökonomische Widersprüche und solche innerhalb der Arbeiterbewegung zurückführte, ihre bürokratischen Schlußfolgerungen. Der innerparteiliche Machtkampf ersetzte den Kampf der Meinungen; anstelle von Diskussionen veranstaltete man Säuberungen. Das von der Parteizentrale angeblich vertretene Klasseninteresse stellte sich alsbald als das Interesse dar, die einmal inthronisierte Ideologie des Leninismus um jeden Preis zu verbreiten. Da der einmal entbrannte Machtkampf weder von einer normativen Lehre der Angemessenheit der Mittel gezähmt noch durch Toleranz gebändigt wurde, konnte es gar nicht ausbleiben, daß ihm in der ersten Runde der Auseinandersetzungen die alten menschewistischen Bündnispartner der Bolschewiki zum Opfer fielen; späterhin mußte jeder um seine Existenz fürchten, dessen politischer Glaube Zweifel aufkommen ließ. Was das bedeutete, bekam schließlich sogar das Politbüro zu spüren. Von den sieben Mitgliedern des Politbüros des ZK der SDAPR(B) im Revolutionsjahr 1917 (das waren: Lenin, Stalin, Trotzki, Sinowjew, Kamenjew, Sokolnikow, Bubnow) starben allein Lenin und Stalin eines natürlichen Todes.

Wie hatte doch Rosa Luxemburg geschrieben? Das von der zaristischen Despotie «ekrasierte, zermalmte *Ich*» revanchierte sich dadurch, «daß es sich selbst in seiner revolutionären Gedankenwelt auf den Thron setzt und sich für allmächtig erklärt – als ein Verschwörerkomitee im Namen eines nichtexistierenden ‹Volkswillens›»[18]. Was die Kassandra der deutschen Arbeiterbewegung noch nicht voraussehen konnte, war, daß sich das alte Partei-Ich am Ende selbst entleiben würde, um das die enttäuschten Erwartungen einklagende revolutionäre Gewissen für eine ganze Epoche zu verdrängen. Als im Jahre 1927 die letzte «neue Opposition» im Vaterland aller Werktätigen massakriert wurde, war der Anteil der alten Parteikader von 1917 bereits auf 1,4 Prozent der Mitglieder geschrumpft. Erst jetzt war die stalinistische Machtstruktur vorhanden, die es dem bürokratischen Subjekt erlaubte, die Industrialisierung und Kollektivierung durchzupeitschen. Folgerichtig beendete man zu dieser Zeit die «Neue Ökonomische Politik» und arbeitete den ersten Fünfjahresplan aus.

Die innere Gleichschaltung der Partei wurde derweilen über die Gleichschaltung der Sowjets in das öffentliche Leben der russischen Gesellschaft übersetzt. Die zündende Parole aus den April-Thesen Lenins «Alle Macht den Sowjets!» paßte ohnehin niemals in dessen bürokratisches Organisationskonzept. Noch während des Bürgerkrieges schaffte man denn auch ohne lange Diskussion die freie Kandidatenwahl für die Sowjets ab. Späterhin wurde sie zwar wieder zugelassen, aber nachdem man um die Jahresmitte 1918 die Sozialrevolutionäre und die Menschewiki aus den Sowjets vertrieben hatte, war da niemand mehr außer den Wunschkandidaten des Politbüros, den man hätte wählen können.

Noch bevor die Bolschewiki die Sowjets gleichschalteten, schrieb Rosa Luxemburg in der Einsamkeit ihrer Breslauer Gefängnishaft ihr Manuskript «Zur russischen Revolution», das Paul Levi 1922 veröffentlichte. Bis auf den heutigen Tag versuchen Parteiideologen diese Schrift als Ergebnis mangelhafter Information und «fehlerhafter» Auffassungen hinzustellen. In Wahrheit wiederholte aber Rosa Luxemburg lediglich ihre Kritik aus dem Jahre 1904. Hatte sie damals die Bolschewiki aufgefordert, ihren Kampf gegen den Opportunismus nicht als Parteiausschlußverfahren zu führen, verlangte sie diesmal, die «wichtigsten demokratischen Garantien eines gesunden öffentlichen Lebens und der politischen Aktivität der arbeitenden Massen» wiederherzustellen. Der bolschewistischen Staatspartei hielt sie vor, sie hätte «durch Erdrükkung des öffentlichen Lebens die Quelle der politischen Erfahrung... verstopft»[19].

Für die im abendländischen Staatsdenken verwurzelte Rosa Luxemburg war der sich im Sowjetsystem institutionalisierende politische Überbau, der nahtlos an das Erbe der zaristischen Despotie anschloß, unakzeptabel. Sowjets ohne die gleichzeitige «Schule des öffentlichen Lebens» erschienen Rosa Luxemburg als Vehikel der Aufhebung der bestehenden politischen Arbeitsteilung und Mittel gegen die Subalternität der Massen unbrauchbar und allein als Legitimationskulisse für bürokratische Machtverhältnisse geeignet.

Mag die Programmatik «uneingeschränkter, breitester Demokratie» angesichts hungernder Menschen und einer vom Bürgerkrieg zerrütteten Wirtschaft vielleicht noch historisch vorwitzig gewesen sein – darüber zu streiten ist sinnlos –, so entfaltet diese Programmatik in der heutigen Zeit ihre Wahrheit aus sich selbst. «Fällt das alles hinweg», dann lautet nun einmal die Frage: «Was bleibt in Wirklichkeit?» Und die Antwort auf diese Frage ist dieselbe geblieben, die schon Rosa Luxemburg den Bolschewiki gegeben hat: «Lenin und Trotzki haben anstelle der aus allgemeinen Volkswahlen hervorgegangenen Vertretungskörperschaften die Sowjets als die einzige wahre Vertretung der arbeitenden Menschen hingestellt. Aber mit dem Erdrükken des politischen Lebens im ganzen Lande muß auch das Leben in den Sowjets immer mehr erlahmen. Ohne allgemeine Wahlen, ungehemmte Presse- und Versammlungsfreiheit, freien Meinungskampf erstirbt das Leben in jeder öffentlichen Institution, wird zum Scheinleben, in dem die Bürokratie allein das tätige Element bleibt. Das öffentliche Leben schläft allmählich ein, einige Dutzend Parteiführer von unerschöpflicher Energie und grenzenlosem Idealismus dirigieren und regieren, unter ihnen leitet in Wirklichkeit ein Dutzend hervorragender Köpfe, und eine Elite der Arbeiterschaft wird von Zeit zu Zeit zu Versammlungen aufgeboten, um den Reden der Führer Beifall zu klatschen, vorgelegten Resolutionen einstimmig zuzustimmen, im Grunde also eine Cliquenwirtschaft – eine Diktatur allerdings, aber nicht die Diktatur des Proletariats, sondern die Diktatur einer Handvoll Politiker...»[20]

Dem Maßstab menschlicher Emanzipation, den Rosa Luxemburg ihrer Kritik zugrunde legte, konnten – ob gewollt oder nicht – Lenin und die Bolschewiki 1917 nicht genügen. Insoweit ist es gar nicht verwunderlich, wenn Rosa Luxemburg und Lenin, und das bei nur geringfügigen Unterschieden im philosophischen Ausgangspunkt ihres Denkens, ausgerechnet in der «Organisationsfrage» zu völlig entgegengesetzten Antworten gelangten. Wer den Blutzoll bedenkt, der den Veteranen der bolschewistischen Garde abverlangt wurde, der kann nicht ernsthaft daran zweifeln, daß deren politische Entscheidungen Folgen ausgelöst haben, die unbeabsichtigt waren. Es bedarf schon einiger Phantasie, um daran zu glauben, daß Männer wie Sinowjew oder Bucharin Beschlüssen bewußt zugestimmt hätten, die das Ende ihrer staatsmännischen Karriere vor einem Erschießungspeloton bezweckten. Und doch war der tragische Tod dieser Männer das Ergebnis von Entscheidungen, denen sie selber zugestimmt hatten. Die grausame Enttäuschung, die ihnen widerfahren ist, können wir nur dann verstehen, wenn wir die illusorischen Erwartungen bedenken, an die sie sich bei ihren politischen Entscheidungen geklammert haben. Nicht zuletzt hat die Irrealität dieser Erwartungen ihren Blick für die realen Folgen ihres Handelns verwirrt. Oder was in gewisser Weise dasselbe ist: viele Entscheidungen wären ohne die illusionären Erwartungen und in Voraussicht der realen Folgen vom Zentralkomitee überhaupt nicht gefällt worden. Man kann sich schlecht vorstellen, daß Lenin seine Doktrin von der «Partei neuen Typus» in Kenntnis der geschichtlichen Folgen dieser Lehre überhaupt zu Papier gebracht hätte.

Nachdem wir heute wissen, wie blutig die kurze Geschichte des Staatssozialismus ausgefallen ist, können wir uns die Wiederholung der immer gleichen Formeln und damit die Wiederholung der Vergangenheit ersparen.

Die Bürokratisierung der Partei, die sich aus der Innenansicht in der Souveränität des Apparats gegenüber der politisch entmündigten Mitgliedschaft der Partei widerspiegelt, bedarf natürlich der Rechtfertigung. Im «Gesetz der führenden Rolle der Partei» wird das auch außerhalb der Parteistrukturen wahrgenommene Phänomen der Verselbständigung und Monopolisierung von Politik zur historischen Notwendigkeit verklärt. Die «führende Rolle» wiederum rechtfertigt sich aus der Funktion der Staatspartei, welche die «welthistorische Mission der Arbeiterklasse» anleitet und – wenn erforderlich, mit Hilfe der Staatsmacht – garantiert.

Wollen wir die wahre Bedeutung aller dieser Parolen entschlüsseln, dann sollten wir die von Rosa Luxemburg hinterlassene Kritik der Staatspartei so lesen, wie sie geschrieben steht, nicht nur als Menetekel (was sie sicherlich auch ist), sondern als zutreffende Charakterisierung der historischen Grundlage unserer politischen Seinsweise im Sozialismus. Wichtigste Bedingung dieser Seinsweise aber ist, daß das «öffentliche» Leben, von dem Rosa Luxemburg immer wieder gesprochen hat, «eingeschläfert» wurde, sobald der Formationswandel vollzogen war. Ohne diese Voraussetzung wäre weder die Verselbständigung der Parteizentrale noch der vormundschaftliche Staat möglich. Politisches Desinteresse der Menschen und Kuschbereitschaft sind maßgebend für die Bestandserhaltung der Parteistaats-Herrschaft. Erst das allgemeine Desinteresse macht bürokratische Grundsatzentscheidungen ohne allzu große Rücksichtnahme auf die Werte und Ziele der Arbeiterbewegung möglich. Man muß sich über den Gewinn an Entscheidungsfreiheit durch die Machthaber klarwerden, der damit verbunden ist. Beinahe alles wird möglich! Länder werden besetzt, Befreiungsbewegungen werden ebenso unterstützt wie mörderische Regimes, Demokratie wird verordnet oder unterdrückt, der Frieden wird zum höchsten Gut der Menschheit erklärt, und zugleich verfolgt man die Friedensarbeit... *Beliebigkeit* – und zwar im Guten wie im Bösen – wird positiviert!

Angesichts der Entwicklung des Staatssozialismus scheint es, als ob die Industriearbeiter in der Gegenwart zu einer ähnlich konservativen Klasse geworden sind, wie die westeuropäischen Bauern im 19. Jahrhundert es waren.

Beide Klassen klammern sich verbissen an den perspektivlosen Wohlstand, den sie erstritten haben – uninteressiert und staatsfromm gleichermaßen. So nahe aber das Sozialverhalten der Arbeiter und Bauern beieinander liegen mag, der Vergleich hinkt beträchtlich hinter der Wirklichkeit her. Die Bauern erkannten die vorhandene Herrschaftsordnung als von alters her geltend an, so, wie sich diese ihnen im Recht, in den Sitten und Gebräuchen offenbarte. Allein schon das biblische Alter der meisten überlieferten Normen symbolisierte ihnen die Unabänderlichkeit des Bestehenden. Im Gegensatz dazu hat die alte Arbeiterbewegung in Ost und West die Produzenten mit der neuzeitlichen Skepsis gegen unabänderliche Werte und Normen ausgerüstet. Man kann sagen, die Erwartungen der Menschen wurden neu geordnet.

In dieser Situation erzeugt die Arbeitsteilung zwischen der symbolisch agierenden «Sinnproduktion» und der auf einer technokratischen Ebene operierenden «Entscheidungsproduktion» von vornherein schärfere Gegensätze, als dies in der traditionellen Gesellschaftsformation jemals der Fall sein konnte. Der Technokrat im Staatssozialismus orientiert sich für gewöhnlich an Zweckmäßigkeitserwägungen, er handelt instrumental, ohne sich dabei um eine übergreifende Legitimation seines Handelns zu kümmern. Die eigentliche Aufgabe der Staatspartei ist es nun, die Arbeitsteilung zwischen Entscheidungspraxis und Rechtfertigungsideologie zu vermitteln und auftretende Gegensätze abzuarbeiten. Konkret heißt das: Die Staatspartei muß einerseits die technokratische Abteilung innerhalb der Bürokratie zügeln, damit diese nicht allzu überraschende Wendungen in der Wirtschafts- und Sozialpolitik vollzieht, andererseits aber muß sie die den Realitäten ständig hinterherlaufenden Propagandisten motivieren, die jeweils letzten Entscheidungen ideologisch zu rechtfertigen. Während die Wirtschaftslenker allein den ökonomischen Nutzen, die Devisenlage usw. im Auge haben, interessiert die Ideologen vorrangig die Verankerung des politökonomischen Systems in Werten und Normen. Die Bereinigung der dadurch bedingten Differenzen ist ein ständiges Problem im Staatssozialismus, zu dessen Lösung die «führende Rolle der Partei» beiträgt.

ZWEITER TEIL: DIE WIRKLICHKEIT DES STAATSSOZIALISMUS

4. ZUR GENESIS DES BÜROKRATISCHEN SOZIALISMUS IN DEUTSCHLAND

Formationsverdrängung – die Ausnahme von der historischen Regel

Obwohl die machtvolle Einflußnahme sowjetischer Administratoren die entscheidende Voraussetzung bei der Errichtung der Staatsmacht und -produktion östlich der Elbe gewesen ist, wird der nach Beendigung des Zweiten Weltkrieges unter deren «oberster Regierungsgewalt» vollzogene Bruch, der im Ergebnis die staatssozialistische Gesellschaft in der einen Hälfte des geteilten Landes aus der Kontinuität der deutschen Nationalgeschichte entbindet, bis heute im Sinne des Vorworts «Zur Kritik der politischen Ökonomie» dem organischen Wirken angeblich objektiver Gesetzmäßigkeiten zugeschrieben. Abgerundet wird ein derartiges Bild durch die Einordnung dieser *Formationsverdrängung* in das unter dem Gesichtspunkt der Eigentumsfrage (gemeinschaftliches Eigentum – Privateigentum – gesellschaftliches Eigentum) erstellte Schema der Weltgeschichte. Was an Fragen unbeantwortet bleibt, wird den Ungereimtheiten einer «Übergangsperiode» zugeschrieben. Wie in fast allen Ländern, die unter sowjetische Führung geraten sind, wird Formationsgeschichte bei uns nunmehr als Variation über ein und dasselbe Thema begriffen: Lehrstück aus einer Epoche des weltumspannenden Übergangs vom Kapitalismus in den Sozialismus zu sein. Daß ausgerechnet diese Art von «Übergang» in den klassischen Metropolen des Kapitals nirgendwo stattfindet und gegenwärtig in der prophezeiten Form immer unwahrscheinlicher wird, ist der einzige Schönheitsfehler, welcher dieser Lehre seit ihrer Entstehung anhaftet.

Das Beispiel der beiden deutschen Staaten mit seiner unübersehbaren Determinanz internationaler Faktoren widerspricht der ideologischen Verwertung einer organischen Geschichtsauffassung, die aus der Analyse der englischen und französischen bürgerlichen Gesellschaft des 18. Jahrhunderts ihr politökonomisches Wissen bezogen hat. In der Französischen Revolution von 1789 und in der industriellen Revolution Englands wurden bekanntlich originäre bürgerliche Produktionsverhältnisse mit einem entsprechenden Überbau versehen. Den inneren Mechanismus dieser Dialektik deckte Marx auf, indem er die Notwendigkeit übereinstimmender Entwicklungen der materiellen Produktivkräfte mit den in diesen Gesellschaften vorhandenen Produktions- und Verkehrsverhältnissen hervorhob. So treffend aber im «Vorwort» die Entwicklungsdynamik der politischen Ökonomie in den Ursprungszentren der bürgerlichen Gesellschaftsformation auch entfaltet ist, bietet dieses dennoch keine «abgeschlossene Formulierung der Grundsätze des Materialismus, ausgedehnt auf die menschliche Gesellschaft und ihre Geschichte», wie Lenin einst meinte. Schon die beginnenden Umwälzungen des alten Ständestaates in den deutschen Ländern waren ja durchaus den Revolutionskriegen nach

1792 und der napoleonischen Imperialpolitik geschuldet, ebenso wie die der «ausgebildeten Bourgeoisie entsprechenden politischen Formen den Deutschen» nach einem Wort von Marx durch die Julirevolution «von außen zugeschoben wurden». Noch viel weniger als diese Entwicklungen genügt die deutsche Gegenwartsgeschichte der Entwicklungsdynamik, wie sie unsere Ideologen aus dem «Vorwort» herauslesen. Unterstellen wir nämlich, daß in Deutschland (Ost) nach Kriegsende die Ablösung der kapitalistischen Produktionsverhältnisse fällig war (mindestens aber materiell vorbereitet, wie manchmal einschränkend vermerkt wird), weil sich dieselben von Entwicklungsformen zu Fesseln der Produktivkräfte gewandelt hatten, dann ist es schleierhaft, warum wir nicht vier Jahrzehnte Geschichte in Deutschland (West) als «Epoche sozialer Revolution» miterleben durften. Von dem krassen Niveauunterschied der Produktivkraftentwicklung in beiden Wirtschaftssystemen gar nicht erst zu reden. Was ist das also für ein Unding von Revolution, wäre mit Stefan Heym zu fragen, die es nicht fertigbringt, von einer Straßenseite in Berlin auf die andere überzugreifen?

Versuchen wir den Klassikern des Marxismus ernsthaft zu folgen. In ihrem frühen Werk «Die deutsche Ideologie» (das Lenin übrigens niemals gelesen hat) haben Marx und Engels die Möglichkeit durchaus in Rechnung gestellt, daß ein nationaler Widerspruch der Produktivkräfte gegen die Verkehrs- und Produktionsverhältnisse in einer Gesellschaft international zu Buche schlägt, wenn in Fällen nachfolgender militärischer Besetzungen «dem eroberten Lande die auf einem andern Boden entwickelte Verkehrsform fertig herübergebracht wird»[21]. Später hat Marx in den «Grundrissen» das über Eroberungen vermittelte «Einspielen» fremder Produktionsverhältnisse in eine geschichtlich anders bestimmte Produktionsweise im einzelnen systematisiert. «Bei allen Eroberungen ist dreierlei möglich. Das erobernde Volk unterwirft das eroberte seiner eigenen Produktionsweise (z. B. die Engländer in Irland in diesem Jahrhundert, zum Teil in Indien); oder es läßt die alte bestehen und begnügt sich mit Tribut (z. B. Türken und Römer); oder es tritt eine Wechselwirkung ein, wodurch ein Neues entsteht, eine Synthese (zum Teil in den germanischen Eroberungen).»[22] Daß ein derartiges «Einspielen» fremder Produktionsverhältnisse in eine militärisch unterworfene Gesellschaft niemals ohne zwischenstaatliche Gewalt abgeht, versteht sich von selbst. Zweifellos ist die Formationsverdrängung auf deutschem Boden anhand dieses Modells viel plausibler zu erklären, als das jemals mit Hilfe des im «Vorwort» enthaltenen Paradigmas möglich wäre. Daran ändert auch die Tatsache nichts, daß die von Marx ausgewählten Beispiele ausnahmslos auf traditionale Gesellschaftsformen verweisen. Allein den politökonomisch gänzlich trivialen Tatbestand, der einer Nation «übertragene, nicht ursprüngliche Produktionsverhältnisse» einbringt, gilt es an dieser Stelle festzuhalten. Aus dieser Sicht ist es einerlei, ob eine andersartige Produktionsweise im Ergebnis der Abwehr einer Aggression und nachfolgender Militärverwaltung des besiegten Landes oder im Verlaufe eines Kolonialkrieges übertragen wird.

Von ausschlaggebender Bedeutung war allerdings, daß die Formationsverdrängung erst in einer Phase der deutschen Geschichte vollzogen wurde, in der sich der Staatsapparat und die Wirtschaft als Systeme zweckrationalen Handelns längst aus ihrer Verwurzelung in der familiären Lebenswelt gelöst hatten. Die politische und ökonomische Umwälzung konnte deshalb entscheidend nur die Systemebene betreffen, währenddessen die Lebensweise des empirischen Menschen nur oberflächlich beeinflußt wurde. Mit Ausnahme einiger untauglicher Versuche in den Gründerjahren, die private Lebenswelt der Produzenten umzukrempeln (man denke an solche dilettantischen Versuche wie die Schaffung der zehn Gebote einer sozialistischen Moral, die Veränderung eingefleischter Rituale usw.), wagt sich die Politbürokratie auf der Ebene der sozialen Integration nicht allzuweit vor. Während die Macht der Sowjetgesellschaft nach Beendigung des Zweiten Weltkriegs augenscheinlich groß genug war, unseren politischen und ökonomischen Verhältnissen ihren Stempel aufzudrücken, überzeugt deren zivilisatorische Ausstrahlung bis heute nicht. Solange aber die soziale Integration der Menschen auf symbolische Überlieferung und eingeübte Sozialisationsmuster angewiesen bleibt, ergibt sich aus diesem Mißverständnis ein den allgemeinen Widerspruch zwischen System- und Sozialintegration verschärfender Gegensatz, der immer wieder andernorts unbekannte Orientierungs- und Legitimationsprobleme erzeugt. Dieser Gegensatz relativiert *dauerhaft* den formativen Wandel!

Staat und Recht

Bis zur Übernahme der staatlichen Regierungsgewalt durch sowjetische Administratoren war Deutschland von jedem «anorganischen» Formationswechsel verschont geblieben. Selbst der allwissenden deutschen Philosophie war ein solcher niemals ernsthaft in den Sinn gekommen. Allein Georg Forster, der Mainzer Jakobiner, hatte sich vorsorglich die Frage nach den Auswirkungen eines dem «chinesischen» analogen Regierungssystems gestellt. Ihm noch schien es ausgemacht, daß die «reichhaltigere Organisation des Europäers sich so gewaltsam nicht in eine Form zwängen, seine regeren Geisteskräfte sich nicht so gänzlich ersticken lassen» würden, um sich auf lange Zeiträume mit einer despotischen Verfassung abzufinden. Inzwischen mußten wir die peinliche Erfahrung machen, daß nicht nur Menschen aus dem «östlichen Asien» jene «Marionetten-Natur» ausbilden können, wie sie zu Lebzeiten Forsters das politische Handeln der Menschen in den nach dem Muster orientalischer Despotien organisierten Staaten bestimmt haben sollen.

Nach dem Zweiten Weltkrieg war es jedenfalls der «totale Zusammenbruch», aus dem sich die Struktur ergab, welche die Möglichkeit eröffnete, entgegen allen geschichtlichen Vorerfahrungen die historischen Fertigprodukte der tributären Produktionsweise – Staat und Ökonomie des Sozialismus – durch Oktroi in die deutsche Privateigentumsgesellschaft zu übertragen. Ohne die vorübergehende, subjektiv durchaus ernst gemeinte Inanspruchnahme traditioneller Zielvorstellungen der deutschen Arbeiterbewegung und den moralischen Kredit derjenigen Kräfte, deren entschlossener Widerstand gegen die Nazibarbarei über jeden Verdacht erhaben ist, wäre das nicht möglich gewesen.

Wer die Auseinandersetzungen um Staat und Recht in der ostdeutschen Sozialbewegung nach Kriegsende nicht vergessen hat, weiß, wie weit unsere heutige Staatspraxis von den ursprünglichen Absichten ihrer Stifter abweicht. Das spricht für sich genommen gar nicht gegen die Praxis, wohl aber gegen eine Geschichtsauffassung, die seit damals das ganze Gesellschaftsdenken verwirrt. Denn Verwirrung stiftete ja wohl der berühmte Aufruf der Partei vom 11. Juni 1945, wenn darin programmatisch gefordert wurde, «die Sache der Demokratisierung Deutschlands, die Sache der bürgerlich-demokratischen Umbildung, die 1848 begonnen wurde, zu Ende zu führen», und zwar ohne «Deutschland das Sowjetsystem aufzuzwingen»! Die Fragwürdigkeit dieser Grundsatzerklärung, die den Aufbau «einer parlamentarisch-demokratischen Republik mit allen demokratischen Rechten und Freiheiten für das Volk» zum zentralen Anliegen der Parteipolitik erklärte, ist heute nicht mehr zu leugnen. Übersetzt in das Vokabular des Leninismus verlangte der Aufruf der Partei, den Widerspruch zwischen Staat und Gesellschaft entsprechend den «zwei Taktiken der Sozialdemokratie in der demokratischen Revolution» zu organisieren, um späterhin der politischen Zerschlagung des bürgerlichen Staatsapparates das zivile Begräbnis der bürgerlichen Gesellschaft folgen zu lassen. Was zunächst nach Konzessionsbereitschaft gegenüber den besonderen Bedingungen in Deutschland aussah, mußte angesichts der sich bald verschärfenden Konfrontation zwischen den Siegermächten Illusion bleiben. Der Aufruf der Partei formulierte genau die Alternative für den Staatsaufbau, die in der Praxis nicht zu verwirklichen war.

Trotz nachträglicher Bestätigung der eingesetzten Amtsträger durch Wahlen vollzog sich die Errichtung der Staatsmacht in Form der «hierarchischen Investitur». Mit der «hierarchischen Investitur» schlug gleichsam die Stunde Null für die sozialistische Politbürokratie. Deren Aktivitäten waren von Beginn an folgerichtig auf die Abwehr jeder wirksamen Art von Kontrolle und den Ausbau der eigenen Machtvollkommenheit gerichtet. Schon die Kontrolle der Bürokratie durch die ersten Vertretungsorgane war faktisch eine Kontrolle der Funktionäre durch sich selbst. Den Löwenanteil der neuen Abgeordneten stellte die Verwaltung (z. B. waren in Sachsen-Anhalt von 109 Abgeordneten des Landtags 68 hauptberuflich im Apparat tätig). Durch den Ausschluß des Rechtsweges für die Geltendmachung der aus der rechtswidrigen Handhabung der öffentlichen Gewalt entstehenden Ansprüche wurde die Souveränität der Bürokratie perfektioniert. Das geschah, indem erst der Rechtsweg vor den ordentlichen Gerichten mit dem Versprechen einer zu schaffenden Verwaltungsgerichtsbarkeit ausgeschlossen wurde, um dann die in einigen Ländern entstandenen Verwaltungsgerichte zu liquidieren.

Bei Konflikten mit der Macht konnte der Bürger nurmehr auf deren guten Willen und Selbstdisziplin hoffen, so wie er andererseits die verbindlichen Definitionen des Allgemein-Interesses durch die Bürokratie hinnehmen mußte. Wie es hieß, wären «angesichts des unbedingten Vorrangs der großen Aufbauaufgaben vor allen individuellen Belangen» Verwaltungsrechtsverfahren nur geeignet gewesen, «die Festigung der antifaschistischen demokratischen Ordnung» zu hemmen. Der erste Präsident des Obersten Gerichts der DDR ermutigte die Bürokratie gar noch mit dem Hinweis, «die nur auf Privatrecht beruhenden Rücksichten zurückzustellen». Damit vollends deutlich wurde, was gemeint war, erklärte das Oberste Gericht in einem Grundsatzurteil aus dem Jahre 1951, es sei unvermeidlich, daß bei der Durchführung von Verwaltungsmaßnahmen «in dem einen oder anderen Falle die Person, das Eigentum, das Vermögen oder sonstige Interessen des einzelnen in Mitleidenschaft gezogen würden».

Unterzieht man diese Rechtsentwicklung und die als Beispiele des «entschlossenen Selbstbehauptungswillens» beklatschten Urteile des Obersten Gerichts einer genaueren Betrachtung, wird schnell deutlich, daß der Rechtsweg für den einzelnen nicht etwa deshalb abgeschnitten wurde, weil dieser sich mit seiner Klage gegen die «Errungenschaften» des Sozialismus stellen wollte. Im Ernst hätte das kein Mensch gewagt. Ausgeschlossen wurde der Rechtsweg allein zugunsten der Souveränität der Politbürokratie. Machtausübung der Politbürokratie, das bedeutete in der ersten Phase des Staatssozialismus, wie inzwischen eingestanden wird, Machtausübung der Innenministerien. Diese wurden nach den Worten von Karl-Heinz Schöneburg zum «Kern der staatlichen Macht» und fungierten als «die eigentlichen Leitungszentren der gesellschaftlichen Umwälzung».

Zugunsten der Freiheit des Staates wurde auf die von der deutschen März- und Novemberrevolution erstrittene politische Freiheit des einzelnen verzichtet. Das entsprach gewiß nicht der Absicht so mancher Gründerväter des ersten Arbeiter- und Bauernstaates auf deutschem Boden. Deren Vorsatz deckte bestenfalls die Zerschlagung des faschistischen Staates und die Enteignung des großen Kapitals ab, nicht aber die Verewigung der politischen Vormundschaft über die von den Schlachtfeldern der Welt heimkehrenden Arbeiter und Bauern in neuen Unterwerfungs- und Entmündigungsverhältnissen. Entgegen allen Erklärungen stellte sich aber bald heraus, daß die politisch-rechtlichen Bedingungen, unter denen der Wechsel von der einen in die andere Gesellschaftsformation stattfand, in sich bereits das historische Maß der kommenden Verfassungswirklichkeit des entwickelten Sozialismus enthielten. Mit der Beseitigung der Verwaltungsgerichtsbarkeit entschärfte die Politbürokratie jedenfalls die Wirksamkeit des sie in ihrer Tätigkeit disziplinierenden Rechtssatzes der «Gesetzlichkeit der Verwaltung».

Daneben richtete sie ihre ganze ideologische Macht gegen die Inhalte des Verwaltungsrechts und gegen das diesen Inhalten entsprechende Rechtsbewußtsein der Menschen. Pauschal wurde das Verwaltungsrecht als Quelle eines «Normenkultes» und «leeren Formalismus» verdammt und dasselbe in seinen Vertretern persönlich verantwortlich gemacht für die in den Augen der Politbürokratie immer noch «politisch neutrale» Tätigkeit des Staates. Den Schlußpunkt unter diesen beispiellosen Kreuzzug gegen die gewachsene deutsche Rechtskultur setzte die im Schatten der Reaktion auf den ungarischen Aufstand veranstaltete Konferenz von Babelsberg (1958). Auf dieser Konferenz erlitten die schon bis dahin nicht gerade systemkritischen DDR-Juristen ihr politisches Waterloo. Von den Folgen hat sich die Rechtskultur in der DDR bisher nicht erholt. «Der Begriff des... Verwaltungsrechts verleitet direkt zu einem formaljuristischen Verhalten der Mitarbeiter des Staatsapparates...» hatte Walter Ulbricht verkündet und damit nicht nur den Begriff, sondern gleich einen ganzen Rechtszweig auf den Index gesetzt.

Noch immer gibt es Menschen, die der Überzeugung sind, diese Rechtspraxis sei die Verwirklichung «grundlegender Prinzipien der Pariser Kommune». In der Staatstheorie hierzulande ist genau diese Behauptung das Dogma überhaupt. Doch wenn Marx und Engels Blanquisten, Parteigängern Proudhons und selbst den Anarchisten in der Pariser Kommune einst Beifall spendeten, weil diese die bürgerliche Gewaltenteilung aufgehoben haben und ihre berühmte arbeitende Körperschaft (vollziehend und gesetzgebend zu gleicher Zeit) anstelle der nach Versailles geflohenen Regierung des nationalen Verrats setzten, dann wollten sie damit gewiß keinem despotischen Zentralismus das Wort reden. Wenn wir es ehrlich meinen, müssen wir heute eingestehen: Mit der «Überwindung des bürgerlichen Grundsatzes der Gewaltenteilung» sind wir nicht nur der Realisierung des alten Kommune-Ideals um keinen Schritt nähergekommen; wir haben uns auch ohne Not vom Rechtsstaat abgewandt.

Aber nach Weimar führt kein Weg zurück. Schon gar nicht für die Politbürokratie. Auch dann nicht, wenn die jüngste Verfassung der Sowjetunion im historischen Nachtrag den «Rechtsweg» für die Überprüfung von Verwaltungsmaßnahmen wieder öffnen will. Ich zweifle nicht, daß dies auch in der DDR vor Ablauf des kommenden Jahres geschehen wird. Was als Ausdruck antagonistischer Gegensätze zwischen Staat und Bürger und Sinnbild der Gewaltenteilungslehre jahrzehntelang verunglimpft wurde – die Verwaltungsgerichtsbarkeit –, soll in der Perspektive helfen, den Anschein einer gewissen Rechtsstaatlichkeit wiederherzustellen. Sicher wird das nicht zum Schaden des einzelnen in seinem täglichen Kleinkrieg gegen den Übermut der Ämter sein, aber bei Gott kein Fortschritt für denjenigen, der die eigene Rechtsgeschichte bisher nicht vergessen hat. Gemessen an der deutschen Rechtsgeschichte ist die Rechtsentwicklung im Staatssozialismus bis auf weiteres durchaus nicht die «Aufhebung des Niederen durch das Höhere», wie der Architekt unserer Rechtsordnung, Karl Polak, einst hoffnungsvoll verkündete, sondern zunächst erst einmal die Rezeption fremden Rechts. Was wir erlebt haben, war ein Wandel im Recht, in dessen Verlauf die Normierung einst errungener Freiheiten in Menschen- und Bürgerrechten wieder zurückgenommen wurde.

Nach dem vorläufigen Abschluß der Rezeption staatssozialistischen Rechts ist das Problem der «Bürger- und Menschenrechte» weder psychologisch noch politisch vom

Tisch. Noch steht als «signa libertatis» Roland der Ries erinnernd auf den Marktplätzen unserer Städte. Roland der Ries ist das Symbol dafür, daß untergründig und vielfach übertönt von der Phraseologie ein Rechtsbewußtsein wirkt, welches im Schutz der individuellen Freiheit vor der Willkür wechselnder politischer Obrigkeiten noch immer den wesentlichen Sinn und Zweck des Rechts sehen will.

Wirtschaft

Nachdem die traditionell gegebene «natürliche» Struktur unserer Ökonomik mit den Verstaatlichungen nach Kriegsende außer Kraft gesetzt war, wußten die meisten gar nicht richtig, welches System der Produktion wirklich aus der Taufe gehoben werden sollte. Im Zuge der Bodenreform wurde Junkerland an die Bauern und Neusiedler verteilt. Die Betriebe in der industriellen Produktion wurden in «Volkseigentum» überführt. Was das eigentlich für eine Eigentumsform war, blieb zunächst weitgehend unklar. Die frisch inthronisierte Politbürokratie selber fühlte sich einen historischen Augenblick lang an den Ausgangspunkt der ursprünglichen Akkumulation erinnert. Und das nicht nur, weil die kapitalistischen Strukturen östlich der Elbe in Deutschland von ihren personalen Trägern entblößt waren; hinzu kamen chaotische Produktionsverhältnisse sowie eine auf militärische Bedürfnisse eingestellte, in ihrer materiellen Substanz ruinierte Maschinerie und Infrastruktur. Der gleichförmige Takt des Produktionsrhythmus als objektive Basis «kasernenmäßiger Disziplin des Fabrikregimes» war unterbrochen. Angesichts dieser Situation ist es nicht verwunderlich, daß es der aus der Emigration zurückgekehrten Parteibürokratie verhältnismäßig schnell gelang, ihre politische Macht mit der ökonomischen Direktion zu verschmelzen.

Normative Grundlage für die Inbetriebnahme einer staatssozialistischen Ökonomik war der Befehl Nr. 76 des Marschalls Sokolowski vom 23.4.1948, der die Verwaltung der volkseigenen Betriebe regelte. Erschienen der sowjetischen Militäradministration bereits bei der Investitur der Verwaltungsbürokratie die Einbeziehung der Massen und die Einhaltung demokratischer Spielregeln entbehrlich, so fand diese Politik auch im ökonomischen Sektor ihren Ausdruck. Der Befehl beschränkte die «Initiative der Arbeiter und des ingenieurtechnischen Personals» von vornherein auf «die Durchführung von Wettbewerben mit dem Ziel der ständigen Verbesserung der Produktion». Die Organisation der Produktion wurde nach dem Prinzip der Einzelleitung geordnet.

Alle nachfolgenden Wirtschaftsreformen haben die durch den Befehl des Marschalls begründeten Strukturen der ökonomischen Direktion unberührt gelassen. Die Lektüre des Textes des Befehls könnte einem aktuellen Handbuch der Wirtschaftsleitung entnommen sein, wenn es darin heißt: «Die Verwaltung» der Wirtschaftseinheiten «wird durch einen Direktor geführt, der ... ernannt wird ... Der Direktor stellt den einzigen Verfügungsberechtigten dar.» Ein derartiges Organisationsschema war vom Ansatz her bereits gegen die Teilhabe der Produzenten am Produktionsmitteleigentum gerichtet. An die Stelle der vertriebenen Kapitaleigentümer trat eine anonyme Verwaltung, die Pläne und Bilanzen erstellte und von den Produzenten unabhängig über die Ergebnisse der Produktion verfügte. Formen einer verantwortlichen Mitwirkung der unmittelbaren Produzenten an der Wirtschaftsleitung sah der Befehl nicht vor. Die Interessen der Produzenten sollten durch einen «Verwaltungsrat» gewahrt werden, der sich aus Mitgliedern der Gewerkschaft zusammensetzte und einmal monatlich zur «Besprechung» der wirtschaftlichen Situation einberufen wurde, ohne jedoch Entscheidungsbefugnisse zu besitzen. Als demokratisches Feigenblatt war diesen «Verwaltungsräten» nur eine kurze Lebensdauer beschieden. Bereits zwei Jahre nach ihrer Gründung wurden sie mit dem Erlaß der Verordnung über die Reorganisation der volkseigenen Wirtschaft ungefragt abgeschafft.

Vom deutschen Untertanengeist

Wollen wir uns mit einem tieferen Verständnis für die Besonderheiten der Formationsverdrängung ausrüsten, bedarf es mindestens noch einer ergänzenden Bemerkung. Ich denke, es mangelt an dem ausdrücklichen Hinweis darauf, daß der formative Bruch mit der deutschen Nationalgeschichte paradoxerweise dadurch erleichtert wurde, daß die politischen Kräfte, die ihn vollzogen haben, mit bereits vorhandenen, begünstigenden Bewußtseinsstrukturen rechnen konnten.

Mit dem Aufbau einer staatssozialistischen Verwaltung und Justiz, der Gründung einer Vielzahl von Massenorganisationen usw. mußten kurzfristig in großer Zahl Funktionäre aus den Reihen der Arbeiter, Angestellten und Bauern umworben werden. Sieht man einmal davon ab, daß in der konkreten historischen Situation nach Kriegsende in großer Zahl auch sozial sehr fragwürdige Elemente mobilisiert wurden, dann waren es tatsächlich Menschen aus den bis dahin benachteiligten Schichten, die nunmehr die Richterstellen besetzten, als Staatsanwälte tätig wurden oder auf der Ebene der Städte und Gemeinden in die Verwaltungen einzogen. Die weit überwiegende Mehrheit dieser Menschen wurde zur Aufnahme einer solchen Tätigkeit überredet. Es war nur eine Minderheit, die innerlich einem «Klassenauftrag» folgte, wie man im Sprachgebrauch der damaligen Zeit sagte. Der größte Teil der «frischgebackenen» Funktionäre war ohne Sachkunde, was immer wieder herausgestellt wird, sobald vom «schweren» Neuanfang die Rede ist.

Kaum jemals Beachtung findet allerdings, daß gerade diese Menschen bewußtseinsmäßig durchaus auf ihre Tätigkeit in der Bürokratie eingestellt waren. Und das nicht etwa, weil sie über so etwas wie ein «Klassenbewußtsein» verfügten. Vorbereitet waren alle diese Menschen durch die rationell-schematisierende Arbeitsteilung, wie sie sich im maschinellen Großbetrieb, innerhalb der Kontore, Kaufhäuser, bei Post und Bahn in Deutschland seit der Industrialisierung durchgesetzt hatte. Die Tätigkeit innerhalb der Bürokratie verlangte von ihnen nun eine durchaus ihrer bisherigen Arbeit entsprechende Anpassung an bürokratische Vollzüge und dementsprechend ein Bewußtsein, wie es etwa die Bedienung und Kontrolle einer Maschine erfordert. Die meisten Arbeiter und Angestellten, die aus der Werkhalle oder dem Kontor kamen und nunmehr eine bürokratische Funktion ausübten, waren daran gewöhnt, ein «Schräubchen» im Getriebe zu sein, sich als Individuen im Prozeß ihrer täglichen Arbeit zu «teilen». Die Trennung ihrer Arbeitskraft von der eigenen Persönlichkeit, die notwendige Unterordnung unter ein zweckgerichtetes Regime reiner Sachbeziehungen, bereitete den in das bürokratische Korps übernommenen Arbeiter- und Bauernkadern kaum Schwierigkeiten. Diese Kader hatten genau das «verdinglichte Bewußtsein», dessen Phänomenologie Georg Lukács in seinem Artikel «Die Verdinglichung und das Bewußtsein des Proletariats» meisterhaft beschrieben hat.

Diese den Prozeß der Formationsverdrängung begünstigende Verdinglichungsstruktur des Bewußtseins der Parteikader wurde durch ein an Gehirnwäsche grenzendes Schulungssystem im Marxismus-Leninismus zusätzlich «wissenschaftlich vertieft». Wer es bis dahin nicht wußte, dem wurde als Teilnehmer im «Parteilehrjahr» anhand der Werke Stalins schnell klargemacht, daß die an ihn ergehenden Weisungen der Parteispitze stets Ausdruck geschichtlicher Gesetzmäßigkeiten waren. Lernen mußten die neuen Kader aber auch, daß die Heimlichtuerei in den Ämtern nichts weiter als «Wachsamkeit» gegenüber dem Klassenfeind war oder etwa die bürokratische «Gewissenhaftigkeit» fortan identisch mit der «Klassendisziplin» sein sollte.

Daß eine solche Entwicklung innerhalb der Arbeiterbewegung selbst stattfinden konnte, wird letztlich erst dann verständlich, wenn wir in diesem Zusammenhang eine Seite des deutschen Gesellschaftscharakters in Rechnung stellen, die Heinrich Mann im «Untertan» in klassischer Weise beschrieben hat. Potsdam gilt dafür als das Symbol. Thomas Mann ging bekanntlich so weit zu sagen, die Deutschen seien ein ganz und gar unpolitisches und konservatives Volk, unfähig zu jeder Art Demokratie, weshalb der «Obrigkeitsstaat» die ihnen maßgeschneiderte Regierungsform sei. Man muß dieses Urteil nicht unbedingt teilen. Fest steht aber, daß die Verpreußung Deutschlands ihre Spuren in unserem Gesellschaftscharakter hinterlassen hat. Diese Spuren wurden mit der Gründung des sozialistischen Staates nicht getilgt. In Gestalt des vielzitierten Untertanengeistes kann man die Spur «Potsdam» über die Zeit der Formationsverdrängung bis in den entwickelten Sozialismus verfolgen. Noch immer gilt es als moralisch zulässiges Verhalten, auferlegte Pflichten erforderlichenfalls gegen die eigene, innere Überzeugung widerspruchslos zu erfüllen. Weiterhin begeistert man sich für die perfekte Organisation, preußischen Gehorsam usw., ohne die Gefahren der Organisations-Welt und den eigenen Mangel an Personalität zu sehen. All diese Seiten des deutschen Gesellschaftscharakters, die mit der Verpreußung Deutschlands zusammenhängen, beutet der Staatssozialismus als Gesellschaftsformation skrupellos für sich aus.

Zur subjektiven Seite der Formationsverdrängung

Welche Wirkungen die Formationsverdrängung langfristig auf die subjektive Verfassung der Menschen zeitigen wird, kann man nicht genau sagen. In gewisser Weise ist ja der einzelne zwischen zwei Formationen geraten. Und sein Leben wird dadurch zum Leiden. «Ein Mensch der Antike», hat Hermann Hesse einmal geschrieben, «der im Mittelalter hätte leben müssen, wäre daran jämmerlich erstickt, ebenso wie ein Wilder inmitten unsrer Zivilisation ersticken müßte. Es gibt nun Zeiten, wo eine ganze Generation so zwischen zwei Zeiten, zwischen zwei Lebensstile hineingerät, daß ihr jede Selbstverständlichkeit, jede Sitte, jede Geborgenheit und Unschuld verlorengeht.»[23] Solche Grundbefindlichkeit des Menschen ist historisch durchaus nicht neu, sondern geht einher mit der Auf- und Auseinanderfolge der Formationen im Wandel der Zeiten. Wenn sich aber schon in dieser progressiven und organischen Auf- und Auseinanderfolge der Gesellschaftsformationen Kulturen und Lebensweisen, Religionen, Ideologien und Staats- ebenso wie Rechtsformen bedrohlich und mitunter verlustreich überschneiden, muß dies um vieles mehr dort der Fall sein, wo einer Gesellschaft von außen ein ihr fremder Überbau übergestülpt wird. Zu den historisch gängigen, die nationale Individualität eines Volkes wahrenden Widerspruchsbeziehungen zwischen zwei Entwicklungsstufen, zum Kampf des Alten gegen das Neue, tritt hier die Auseinandersetzung des Eigenen mit dem Fremden, mit der Verfremdung des Nationalen hinzu.

Daß mit der durchgängigen Orientierung an der Staats- und Produktionsordnung der sowjetischen Siegermacht, die mit einem affektiven Rückzug aus der eigenen Vergangenheit einherging, zugleich Verleugnungsarbeit großen Stils geleistet wurde, steht dabei außer Zweifel. Wer sich zu den Siegern der Geschichte rechnet, welchen nachfühlbaren Grund zur Trauer sollte der schon haben können? Das ganze Geschehen hatte durchaus vergleichbare Züge wie das Verhalten der Deutschen nach der ersten Weltkriegskatastrophe. Wieder wurden, um es mit den Worten von Rainer Maria Rilke zu sagen, durch schmerzverpflichtete Menschen «Schmerzsummen von nie dagewesener Höhe, die fällig waren, unterschlagen ... Die Vorstellung des Opfers, der harte Stolz, die fortwährend geübte Umdeutung von soviel Unheil, das doch Unheil war, von soviel Unrecht, das doch Unrecht bleibt, von soviel Tod, der doch nichts als Tod war und tödlichster, weil mit keiner inneren

Kontinuität des Lebens zusammenhängender Tod: diese Umdeutung des Tatsächlichen in seine patriotischen Potenzen hat den Schmerz bis auf ein mindestes abgestellt, ja auch dieses mindeste glänzte von einem Zwielicht der Freudigkeit wie von dem Widerschein einer allgemein verabredeten, einer, wenn man so sagen darf, geheiligten Schaden-Freude, war grau, hatte an keiner Stelle die unerschöpfliche Schwärze des vollkommenen Schmerzes! Um den Frieden festzusetzen, hätte, könnte man denken, eines genügen mögen: die bloße einfache Verstattung an einen jeden, den übergangenen Schmerz nachzuholen, nachzulernen, nachzuweinen, Stunde für Stunde, Ursache für Ursache.»[24]

Ein solches Verhalten hätte die einzige wahre Gemeinsamkeit zwischen den Deutschen abgeben können. Aber dieses einzige Wirkliche wollten die Deutschen im Osten wie im Westen von Anfang an nicht wahrhaben. In den politischen Auseinandersetzungen der Nachkriegszeit wurde der Schmerz abgewehrt, indem man sich in einen Haß auf den jeweiligen Kontrahenten hineinsteigerte, der heute kaum mehr vorstellbar ist. In dieser Einstellung konnte es gar keine geistige Erneuerung geben. Was möglich war, das war ein erneuter kollektiver Selbstbetrug.

Kulturelle Verödung

Veröden mußte in der «Auseinandersetzung der Systeme» zugleich die deutsche Kultur östlich der Elbe. Die deutsche Kultur gehörte formativ immer dem Westen zu, wenngleich sie auch in verschiedenen Epochen das verbindende Glied zum Osten darstellte. Der dieser Kultur angestammte Sprach- und Existenzraum wurde zerstückelt. Grobschlächtig wurde der kulturelle Verkehr unterbrochen, was im Ergebnis zu einer geistigen Provinzialisierung der DDR führte. Diese Konsequenz der Formationsverdrängung konnte so lange übersehen werden, wie die nach Kriegsende in die DDR heimgekehrten Emigranten das Niveau hierzulande mit ihren Produktionen bestimmten. Immerhin hatte man in der ersten Aufbaueuphorie deutsche Künstler von Weltgeltung wie Arnold Zweig, den Romanisten Werner Krauss, die Musiker Paul Dessau und Hanns Eisler ins Land gerufen. Und getreu seiner selbstgewählten Losung: «Wir werden ein nationales Theater haben oder keins», organisierte Bertolt Brecht das «Berliner Ensemble», welches bald zum Mekka der Theaterschaffenden in Ost und West wurde. Unter der Leitung Walter Felsensteins brachte die «Komische Oper» erste Aufführungen eines neuen Musiktheaters. Adorno und Horkheimer veröffentlichten ihre Texte in der Literaturzeitschrift *Sinn und Form*. Und nicht zu vergessen, ein mit seinem Fühlen und Denken zutiefst in der deutschen Kultur verwurzelter Mann wie der Lyriker Johannes R. Becher amtierte als zuständiger Minister. Es genügt, sich dieser Sterne erster Ordnung zu erinnern, um abzuschätzen, was von dem kulturellen Glanz der Nachkriegszeit übriggeblieben ist. Seit dem Ableben von Anna Seghers, der letzten Galionsfigur des bürokratischen Kulturbetriebs, ist die schleichend kulturelle Verödung zwischen Oder und Elbe nicht mehr zu verheimlichen.

Verschärft wird die mit der Formationsverdrängung ausgelöste Tendenz der kulturellen Verödung durch den periodischen Exodus der nachgeborenen Künstlergenerationen. Das Heimatverbot, mit dem die Politbürokratie

1976 den Sänger Wolf Biermann belegte, wurde für viele Künstler der Anlaß, um der kulturellen Provinz für immer den Rücken zuzukehren. Damals wurde dem größten Teil der Kulturschaffenden klar, «daß die Alternativen, in denen wir leben, eine nach der anderen zusammenbrechen und daß immer weniger wirkliche Lebensalternativen übrigbleiben»[25]. Philosophisch kam ein Bewußtsein von der zunehmenden Zahl unbelebbarer Alternativen auf. Eine Bewußtwerdung fand statt, die ihre exemplarische Entsprechung in dem Titel «Kein Ort. Nirgends» gefunden hat. Christa Wolf, die unter diesem Titel die kulturelle Befindlichkeit so vieler Menschen in einer ästhetisch einmaligen Form und Weise zur Sprache gebracht hat, fand darüber hinaus deutliche Worte für die Folgen bürokratischer Kulturpolitik: «1976 war ein Einschnitt in der kulturpolitischen Entwicklung bei uns, äußerlich markiert durch die Ausbürgerung von Biermann. Das hat zu einer Polarisierung der kulturell arbeitenden Menschen auf verschiedenen Gebieten, besonders in der Literatur, geführt. Eine Gruppe von Autoren wurde sich darüber klar, daß ihre direkte Mitarbeit in dem Sinne, wie sie sie selbst verantworten konnte und für richtig hielt, nicht mehr gebraucht wurde. Wir waren ja Sozialisten, wir lebten als Sozialisten in der DDR, weil wir dort uns einmischen, dort mitarbeiten wollten. Das reine Zurückgeworfensein auf die Literatur brachte den einzelnen in eine Krise; eine Krise, die existentiell war.»[26]

Im Ergebnis dieser Situation haben viele Kulturschaffende das Land verlassen. Augenscheinlich ist der kulturelle Aderlaß, den wir seit 1976 erleben, nicht einmal mehr mit handfesten Privilegien zu stoppen. Das alles bedeutet natürlich noch lange nicht, daß sich zwei deutsche Kulturen herausgebildet haben. Ein ausdifferenziertes politökonomisches System kann man mit Macht vom Markt auf einen Staatsplan umschalten, wohingegen die deutsche Kultur in Ost und West nur ihre eigene Geschichte fortsetzen kann oder keine.

Was uns allerdings nachdenklich stimmen muß, sind die überlieferten Beispiele kulturellen Stillstands, die den für die tributäre Produktionsweise nicht gerade untypischen Mauerbau in der Vergangenheit oftmals begleitet haben. Vermutlich ist die Gefahr des Opportunismus, der künstlerischen Anpassung an die kulturellen Bedürfnisse der Politbürokratie im Gegensatz dazu unbedeutend. Künstler, die in der Moderne nicht vorbehaltlos dem Eigensinn des Ästhetischen frönen, verderben zwar den guten Geschmack, die menschliche Sehnsucht nach der Vermittlung authentischer Erfahrungen im Umgang mit Subjektivität können sie jedoch niemals stillen. Ebensowenig kann der bürokratische Kulturbetrieb die Autonomie der Kunst zurücknehmen. Diese wird weiterhin in ihren ästhetisch bleibenden Schöpfungen ebenso wie in der exemplarischen Lebensweise ihrer Akteure ein kollektives Orientierungsmuster zur Geltung bringen, welches das fühlende und reflektierende Individuum und nicht wie von der Politbürokratie gewünscht die «Klasse» in den Mittelpunkt rückt. Das geschieht nur dort nicht, wo sich Literaten, bildende Künstler oder Musiker erneut dem «Hofstaat» zugesellt haben. Hier, im Bereich des «höfischen Lebens» der Politbürokratie, ist die Wahrheit tatsächlich «Parteilichkeit» und die Kunst ist «Waffe» im Interessenkampf. Hier, in einem korrupten Verein des «bedürftigen Scheins» rekrutiert die amtliche Kulturpolitik ihre ideologischen Klopffechter. Deren Auftrag ist es, die zerbrochene Sinneinheit von Individuum und Gesellschaft wenigstens auf dem Papier wiederherzustellen. Es ist speziell dieser Verein, der die ganze Welt der intelligiblen Gegenstände daraufhin überprüft, in welchem Maße sie zur Gleichschaltung der Menschen beitragen könnte.

Wer sind wir – wer wollen wir sein?

«Ich liebe dieses Land, dessen Wälder und Auen mir vertraut sind.
Die Sprach lieb' ich, die mein Vater sprach. Ist dies Tugend?
Doch wie kann ich einen staatlichen Komplex lieben, der sich allmählich bildete... Nein! nennt ihr das Vaterland, so lieb' ich's nicht und keiner liebt's.
Es ist ja auch wahrhaftig so unsinnig, daß man sich nicht anders helfen konnte, als indem man dieses närrische Gefühl, das keiner wirklich hegt, zur Tugend stempelte.
Und denkt doch: wird dieses Stückchen Land, das mich gebar, vom großen Ganzen abgerissen, und behalt' ich das große Ganze lieb, so bin ich ein Verräter!»

Arthur Schnitzler: Vaterland

Im alltäglichen Schacher um den Leitbegriff der Nation werden die Erinnerungen an den Formationswechsel ebenso wie die verbliebenen Restbestände nationaler Gefühle weichgeklopft. Was Ausländern oftmals wie ein Streit um des Kaisers Bart anmutet, ist in Wahrheit der überlebensnotwendige Versuch unserer Gesellschaft, die trotz Staatsgründung und stabiler Ökonomie aufgrund der Formationsverdrängung nach wie vor widersprüchliche Lebenssituation und die zutiefst verunsicherte Identität der DDR-Deutschen verbindlich neu zu definieren. Im Inneren sollen die ständigen Definitionsbemühungen der Staatspartei dazu beitragen, die bürokratische Lenkung des Massenverhaltens langfristig abzustützen. Die Gleichförmigkeit im Verhalten der Menschen setzt die verbindliche Definition der nationalen Situation voraus. Nur wo eine solche Definition vorliegt, kann der einzeln Handelnde sicher abschätzen, welche individuellen Beiträge von ihm zur kollektiven Aktion erwartet werden.

Wie das frühe Bürgertum seinen Begriff der Nation nicht getrennt von dem eines nationalen Marktes denken wollte, in vergleichbarer Weise setzt die Politbürokratie seit dem Abschluß der «Übergangsphase» – orientiert an ihren eigenen Gruppeninteressen – den Begriff der Nation mit dem des staatssozialistischen Systems in eins. Während die DDR-Verfassung von 1968 noch die «Überwindung der vom Imperialismus der deutschen Nation aufgezwungenen Spaltung Deutschlands» als Verfassungsgebot postulierte, ein politisches Fernziel, welches auf dem Wege der «schrittweisen Annäherung der beiden deutschen Staaten» vollzogen werden sollte, wollte die Parteizentrale bereits zwei Jahre später davon nichts mehr wissen: «Wer von der marxistisch-leninistischen Lehre vom Klassenkampf ausgeht», heißt es seither, «der weiß, daß es zwischen Imperialismus und Sozialismus nichts Gemeinsames und deshalb auch keine Annäherung geben kann. Das betrifft die Systeme, und das betrifft gleichermaßen die Staaten, die diese Systeme repräsentieren.» Entlarvend ist der wiederkehrende Hinweis auf die Systeme, mit dem ein «objektiver Prozeß der Abgrenzung» begründet wird, während andererseits die naheliegende Bezugnahme auf die engmaschige deutsch-deutsche Gesamtstruktur unterbleibt. Auf diese Weise werden die ethnischen und kulturellen Gemeinsamkeiten, die bisher noch jedes politische System überdauert haben, kaum eines Wortes gewürdigt.

Ein mit Hilfe des Systemdenkens zurechtgeschnittener Begriff der kollektiven Identität ist natürlich gefühlsmäßig weitgehend unbeachtlich. Wer ist schon willens, sich selber als Element eines Systems zu verstehen? Gedanklich wäre solches vielleicht noch möglich, die Gefühlswelt aber läßt sich so nicht umgestalten. Die Systembezeichnung D-D-R kann das Wort Deutschland nicht einfach ablösen. In den Tagebüchern von Maxie Wander gibt es eine Stelle, in der die Autorin auf diesen Sachverhalt anspielt: «Das Wort Österreich, wie das klingt, Skandinavien, England, Frankreich... Und was sagt uns das Wort DDR? Ein abstrakter Begriff? Kann man eigentlich ein Gefühl entwickeln für ein Land, das so heißt?»

Offensichtlich überschätzt die Politbürokratie, wenn sie die Gesellschaft als Ganzes ihrem systemtheoretisch bereinigten Begriff der Nation unterwerfen will, die Möglichkeiten der von ihr betriebenen Agitation und Propaganda. Ob sich allerdings letztendlich ein in erster Linie am Modell des Systems der Politökonomie oder ein an den lebensweltlichen Handlungszusammenhängen abgelesener Begriff der kollektiven Identität durchsetzen wird, mündet soziologisch gesehen vermutlich in die Frage ein, in welcher Beziehung System- und Lebenswelt zueinander stehen. Moralisch-praktisch ist dagegen von Bedeutung, welchen Begriff die politischen Sprecher bei der Definition der nationalen Situation in Deutschland bevorzugen. Denn stillschweigend beinhaltet die begriffliche Wahl eine Stellungnahme für oder gegen die Vormacht des Politsystems über den Willen und die Gefühle der Menschen.

Im ideologischen Hick-Hack um den Begriff der Nation zeigt sich aber auch, wie begrenzt die Definitions-Macht der Machthaber ist, sobald Fragen der Identität betroffen sind. Die nationale Frage ist nun einmal nicht mit dem schlichten Fingerzeig auf die politischen Systeme zu beantworten. Unserer durch geschichtliche Überlieferungen geprägten kollektiven Identität können wir uns nur gemeinsam vergewissern, wenn wir diese als Ausdruck eingeschliffener Lebensformen verstehen. Lebensformen aber kann man nicht einfach ablehnen oder umbenennen. Wir können unsere seit der Formationsverdrängung verunsicherte nationale Identität bestenfalls dialektisch aufheben, indem wir uns gemeinsam fragen, wer wir eigentlich am Ende dieses Jahrtausends sein wollen, was im Hinblick auf die deutsch-deutschen Verhältnisse sein soll. Ein nationales Kollektiv aber, wenn es denn ein solches ist, braucht sich um «Abgrenzung» nicht zu bekümmern. Indem es die Frage nach der eigenen Identität auf wahrhaft demokratische Weise aufwirft, eignet es sich diese Identität in bewußter Weise an und schafft sie dabei neu.

Wer sich statt dessen vorrangig um «Abgrenzung» bemüht, der muß sich nicht wundern, wenn er den Sinn der Identitätsfrage verfehlt. Mit sich selbst identisch sein heißt nicht Abgrenzung von anderen Völkern, Rassen und Systemen, das heißt aber auch nicht, daß wir uns unserer Herkunft nicht mehr erinnern. Worum es uns ernsthaft nurmehr gehen kann in der Moderne, ist eine Weise des gesellschaftlichen Verhaltens, welche die anderen nicht ausschließt, sondern einnimmt. Solange die Frage nach der kollektiven Identität der Deutschen in der DDR auf die Abgrenzung gegenüber und die Auseinandersetzung mit dem «anderen System» verkürzt wird, bleibt unser nationales Selbstverständnis und damit unsere Ich-Identität gespalten. Damit verfehlen wir langfristig die Möglichkeit, die mit der Formationsverdrängung über uns gekommenen Nöte zu lindern.

Gegen die beschädigte kollektive Identität der Deutschen wird neuerdings ein entstaatlichter Begriff der Nation aufgeboten, der von der Vorstellung frei ist, die Nation sei an die Wiederherstellung des Bismarckschen Einheitsstaates gebunden. An die Stelle der Identität eines Staatsbürgerkollektivs soll die Identität einer übergreifenden kulturellen Gemeinschaft treten. Vom Standpunkt einer solchen Struktur her wäre es möglich, daß sich der einzelne frei macht von denBorniertheiten, die ihm mit der jeweiligen Staatsbürgerschaft zugemutet werden. Ausgestattet mit einer sich an kulturellen Werten aufrichtenden Identität könnten wir damit beginnen, den mit der neuzeitlichen Idee der Freiheit und der Individualität des einzelnen gesetzten Widerspruch zwischen universalistischen Ich-Strukturen einerseits und der partikularen staatlichen Interessenlage andererseits aufzuheben.

Der Staat als das Machtinstrument der Herrschenden verschafft allemal deren besonderen Interessen Gehör und Geltung, selbst wenn diese Interessen anhand universalistischer Normen und Werte nicht mehr gerechtfertigt werden können. Unter diesen Bedingungen kann auch anderswo die Entzweiung des Ich von der Gesellschaft nicht mehr innerhalb der staatlichen Organisationsform behoben werden. Die beschränkte, am Staat haftende Identität eines Kollektivs behält allein dort ihren Sinn, wo sie verhindert, daß die Freiheit einer Gemeinschaft zur Bestimmung ihrer Identität von Dritten beschnitten wird. Von dieser Ausnahme abgesehen, kann man sagen, daß es in der Gegenwart nicht mehr möglich ist, aus organisierten Erlebnissen des kollektiven Stolzes (z. B. auf die Errungenschaften des Sozialismus) oder gar des Hasses (z. B. auf den Klassenfeind) eine Identität zu gewinnen, die auf vernünftige Weise den globalen Menschheitsproblemen gerecht wird. Gewiß, die Kriegsgeschichte lehrt uns im Hinblick auf die äußeren Beziehungen – ebenso wie die Geschichte der Klassenkämpfe dasselbe für die inneren Gesellschaftsverhältnisse zeigt –, wie bereitwillig wir unsere Gruppenidentität gegenüber einem gemeinsamen Feind befestigen. Viel schwerer fällt uns dagegen der Abbau nationalistischer Einstellungen in der Kollaboration mit denen, deren Gesicht das offizielle Feindbild ziert.

Das in der Gegenwart manchmal beklagte defizitäre Nationalbewußtsein der Deutschen ist dann kein Mangel mehr, wenn es um die Herausbildung einer vernünftigen, die Staaten und Bündnissysteme übergreifenden neuen Identität geht, die sich an universalistischen Werten und Normen orientiert. Angesichts der globalen Menschheitsprobleme ist es längst das Gebot der Stunde, eben diese universalistische Identität auszubilden. Bis die aber erreicht ist, sollten wir die Mahnung des Schriftstellers Martin Walser nicht vergessen: «Wir alle haben auf dem Rücken den Vaterlandsleichnam, den schönen, den schmutzigen, den sie zerschnitten haben, daß wir jetzt in zwei Abkürzungen leben sollen. In denen dürfen wir nicht leben wollen. Wir dürften die BRD sowenig anerkennen wie die DDR. Wir müssen die Wunde namens Deutschland offenhalten.»

5. SYSTEM UND MACHT

Die Abstraktion des Systems der Politökonomie

Bürokratische Herrschaftsformen ebenso wie ein System der Politökonomie hat es in Deutschland schon gegeben, bevor wir von der Formationsverdrängung überrascht wurden. Was also ist das Neue im Staatssozialismus? Am besten läßt sich diese Frage beantworten durch einen Vergleich der Systeme, bei dem wir uns durch die aus der Formationsverdrängung resultierende Unschärfe nicht allzusehr beirren lassen wollen.

Die Bürokratie in der bürgerlichen Gesellschaft wird bestimmt durch ihre Abhängigkeit von der Bourgeoisie, die sie als soziale Klasse hervorbringt. Die Aufgabe der Bürokratie als eines leitenden Ganzen ist es im wesentlichen, die bourgeoisen Klasseninteressen in Gesetzesform zu bringen und durchzusetzen. Im Zuge dieser historischen Liaison hat die bürgerliche Bürokratie dieselbe progressive Mission verwirklicht wie ehemals die Bourgeoisie selber. Besonders in Deutschland war es die politische Aufgabe der Bürokratie, die Inkonsequenzen der gesellschaftlichen Rekonstruktion von 1848/49, die vor allem im Verzicht des Bürgertums auf eine radikale Demokratisierung sichtbar wurden, in mühevoller Kanzleitätigkeit durch die Anwendung bürgerlichen Rechts in quasi legalistischer Manier auszugleichen.

So etwa wird im allgemeinen die historische Rolle der bürgerlichen Bürokratie im Marxismus umschrieben, wobei zumeist die das Allgemeininteresse vermittelnde Funktion derselben etwas vernachlässigt wird. Aber nicht darum geht es an dieser Stelle. Wichtig für den Vergleich mit der Bürokratie im Staatssozialismus ist, daß die ökonomische Direktion in der marktwirtschaftlichen Gesellschaft selbst dann noch bei der Bourgeoisie verbleibt, wenn sich die Verflechtungen zwischen Staat und Ökonomik erkennbar verdichten.

Ganz anders dagegen ist die Stellung der Bürokratie in der staatssozialistischen Gesellschaft, in der es eine solche strukturelle Distanz zwischen ökonomischer und politischer Macht nicht gibt. Hier verkörpert sich in der Politbürokratie die Einheit der ökonomischen und politischen Macht. Die Spitze der bürokratischen Leitungspyramide (die oberste Etage des «Großen Hauses») hält der Generalsekretär der Staatspartei besetzt. Politik und Ökonomie sind im Sozialismus ihrem Inhalt nach miteinander vermischt. Juristische Formen fixieren hier nicht bloß «rein ökonomisch» funktionierende Handlungszusammenhänge – sie konstituieren dieselben. Jede rechtliche Normierung, welche die politische Herrschaft in ihre Schranken verweist, berührt die Eigentümerbefugnisse des Kapitals bestenfalls mittelbar, während sie die der staatssozialistischen Bürokratie durch die damit verbundene Beschränkung der Verfügung über die lebendige Arbeit in der Substanz trifft. Selbst wenn ein Kapitaleigentümer nicht mehr den geringsten Einfluß in politischer Hinsicht hat, ja sogar dann, wenn die ganze Bourgeoisie wie in den faschistischen Staaten zeitweilig von der Machtausübung ferngehalten wird, verliert der Kapitalist seine Ausbeutungsmöglichkeiten und die damit verbundene Gelegenheit, Reichtum zu scheffeln, nicht. Für die Angehörigen der Nomenklatura im Staatssozialismus stellt sich die Sache völlig anders dar. Die an das Entscheidungsmonopol geknüpfte Möglichkeit, andere auszubeuten, ist genau in dem Moment nicht mehr gegeben, wenn die politbürokratische Karriere endet, was hin und wieder vorkommt. Die Ausbeutung im Staatssozialismus ist also ein «politisches Phänomen», wie Rudolf Bahro einmal gesagt hat.

In der für die bürgerliche Gesellschaft typischen Abspaltung der politischen von der ökonomischen Autorität lag die Voraussetzung, um die politischen und zivilen Rechte der Menschen rapide zu erweitern. Sobald die unmittelbaren Produzenten erst einmal dem «stummen Zwang» der Ware-Geld-Beziehungen und den «Naturgesetzen der Produktion» ausgeliefert sind, signalisiert die straf- und verwaltungsrechtliche Absicherung des Arbeitszwangs nurmehr die Ausnahme von der Regel in der marktwirtschaftlichen Produktion. Historisch war der Herausbildung dieses Handlungsrahmens jener für Europa eigentümliche Prozeß vorausgegangen, in dessen Folge sich die mittelalterliche «Identität» der politischen Stände mit den «Ständen der bürgerlichen Gesellschaft» auflöst, womit die «Emanzipation des Privateigentums vom Gemeinwesen» und die «besondere Existenz» des modernen bürgerlichen Staats «neben und außer der bürgerlichen Gesellschaft» überhaupt erst möglich wurde.[27] Zwischen die Familie und den Staat treten die sich systematisch verselbständigenden ökonomischen Verhältnisse. Diese haben den Staat zu ihrer Voraussetzung, der als ein

gesellschaftlichen Zusammenhangs» in Gestalt von Plänen und Bilanzen gegenüber. Vom Vorverständnis der Alltagspraxis werden diese Formen nicht mehr eingesehen. Zurück bleibt die sich allmählich wandelnde Familie mitsamt dem ganzen Kreis persönlicher Gemeinschaften und sozialer Verständigungsformen, in denen nach wie vor die grundlegenden Prozesse der Subjektkonstitution ablaufen und der Konsens geschmiedet wird, der die herrschenden Machtverhältnisse bestätigt oder in Frage stellt.

Mit der Zentralisierung der Eigentümerbefugnisse, der Aneignungsmacht hinsichtlich des erzeugten Mehrprodukts und der Direktion des ganzen lebendigen Arbeitsvermögens der Gesellschaft stellt sich die ökonomische Despotie – in ihrer Gestalt als bürokratisch organisierter Korpus – als das unbeschränkte Subjekt des Volkseigentums in der staatssozialistischen Gesellschaft dar. In der Politbürokratie verkörpert sich der ordnende Wille, der gemeinsame Zweck der Gesellschaft, der für sich selbständig ist und demgegenüber sich die Willkür des Individuums und seiner Kollektive zu bescheiden hat. Die politbürokratische Autorität wird zum entscheidenden Bindeglied, welches den über den einzelnen Betrieb, die Städte und Gemeinden hinweggreifenden Handlungszusammenschluß wahrt. In der Subjektivität des General-Sekretärs erscheint die Rechtseinheit auf den Punkt gebracht. Er ist der Herr, um es mit Hegel zu sagen, der «dem Besondern entgegentritt».

Im Ergebnis der Verselbständigung des politökonomischen Systems im Staatssozialismus werden alle antiquierten Formen persönlicher Abhängigkeit gebrochen; gleichzeitig aber wird die dem einzelnen zukommende Freiheit und Unabhängigkeit entsprechend dessen Wohlverhalten und Eingruppierung innerhalb der Hierarchie neu festgeschrieben. Unter dem Zugriff des politökonomischen Systems wird mit Hilfe der Macht versucht, noch die empirischen Lebensverhältnisse der Menschen zu schematisieren und systematisch dem Maßstab der Nützlichkeit zu unterwerfen. Während mit der Auflösung der bornierten Lebensformen, die das Bild der asiatischen Gesellschaftsformation bestimmen, in großem Stil Rationalität freigesetzt wird, hält die staatliche Bevormundung des Individuums bis in den privaten Bereich hinein zugleich «die menschliche Kraftentwicklung, die sich als Selbstzweck gilt», in engen Grenzen.

Sobald die Ausdifferenzierung eines komplexen Systems der Politökonomie erfolgt ist, wird der Widerspruch zwischen den integrativen Prinzipien, die das Verhalten der Menschen in der System-Welt regulieren, und den Prinzipien, die das Handeln der Menschen in ihrer persönlichen Welt normieren, bestimmend. Es ist dieser *Hauptwiderspruch*, der das Leben der Menschen im Staatssozialismus prägt. Je nachdem auf welcher gesellschaftlichen Ebene, in welchem Lebensbereich miteinander gesprochen und kooperiert wird, stets muß der einzelne den erwähnten Gegensatz im Auge behalten. Aufgespalten in unterschiedliche Qualitäten, führt der Mensch auf diese Weise nicht nur gedanklich, in seinem Bewußtsein, sondern in der Wirklichkeit des Staatssozialismus ein wahres *Doppelleben*. Die hier besprochene Differenz, die der Persönlichkeit im Sozialismus ihre Form verleiht, hat nichts zu tun mit dem bekannten Unterschied zwischen dem klassischen bourgeois / prolétaire einerseits und dem citoyen andererseits, den Karl Marx in der «Judenfrage» behandelt hat. In der Systemwelt tritt der Mensch im Staatssozialismus auf als der den Erfordernissen des Systems angepaßte «Produzenten-Untertan» mit seiner «Marionetten-Natur». Als eigentlicher, «in seiner sinnlichen individuellen *nächsten* Existenz» wichtiger Mensch kann er sich dagegen nur entfalten in seinen persönlichen Beziehungen.

Die soziale Erfahrung, die im Staatssozialismus diese Doppelung bewirkt und das Bewußtsein der Menschen spaltet, ist zunächst die, daß der einzelne die meisten seiner materiellen Bedürfnisse nur dann befriedigen kann, wenn er sich widerspruchslos in das politökonomische System eingliedert (Dasein für das System). Dieser angesichts des von der Bürokratie verwalteten Stellenplans in den Betrieben gut faßbare, objektive und subjektive Tatbestand veranlaßt nun den einzelnen, in seinen persönlichen Beziehungen die eigene Differenz gegenüber dem politökonomischen System herauszustellen (Sein für sich). Hier, im Kreise der Familie, gemeinsam mit Freunden und Bekannten, werden denn auch die Probleme besprochen, die das allgemeine Interesse wirklich hinter sich haben. Wenigstens zeitweilig bildet hier der individuelle Mensch eine Einheit. Das gesellschaftliche Wesen wird zur individuellen Eigenschaft. Die Fähigkeit, im persönlichen Umgang mit den anderen anders zu reden, als man für gewöhnlich «offiziell» daherredet, wird damit zur Voraussetzung für die Gestaltung lebensnaher Beziehungen.

Man weiß seit langem, daß das «Privatleben der Leute» im Sozialismus nicht unbedingt «unpolitisch» ist. Seine im Verhältnis zu anderen Gesellschaften größere Bedeutung für die Entfaltung der Persönlichkeit steht sachlogisch im Zusammenhang mit der Tatsache, daß dem Menschen mit der Pseudopolitisierung der Massenorganisationen und mit der Verwaltung der Öffentlichkeit alle staatlich beglaubigten Formen entfremdet wurden, in denen er politisch aktiv werden könnte. Außerhalb des Systems der Politökonomie will sich der Mensch aber auch im Sozialismus konsensabhängig orientieren. Diese Möglichkeit ist ihm jedoch innerhalb der sozialistischen Massenorganisationen verwehrt, da dieselben sich allesamt nur als Transmissionsriemen des Partei- und Staatsapparats verstehen. In der von diesen Organisationen fabrizierten Scheinwelt einer sozialistischen Demokratie wird jede Aktivität zum politischen Puppenspiel. Inzwischen ist die Mitgliedschaft der Menschen in dieser Art von Organisationen längst nicht mehr als Ausdruck eines persönlichen Engagements zu werten. Das Gegenteil ist der Fall. Nicht selten ist gerade die Nichtmitgliedschaft Anzeichen für das politische Bekenntnis eines Menschen.

Macht als Steuerungsmittel

> *«Wenn zwei oder drei Menschen zusammenkommen, sind sie deshalb noch nicht beisammen. Sie sind wie Marionetten, deren Drähte in verschiedenen Händen liegen. Erst wenn eine Hand alle lenkt, kommt eine Gemeinsamkeit über sie, welche sie zum Verneigen zwingt oder zum Dreinhauen. Und auch die Kräfte des Menschen sind dort, wo seine Drähte enden in einer haltenden herrschenden Hand.»*
>
> *Rainer Maria Rilke*

Ungeachtet der handfesten Analogien, die aus dem in Ost und West gleichermaßen zu verzeichnenden Widerspruch zwischen der System- und Sozialintegration resultieren, bleiben die formativen Unterschiede staatssozialistischer und marktwirtschaftlicher Industriegesellschaften beachtlich. Herrschafts- und Knechtschaftsverhältnisse in der bürgerlichen Gesellschaft werden mittelbar über das Geld begründet. Reichtum als Wert begriffen ist «bloßes Kommando über fremde Arbeit», heißt es bei Marx in den «Grundrissen». Wer jemals Zahlungsmittel sozialistischer Länder in der Tasche hatte, der weiß um die Schwierigkeiten, damit konsumptive Ansprüche einzulösen, gar nicht erst zu reden von Machtansprüchen. Die politökonomische Kommandogewalt wird im Staatssozialismus eben nicht über Geld ausgeübt. Damit ist keinesfalls gesagt, daß nicht auch die Politbürokratie im Staatssozialismus das Geld als Steuerungsmedium zu nutzen weiß. Spätkapitalismus und Staatssozialismus unterscheiden sich aber nicht zuletzt im Hinblick auf die Prioritäten, die sie bei der Wahl ihrer Mittel setzen, mit denen sie die gesellschaftliche Kommandogewalt vollstrecken.

Was in der einen Gesellschaftsformation vorrangig über das Geld bewirkt wird, muß in der anderen die Macht leisten. (Unter «Macht» verstehe ich an dieser Stelle die aus der Arbeitsteilung von Kopf- und Handarbeit resultierende Möglichkeit der Politbürokratie, das Handeln der Menschen durch offene oder verdeckte staatliche Sanktionsdrohungen zu dirigieren.) So gesehen sind das Geld in der bürgerlichen und die Macht in der staatssozialistischen Gesellschaft gleichermaßen dazu bestimmt, die Handlungskoordinierungen innerhalb der aus dem lebensweltlichen Verkehrszusammenhang ausgegliederten Marktwirtschafts- und Staatswirtschaftssysteme von den Notwendigkeiten sprachlicher Konsensbildung weitgehend freizustellen und das Risiko mißlingender Verständigung herabzusetzen.

Angesichts der gewachsenen Komplexität des Gesellschaftslebens ist die Politbürokratie zur Sicherung des allgemeinen Verkehrszusammenhangs im Staatssozialismus gezwungen, einerseits den Austausch zwischen dem System der Politökonomie und dessen sozialer Umwelt, andererseits die Arbeitsteilung der spezialisierten gesellschaftlichen Teilsysteme untereinander weitgehend unabhängig von den Stellungnahmen der betroffenen Menschen zu organisieren. In dem Maße, wie ihr das gelingt, erweitern sich die gegebenen Möglichkeiten für ein am Erfolg orientiertes Handeln! Die erforderlichen Handlungskoordinierungen werden gegenüber der Alternative Widerspruch und Einverständnis immunisiert. Auf diese Weise konditioniert die Politbürokratie die Produzenten zu Zielerreichungshandlungen, die teilweise in keinem erkennbaren Zusammenhang mehr mit deren motivationalen Bedürfnissen stehen. Nach der persönlichen Ansicht und Überzeugung des einzelnen Produzenten wird nicht mehr gefragt. Dieser muß lediglich wissen und spüren, was ihm widerfährt, sobald er dem an ihn adressierten Anspruch der Politbürokratie auf Folgebereitschaft nicht nachkommt. Und er muß über die verfügbaren Reserven, das kasernierte Gewaltpotential Bescheid wissen, welches der Machthaber bereithält, um seinen Anspruch durchzusetzen. Das aber bedeutet, der einzelne Produzent muß lernen, was der Macht-Code im einzelnen besagt.

Funktionieren kann die Macht als Steuerungsmittel jedoch nur innerhalb einer besonderen Kategorie von Verhältnissen. Im Unterschied zum Geld, welches den Verkehr zwischen zumindest formal gleichberechtigten Tauschpartnern regeln kann, die unterschiedlichen Gemeinschaften angehören, setzt die Anwendung der Macht stets eine Form hierarchischer Kollektivität voraus, wie sie für den Staatssozialismus typisch ist: Einer ist der Machthaber, dem ein anderer auf Gedeih und Verderb ausgeliefert ist. Wo gleichstarke Mächte aufeinandertreffen, ist dagegen die Macht als Steuerungsmittel nicht zu gebrauchen. Ebensowenig lassen sich alle die Beziehungen über Macht codifzieren, die in ihrer Substanz auf sprachliche Verständigung angewiesen bleiben (z. B. Familie, Freundschaften, Liebesverhältnisse usw.).

Während Marx unbestritten im «Kapital» die Bedeutung des Geldwesens erschöpfend behandelt hat, ist ihm die Ausdifferenzierung eines Systems der Politökonomie über ein Steuerungsmedium, wie es die Macht darstellt, gar nicht erst in den Sinn gekommen. Deshalb kann Marx auch an verschiedenen Stellen seines Werkes von der «Zerschlagung» der Staatsmacht und ihrer «Überflüssigkeit» schreiben. Erst Parson hat die strukturellen Analogien zwischen der Macht und dem Geld in ihrer Bedeutung erkannt.

Im Staatssozialismus erscheint die Macht zunächst in verdinglichter Form, sei es in Gestalt von Waffen, Gefängnissen, den Einsatzkräften des Sicherheitsapparats usw. Als Wert verstanden drückt sich in der Macht vor allem das Kommando über fremde Arbeit aus. Der abstrakte Wert der Macht liegt im Handlungsspielraum (der Möglichkeit, Befehle zu erteilen und Gehorsam zu finden), den sie dem Machthaber erschließt. Mit ihr kann man die eigenen Machtansprüche erweitern und wahren. Wie die Jagd nach Profit für das Kapital charakteristisch ist, so ist für die erfolgreiche Macht ebenso kennzeichenend, daß diese immer mächtiger wird (sich erweitert reproduziert, immer mehr Machtmittel anhäuft). Gebrauchswertmäßig kann sich die Macht in der praktischen Verwirklichung des Allgemeininteresses konkretisieren. Ebenso kann die Macht aber auch zur Realisierung egoistischer Zwecke, im Interesse der Erhöhung privaten Konsums, der Sicherung verschiedener Privilegien usw. eingesetzt werden. Man kann die Macht kaufen, wie das peinliche Geschäft des Häftlingsfreikaufs gegen Devisen und der damit zwangsläufig einhergehende Verzicht auf den staatlichen Strafanspruch beweist. Vergleichbar zirkulationsfähig wie Geld ist Macht allerdings nicht. Das zeigt der ständige Rückfall in den Personenkult in fast allen sozialistischen Ländern. Auf geradezu symbiotische Weise verbindet sich die Macht mit der Person des jeweiligen Generalsekretärs (wenngleich nicht so ausgeprägt, zeigen sich auf der lokalen Ebene genau dieselben Phänomene). Um diese Tendenz in unseren Verhältnissen auszugleichen, um die Macht wieder von der Person zu lösen, muß nach seinem Tode buchstäblich jeder Machthaber in der «Versenkung» verschwinden.

Macht verfällt. Um dem Verfall der Macht zu begegnen, muß man diese periodisch und exemplarisch gebrauchen, weshalb der Macht das Odium der Willkür zukommt. Insoweit ist die Macht auch mit einem tragischen Moment behaftet, denn alles Machtgebaren, was sich um sich selber dreht, ist in gewisser Weise selbstzerstörerisch. Während die Akkumulation des Kapitals in der Regel zur erweiterten Reproduktion der bürgerlichen Gesellschaft beiträgt, befördert jede allzu große Anhäufung von Macht am Ende nur Leerlauf und Apathie. Niemand entscheidet mehr, bevor der zu treffende Entschluß «von oben abgesegnet» wurde. Wer als Leiter im Sozialismus mit heiklen Problemen befaßt ist, der ist gut beraten, wenn er sich vor wichtigen Entscheidungen «Rückendeckung» bei der Staatspartei einholt. Mit dieser üblichen Verhaltensweise sind unterschiedlichste Effekte verknüpft. Denn solche Rückfragen binden die Partei an das, was sie zuvor entscheidungsmäßig bestätigt hat. Der jeweilige Leiter handelt gewissermaßen «im Namen» der Staatspartei. Alternativen stehen für diese insoweit nicht mehr offen. In allen bedeutenden Entscheidungslagen werden die im Staatssozialismus erforderlichen Bindungswirkungen auf diese Weise hergestellt. Über zirkulierende Bindungen ist die Staatspartei in alle gesellschaftlichen Konflikte verwickelt, sie ist verantwortlich, ob sie das selber will oder nicht. Daß damit zugleich für die erforderliche Arbeitsteilung enge Grenzen gesetzt sind, leuchtet ein.

Nicht ganz so einfach stellt sich dagegen die Machtbeziehung für den «kleinen Mann» dar. Der Macht als Medium mangelt es an einem dem Geld entsprechenden Zeichensystem. Die im Vergleich zum Geld verwirrende Symbolik der Macht, die von Uniformen über Orden und Sitzordnungen bis hin zur Farbe der bei Unterschriftsleistungen verwendeten Tinte reicht, erschwert es einfältigen Gemütern, sich über die konkrete Machtausstattung eines Entscheidungsträgers genau zu informieren. Bei den nicht selten einander widersprechenden Weisungen der Politbürokratie wird dieser Umstand zum Problem. Der Machthaber selber ist kaum besser dran. Wer sich im Zweifel darüber ist, wieviel er ausgeben darf, der läßt sich Kontoauszüge vorlegen. Was aber macht derjenige, der Konsumverzicht, Normerhöhungen o. ä. *mit Macht* durchsetzen will?

Kader-Auslese – die Reproduktion der Macht

Der formative Umbau des politökonomischen Systemzusammenhangs in Deutschland wäre unvollständig geblieben, hätte nicht die Partei mit der Zeit ihre eigenen Prinzipien der Kader-Auslese auf den ganzen Staats- und Gesellschaftsbau übertragen. Während von Wahlen seit dem Beginn der fünfziger Jahre nicht mehr gesprochen werden konnte, nachdem mit den Einheitslisten, den Veto- und Vorschlagsrechten übergeordneter Instanzen usw. das entscheidende Kriterium für eine jede Wahl – die Ungewißheit des Ausgangs der Wahlen – entfallen war, blieb einige Zeit unklar, nach welchen Prinzipien die Rekrutierung für öffentliche Ämter vonstatten gehen sollte. Auch in dieser Hinsicht mußte sich der deutsche Staatssozialismus erst einmal systematisieren, damit hinter den zahllosen Ungereimtheiten der Übergangsphase die für den Sozialismus typischen Prinzipien der Kader-Auslese hervortreten konnten. Die mit dem Abschluß der Übergangsphase zeitlich zusammenfallende Nachfolgerbestimmung Ulbricht–Honecker, mit der die politbürokratische Spitze erstmals planmäßig neu besetzt wurde, hat diesbezüglich Klarheit geschaffen.

Seither wird die Neubesetzung von wichtigen Ämtern im Partei- und Staatsapparat, in den Massenorganisationen, den Betrieben, kulturellen Einrichtungen usw. entsprechend dem ungeschriebenen Gesetz des Rückgriffs auf bestimmte Funktionsträger gelöst. Bevor Honecker zum Generalsekretär der Partei und Staatsratsvorsitzenden avancierte, war er erster Sekretär des staatlichen Jugendverbands. Bedenkt man, daß mit ihm auch ausnahmslos alle anderen Funktionäre, die diesen Posten in seiner Nachfolge bekleidet hatten, in die Funktion eines ersten

Bezirkssekretärs der Partei oder gar in das Politbüro berufen wurden, rundet dies das Bild ab. Die in diesem Muster enthaltene Verkettung politischer Rollen und Entscheidungsbefugnisse, die sich auf den unteren Ebenen des politökonomischen Systems wiederholt, ist natürlich weder im Statut der Partei noch in der geltenden Verfassung vorgesehen. Rechtlich gesehen ist die feste Designation geradezu ungesetzlich, denn die grundgesetzlichen Bestimmungen gehen durchweg von der Wählbarkeit aller wichtigen Entscheidungsträger aus.

In dieser Form wird mit der Kader-Auslese dafür gesorgt, daß die Aufsteiger in der Politbürokratie über immer weniger praktische Lebenserfahrungen verfügen. War es noch vor nicht allzu langer Zeit üblich, in die politische Klasse auch Menschen zu rekrutieren, die in der Produktion Erfahrungen gesammelt hatten, so ist es heutzutage der hauptamtliche Jugendfunktionär, der sich entschließt, die bürokratische Stufenleiter weiter zu ersteigen. Die Lebenserfahrung, die dieser Typ Funktionär in das Amt einbringt, ist das Ergebnis seiner Teilnahme an der bürokratischen Konkurrenz. Außerhalb des Apparats weiß ein solcher Funktionär sich nicht mehr zu bewegen.

Da Alternativen in der Besetzung der Ämter nicht bestehen, hat die nachträgliche Bestätigung der bürokratischen Kaderauslese in Wahlen naturgemäß den Charakter eines entleerten Rituals. Unter diesen Bedingungen ist es inzwischen sinnlos geworden, die politische Herrschaft weiterhin mit der Publikumsrolle des Wählers zu konfrontieren. Wo nicht gewählt wird, bedarf es des Wählers auch nicht mehr! Motiviert ist der «Wähler» im Staatssozialismus ohnehin nicht, da der Wahlausgang bis auf zwei Stellen hinter dem Komma vorher feststeht.

In der Praxis berücksichtigt die Politbürokratie durchaus diese Zusammenhänge. Ihre wichtigste Wahlvorbereitung besteht deshalb nicht etwa darin, dem Wähler in den Kandidaten unterschiedliche Möglichkeiten in der Politik vorzustellen, und sei es auch nur im Rahmen des staatssozialistischen Systems, sondern in der Initiierung einer ökonomisch ausgerichteten Wettbewerbsbewegung. Anläßlich der Wahlen zu den «Volksvertretungen» werden dann Produktionsergebnisse abgerechnet. Mit diesen Produktionsergebnissen sowie mit seiner Stimmabgabe zeigt das Volk sein Bekenntnis zur Politik der Partei und Regierung.

Durch die mechanische Verknüpfung unterschiedlichster bürokratischer Rollen versetzen sich die Entscheidungsträger im Staatssozialismus untereinander in normative Beziehungen. Auf diese Art und Weise reduzieren sie gewissermaßen ihre Abhängigkeit «vom Willen des Volkes» auf ein Minimum. Eignung und Leistung sind in diesem beinahe geschlossenen Zirkel der Kaderauslese bestenfalls sekundäre Kriterien für die Rekrutierung. Wichtiger ist schon die Unterstützung anderer Funktionäre, die dem jeweiligen Spitzenbürokraten den Rücken stärken.

Problematisch ist der Modus der Kader-Auslese im Staatssozialismus aber nicht deshalb, weil er die vorhandenen Interessengegensätze innerhalb der sozialistischen Gesellschaft weder artikuliert noch dieselben zur Entscheidung bringt. Das leisten andere Systeme ebenfalls nicht. Wirklich von Nachteil ist, daß mit diesem Modus der Kaderauslese die Beweglichkeit des Systems der Politbürokratie selber erheblich eingeschränkt ist. In dieser Form wird zwangsläufig eine spezifische Art politischer «Naturwüchsigkeit» erzeugt, die das System in periodischen Abständen gerontokratisch entarten läßt. Das jahrelange Siechtum Breschnews und die anschließende Investitur zweier todkranker Greise an der Spitze der sozialistischen

Welt haben jedermann vor Augen geführt, was das für Risiken in sich birgt. Je weiter der einzelne Politbürokrat aufsteigt, um so sicherer wird sein Status. Wer einmal Sitz und Stimme im Politbüro innehat, der sitzt dort oftmals bis an sein seliges Ende. Faktisch mangelt es bisher an einem funktionierenden Mechanismus innerhalb des politischen Systems, der im Bedarfsfall einen Kaderwechsel erzwingt.

Weil sich mit dem Namen des jeweils amtierenden Generalsekretärs zugleich die strategische Linke der Staatspartei symbolisch verbindet, hindert dieser in seiner Person die ganze Gesellschaft daran, daß die Einseitigkeiten der betriebenen Politik frühzeitig erkannt und bereinigt werden. Vergrößert wird die Schwerfälligkeit des politischen Apparats noch dadurch, daß der amtierende Generalsekretär seinerseits wiederum zur Rücksichtnahme auf die politischen Rollenträger gezwungen ist, die ihn bei seinem Aufstieg unterstützt haben. Das beschränkt zweifellos seine Entscheidungsfähigkeit nicht unerheblich. Die wohlwollende Rücksichtnahme gegenüber den anderen «Spitzenfunktionären» der Staatspartei ist der *politische Preis*, den der Generalsekretär für seine Unabhängigkeit vom Wählerwillen zahlen muß.

Die Abhängigkeit des Generalsekretärs von den anderen Spitzenfunktionären führt immer wieder dazu, daß die Lösung grundlegender gesellschaftlicher Probleme aufgeschoben wird. Wo Wahlen stattfinden, büßt der Amtsträger allemal Stimmen und damit Machtanteile ein, der Interessengegensätze nicht aufzuheben versteht. Im Staatssozialismus ist die Lage eine andere. Hier ist die Politbürokratie zwar nicht gehindert, auftretende Interessengegensätze zu bearbeiten. Bevor das aber geschieht, müssen die Entscheidungsrechte und Machtpositionen zwischen den Apparaten neu verteilt werden. Burgartig ausgebaute Machtstellungen müssen geschleift werden, ohne – und darin besteht der Springpunkt der Angelegenheit – daß sich der Despot bei diesem riskanten Unternehmen etwa auf einen ihn tragenden Wählerwillen berufen könnte. In dieser Beziehung rächt sich, daß es dem Generalsekretär an ausreichendem Abstand, sei es nun auf Grund eines Wählerwillens oder besonderer sozialer Attribute, gegenüber seinen «Kampfgefährten» mangelt. Die von diesen beschworene «Kollektivität der Führung», die manches naive Gemüt als Ausdruck innerparteilicher Demokratie verstehen will, verstärkt den genannten Widerspruch. Wie sehr gerade dieser Widerspruch einen reformfreudigen Generalsekretär behindert, kann man am Beispiel Gorbatschows sehen, der seit Jahren einen großen Teil «seiner Kräfte» im Kampf gegen die bürokratische Hydra verschleißen muß. Darin zeigt sich, daß die strukturellen Mängel der staatssozialistischen Ordnung mit Popularität nicht wettzumachen sind.

Macht und Legitimation

«Dse Gung fragte den Meister nach den Grundlagen einer guten Regierung.

Kung Fu-Dse sagte: Ausreichende Nahrung, eine ausreichende Armee und Vertrauen in den Herrscher.

Und müßte unbedingt eine dieser drei Voraussetzungen aufgegeben werden, fragte Dse Gung weiter, welche würdet Ihr an erster Stelle opfern?

Die Armee, erwiderte der Meister.

Und wenn von diesen zweien noch eine aufgegeben werden müßte, welche wäre es dann?

Die Nahrung, sagte der Meister. Denn seit Menschengedenken müssen alle sterben. Doch ohne das Vertrauen des Volkes kann keine Regierung bestehen.»

Konfuzius

Von den genannten Widersprüchen, die der Machtausübung im Staatssozialismus anhaften, gehen naturgemäß immer wieder krisenhafte Entwicklungen aus, die zuweilen die Macht der Politbürokratie in Frage stellen. Zudem rücken alle diese Widersprüche ein Problem der Macht in das Blickfeld der Menschen, welches am Ende mit bürokratischen Methoden nicht gelöst werden kann: *die Legitimität der Macht im Sozialismus.*

Wenn die Macht ihrer sozialen Funktion, das politische und ökonomische Leben in der sozialistischen Gesellschaft regelhaft zu gestalten, nicht anders nachkommen kann als durch die verbietende oder gebietende Inanspruchnahme der Handlungsweisen der Menschen, dann erweist sich jeder Machtspruch semantisch als ein Imperativ (Befehl, Gebot oder Verbot). Welcher Machtunterworfene sieht sich nicht, sobald er der Macht begegnet, einem gebietenden oder verbietenden Wollen konfrontiert, welches ihm ein dem entsprechendes Sollen abverlangt? Dieses Basisverhältnis in unserer Gesellschaft erlebt der einzelne, wenn er bewußt lebt, natürlich als Bevorteilung des Imperators der Imperative und eigene Benachteiligung. Denn mit jedem Macht-Spruch stellt die Macht den Machtunterworfenen vor die Alternative des Gehorsams oder der Inkaufnahme von Sanktionen.

In die Basisbeziehung der Befolgung von Imperativen ist von vornherein ein Verhältnis der Über- und Unterordnung eingelassen, der Imperator der Imperative genießt das Vor-Recht der Initiative! Damit eine derartige Benachteiligung für die Machtunterworfenen nicht unerträglich wird, bedarf es neben der Angst vor Zwang und Strafe wenigstens einer minimalen Vertrauensbasis, die den Bestand der Macht verbürgt. Jede Macht ist also bis zu einem gewissen Grade auf Legitimation angewiesen. Allein durch die glaubwürdige Bezugnahme auf das Allgemeininteresse kann sie das aus der imperativischen Struktur der staatssozialistischen Verhältnisse resultierende «sic volo, sic jubeo» annehmbar machen. Wo diese Bezugnahme fehlt oder nicht mehr plausibel vermittelt werden kann, verkommt die Macht zur räuberischen Gewalt, die der des Banditen ähnelt. Denn Gewalt für sich genommen, darin ist sich alle dem demokratischen Erbe und der Vernunft verpflichtete Theorie seit Rousseau und Kant sicher, ist ungeeignet, sittliche Verpflichtungen auszulösen. Der Gewalt nachgeben bedeutet deshalb in der klassischen Lesart nichts weiter, als eine durch äußerliche Notwendigkeiten erzwungene Verrichtung zu tun. Wer gezwungen wird, der gehorcht nicht aus Pflichtbewußtsein.

«Wenn mich ein Räuber im Walde überfällt», schreibt

Rousseau in seinem «Contrat social», «so muß ich mich der Gewalt fügen und ihm meine Börse geben; verpflichtet mich aber wohl mein Gewissen, sie zu geben, wenn ich imstande wäre, sie ihm vorzuenthalten? Die Pistole, die er mir vorhält, ist ja schließlich doch eine Gewalt.» Für Rousseau folgt daraus: «Kommen wir also dahin überein, daß Stärke kein Recht gewährt und daß man nur verpflichtet ist, der rechtmäßigen Gewalt Gehorsam zu leisten.»[29] Bleibt die Frage, ob wir uns nicht im Kreise drehen, denn es ist der Machthaber, der meistens bestimmt, was rechtmäßig ist und was dem Allgemeininteresse entspricht. Wollen wir dessen Vorurteile nicht ungeprüft hinnehmen, müssen wir uns seine *Begründung* dafür ansehen, warum wir die bestehende Herrschaftsordnung oder die an uns adressierten Imperative als «richtig und gerecht» anerkennen sollen. Geltungsansprüche gleich welcher Art sind schließlich nur dann akzeptabel, wenn diese «gute Gründe» hinter sich haben, die erforderlichenfalls vorgezeigt werden können.

Inzwischen hat zwar die psychoanalytische Aufklärung die naive Vorstellung eines sich weitgehend an der eigenen Vernunft orientierenden Menschen erschüttert. Die unbewußte Zustimmung aus Angst, die ein Machthaber findet, ist massenpsychologische Realität. Doch dies entwertet nicht die Bedeutung der Vernunft. Zudem hat jede Art einer angstbedingten Anerkennung der politischen Vormundschaft die ja auch im Staatssozialismus mit einer Unterdrückung des wahren Selbst einhergeht, ihre Kosten und Grenzen in der psychischen Verelendung. Längst ist es ein ganz profanes Magengeschwür, wodurch der einzelne Mensch bis in seine Freizeit hinein die Verkörperlichung des erzwungenen Konsenses zu spüren bekommt. Es ist abzusehen, daß der Gesellschaftskritik im menschlichen Körper ein weiteres Erkenntnisorgan zuwächst, das vielen die Legitimationsschwäche der herrschenden Ordnung auf der leiblichen Ebene anzeigen wird. Noch klingt der «Urschrei» etwas kläglich, mit dem die leiblich-natürliche Instanz kritischen Eingedenkens den Schmerz erinnert, der uns angetan wurde. Unüberhörbar kündigt sich damit aber ein erweitertes Erkenntnisinteresse an, welches nicht zuletzt die Erkenntnis, die in jedem Gefühl ist, übersetzen will. Auf diese Weise erhält das «subjektive, ideelle Ich vom objektiven», wie es Hegel einmal ausgedrückt hat, «die Materie seiner Idee» geliefert. Einer Idee, die den Menschen letztendlich veranlaßt, aus guten Gründen jeder Macht seine Anerkennung zu entziehen, die *unnützes* Leiden mit sich bringt.

Im Staatssozialismus ist es das Postulat einer historischen Gerechtigkeit, womit die Legitimität der bestehenden Herrschaftsordnung praktisch gerechtfertigt werden soll. Die Politbürokratie will der Vollstrecker dieser Art von Gerechtigkeit sein. «Unser Recht ist nicht deshalb gesellschaftlich legitimiert, weil es der Gerechtigkeit entspricht – das wäre ein sozialistisch firmierter naturrechtlicher Ansatz! –, es ist vielmehr dann legitimiert (d. h. historisch gerecht)», behauptet der tonangebende DDR-Rechtsphilosoph Klenner, «wenn es mit den objektiven Gesetzmäßigkeiten der Entwicklung übereinstimmt und sie optimal durchzusetzen hilft.»[30] Begründung und Bewertung, Rechtfertigung, Kritik und Korrektur der Legalität «sind folglich mit den Mitteln und Methoden der Gesellschaftswissenschaft zu erschließen», wobei von vornherein die moralische und juristische Berechtigung der sozialen und diese wiederum der historischen Berechtigung untergeordnet werden soll. Daß nach Klenners Auffassung zur Durchsetzung der historischen Gerechtigkeit «zuweilen die Tugend des Terrors» erforderlich ist, kann man nachlesen.[31]

Sehen wir einmal von der sprachlichen und logischen Konfusion ab, die sich in der kraftmeierischen Rede von einem Recht ausspricht, welches nicht unbedingt der Gerechtigkeit dient, gleichwohl aber «historisch gerecht» sein soll, so ist das, was Klenner selber anbietet, auch nicht viel mehr als ein Abklatsch der von ihm geschmähten historischen Rechtsschule seligen Angedenkens. Mit dieser teilt unsere Rechtsphilosophie, die aus dem stalinistischen Justizterror nicht das geringste gelernt hat, den kindlichen Glauben, daß die unabhängig vom bewußten Entschluß des einzelnen ablaufende «gesetzmäßige Entwicklung» der sozialistischen Verhältnisse letztendlich von selbst auf eine allseits befriedigende Staats- und Rechtsordnung zusteuert. Legitim ist dieser Geisteshaltung alles, was machbar ist. In dem, was wird, offenbart sich ihr das Seinsollende. Wie in allen anderen dem bürokratischen Leib maßgeschneiderten Konzeptionen wird die praktische Rechtfertigung der sozialistischen Legalität im Interesse einer unbeschränkten Handlungsfreiheit der Macht außerhalb des Rahmens einer gegenwärtigen, sprachlich vermittelten Intersubjektivität gesucht. Unklar bleibt lediglich, aus welcher Quelle die staatsphilosophisch weniger bewanderten unmittelbaren Produzenten, die nicht über die erforderlichen «Mittel und Methoden» der Gesellschaftswissenschaften verfügen, in der Gegenwart ihren Glauben an die Legalität der politbürokratischen Herrschaftsform schöpfen sollen.

Sicher, es sind in der Gegenwart wohl in erster Linie empirische Motive, die das Mißtrauen wecken, ob es denn der Politbürokratie überhaupt noch um die für die Identität einer sozialistischen Gesellschaft entscheidenden Werte geht. Angesichts des ungeschminkten Opportunismus der sozialistischen Realpolitik sind Zweifel dieser Art nvermeidbar. Daneben aber stimmt vieles, was uns zur Rechtfertigung der Macht aufgetischt wird, in sich schon nicht mehr überein mit dem geltenden Rechtfertigungssystem. Das hat zur Folge, daß die angebotenen Legitimationen immer häufiger von immer mehr Menschen als ungültig erkannt werden. Um ein Beispiel zu geben: Berufsverbote für große Teile der Bevölkerung mit verwandtschaftlichen Bindungen in dem anderen deutschen Staat werden mit staatlichen Sicherheitsbedürfnissen begründet. Solche Berufsverbote gelten z. B. für die zivile Schiff- und Luftfahrt, das grenzüberschreitende Transportwesen, den Außenhandel und die Beamtenlaufbahn. Die immanente Widersprüchlichkeit dieser Legitimation ist unschwer zu erkennen. Denn abgesehen davon, daß die überzogenen Sicherheitsbedürfnisse der politischen Klasse ohnehin nicht zustimmungsfähig sind, geht das geltende Rechtfertigungssystem nach wie vor von der beruflichen und schulischen Chancengleichheit für alle Bürger aus.

Man muß sich klar darüber sein, daß mit der Feststellung von Unstimmigkeiten und Widersprüchen bei der Rechtfertigung bestimmter Maßnahmen der Macht noch keine Kritik des geltenden Rechtfertigungssystems geleistet ist. Dieser Umstand wird selbst von profilierten Kritikern des Staatssozialismus oftmals übersehen, wenn sie mit dem «Widerspruch zwischen Theorie und Praxis» auf den Lippen gegen die bedrückende Herrschaftsordnung zu Felde ziehen. Unter der Hand verwandelt sich dabei der in praktischen Fragen den Maßstab liefernde Marxismus in eine Art Ersatzreligion. Was Marx gesagt hat, ist in diesem Rahmen fraglos gültig. Aus seinem Werk werden jeweils «letzte Gründe» herausgelesen. Der Unterschied zwischen den streitenden Parteien besteht in diesem Fall nurmehr darin, daß die eine Seite (die «wahren» Marxisten) den ursprünglichen Gehalt der Lehre bewahren will, während die andere Seite (die «funktionalistischen» Marxisten) den Marxismus als Staatsreligion und Rechtfertigungslehre gebrauchen will. Auf unbedingt Geltendes greifen beide Seiten in ihrer Auseinandersetzung zurück. Stimmt die sozialistische Wirklichkeit in dem einen oder anderem Aspekt einmal mit der kanonisierten Lehre überein, geht man auf beiden Seiten von deren Legitimität aus, gleichgültig ob sich die gegebene Ordnung auf einen kontingenten oder erzwungenen Konsens gründet. In ihrer Geisteshaltung gleichen die streitenden Parteien der schon von Kant belächelten «Gesellschaft von Geistlichen», die sich «untereinander auf ein gewisses unveränderliches Symbol» verpflichten, «um so eine unaufhörliche Obervormundschaft über jedes ihrer Glieder und vermittelst ihrer über das Volk zu führen...»[32].

Will man eine wirkliche Kritik der Legitimation des Staatssozialismus leisten, muß man grundsätzlicher ansetzen, als dies unter vielen Marxisten heute üblich ist. Den *prozeduralen Maßstab* für eine solche Kritik, anhand dessen in der Moderne Legitimitätsansprüche vernünftig bewertet werden können, hat bereits Kant formuliert: «Denn das ist der Probierstein der Rechtmäßigkeit eines jeden öffentlichen Gesetzes. Ist nämlich dieses so beschaffen, daß ein ganzes Volk *unmöglich* dazu seine Einstimmung geben *könnte* (wie z. B. daß eine gewisse Klasse von *Untertanen* erblich den Vorzug des *Herrenstandes* haben sollten), so ist es nicht gerecht; ist es aber *nur möglich*, daß ein Volk dazu zusammen stimme, so ist es Pflicht, das Gesetz für gerecht zu halten: gesetzt auch, daß das Volk in einer solchen Lage, oder Stimmung seiner Denkungsart wäre, daß es, wenn es darum befragt würde, wahrscheinlicherweise seine Beistimmung verweigern würde.»[33]

Politiken, gesetzliche Maßnahmen und gesellschaftliche Institutionen sind also – gemessen an diesem Probierstein der Vernunft – immer dann richtig und gerecht, wenn diese die begründete Annahme zulassen, daß die im Gebrauch ihrer Vernunft selbständigen Mitglieder des betreffenden Gemeinwesens sich auch freiwillig eine dadurch bestimmte Ordnung auferlegen würden. An diesem universalistischen Maßstab gemessen, kann keine Herrschaftsordnung, die Konsens erzwingt oder erschleicht, gerechtfertigt werden.

Wenn wir in Fragen der praktischen Rechtfertigung des Staatssozialismus den Kantischen «Probierstein» verwenden, bedeutet das keine Abkehr von Marx. Es bedeutet lediglich, daß die Marxisten wie alle anderen Gesellschaftsdenker auch den Nachweis führen müssen, daß ihr Plan einer sozialistischen Ordnung wenigstens die Vermutung zuläßt, in einer Gesellschaft von Freien und Gleichen beschlossen zu werden (ohne daß es dazu der Anwendung oder des Beistands staatlicher Gewalt bedürfte). Marx selber war sich über dieses Erfordernis stets im klaren. Deshalb scheute er ja auch keine Mühe, um die Legitimität der Pariser Kommune zu begründen. Diese war als Herrschaftsordnung nicht deshalb gerechtfertigt, weil sie mit irgendwelchen historischen Gesetzmäßigkeiten übereinstimmte, sondern weil sie nach Meinung von Marx eine «durch und durch ausdehnungsfähige politische Form» war, in der die «Mannigfaltigkeit der Interessen» der weit überwiegenden Mehrheit der Mitglieder der Gesellschaft gut aufgehoben war.

6. BÜROKRATIE UND STAATSPLANWIRTSCHAFT

Planmäßigkeit und Anarchie in der Staatsproduktion

Staatliche Planung ist Bestandteil aller historischen Produktionsweisen seit der Entstehung des Staates, weshalb sie durchaus nicht als der «entscheidende Vorzug der sozialistischen Gesellschaftsordnung gegenüber den vorangegangenen Produktionsweisen» angesehen werden kann, wie immer noch vulgata zu lesen ist. Die Anlage, Instandhaltung und die erweiterte Reproduktion riesiger Irrigationssysteme in den Regionen des Bewässerungsbodenbaus, Städtebau und Straßenbau in aller Herren Länder, das alles sind exemplarische Objekte staatlicher Planwirtschaft. Vielfach wird über derlei Tatsachen in der seit mehreren Generationen unser Denken beherrschenden ideologischen Kontroverse «Markt- versus Staats-/Planwirtschaft» mit einer Ignoranz hinweggeredet, die auf einen verbreiteten Mangel an realem Sinn für Geschichte schließen läßt. Dies gilt nicht nur für das allerorten anzutreffende Bewußtsein, das sich weiter hartnäckig am Bild der bürgerlichen und sozialistischen Gesellschaft vergangener Jahrhunderte orientiert. Gemeint ist vor allem jenes europäische Denken, das Staatsplanwirtschaften unbedingt aus der Überwindung von Marktwirtschaften hervorgehen lassen will.[34]

In Wirklichkeit basieren die meisten großen außereuropäischen Agrikulturen auf Staatsplanwirtschaften, denen nirgendwo erkennbar ein liberalistisch zu verstehender Markt vorausgegangen ist. Die ganze Wirtschaftsgeschichte Chinas etwa beruht auf dem ständigen Formenwechsel seiner Staatswirtschaft. Bereits in der Song-Zeit (960–1279) verwaltete eine zentralisierte staatliche Eigentümerorganisation, die in 9 Rangstufen mit 30 Klassen gegliedert war, über Produktions- und Handelsmonopole, staatliche Abgabenwirtschaft und mittels anderer Instrumentarien staatlicher Lenkung den gesamten nationalen Wirtschaftsverkehr im Reich der Mitte. Sollte die Existenz staatlicher Planwirtschaften also wirklich die dialektische Negation anarchischer Marktwirtschaften dokumentieren, dann hätte solcherart Negation schon stattfinden müssen, als an die Epoche des liberalen Kapitalismus der freien Konkurrenz noch gar nicht zu denken war. In Wahrheit kolportiert die leninistische ebenso wie die liberalistische Lesart des Begriffspaars «Markt-/Planwirtschaft» nichts weiter als den historischen Irrtum des europäischen Denkens über den realen Charakter der russischen Oktoberereignisse (und über den Charakter des sozialistischen Aufbaus in den europäischen Staaten des sowjetischen Blocks). Marktwirtschaft (ihre staatsmonopolistische Regulierung mittels Planung natürlich immer mitgedacht) war bisher nirgendwo Vorstufe einer Staatsplanwirtschaft (die ebenfalls überall ihren Markt hat). Eine Ausnahme bilden insoweit lediglich die Länder, die mit dem Problem der Formationsverdrängung zu tun haben.

Marx hat den naturwüchsigen Unterschied zwischen der Staats- und der Privatproduktion verdeutlicht, indem er ihre jeweils verschiedenartigen Formen der Teilung der fabrikmäßigen Arbeit und der Teilung der Arbeit innerhalb der Gesellschaft beispielhaft anhand der seinerzeit explosionsartig expandierenden kapitalistischen und der stagnierenden «asiatischen» Produktionsweise kontrastierte. «Wenn die Anarchie der gesellschaftlichen und die Despotie der manufakturmäßigen Arbeitsteilung einander in der Gesellschaft der kapitalistischen Produktionsweise bedingen, bieten dagegen frühere Gesellschaftsformen, worin die Besonderung der Gewerbe sich naturwüchsig entwickelt, dann kristallisiert und endlich gesetzlich befestigt hat, einerseits das Bild einer plan- und autoritätsmäßigen Organisation der gesellschaftlichen Arbeit, während sie andererseits die Teilung der Arbeit innerhalb der Werkstatt ganz ausschließen oder nur auf einem Zwergmaßstab oder nur sporadisch und zufällig entwickeln.»[35]

Die Verallgemeinerung des indischen Beispiels, das Marx hier im Blick hatte, dürfte bezogen auf die ganze «asiatische» Produktionsweise nach dem heutigen Stand der Geschichtskenntnis kaum mehr überzeugen, denn in China und andernorts war man sehr wohl in der manufakturellen Arbeitsteilung über einen «Zwergmaßstab» hinweggekommen. Die staatliche Ziegelmanufaktur in Kaifeng beschäftigte beispielsweise schon um die Jahrtausendwende herum etwa 1200 Angestellte in 10 speziellen Berufen. Im Hinblick auf die Gegenüberstellung der Anarchie der gesellschaftlichen Arbeitsteilung (Markt) und ihrer autoritätsmäßigen Organisation (Staatsplan) kann das marxsche Paradigma jedoch weiterhin nützlich sein.

Ebenso wie die bürgerliche Gesellschaft der freien Konkurrenz die schon in der feudalen Gesellschaft angelegte

Anarchie weiter verallgemeinert, genauso setzt der Sozialismus die ihm wesenseigene plan- und autoritätsmäßige Organisation der Arbeit durch bis in das Innere der Fabrik. Nicht die Gesellschaft wird nach dem Vorbild einer modernen Fabrik organisiert, wie vielfach gesagt wird, sondern die Arbeitsteilung innerhalb der sozialistischen Betriebe wird mit Macht nach dem Muster der politischen Arbeitsteilung gestaltet. Wirtschaftsfunktionäre im Sozialismus sind, wenn es wirklich drauf ankommt, zu allererst staatliche Leiter und erst in zweiter Linie Ökonomen. Dieser Tatbestand erklärt, warum es bei uns der wirtschaftliche Sachverstand oftmals so schwer hat, sich in der täglichen Praxis Gehör zu verschaffen. Der Staatsplan ist natürlich unter solchen Umständen allemal ein politisches Programm, nach einem Leninwort gewissermaßen «ein zweites Programm der Partei». Hier gilt: Nicht der kapitalistische Konkurrenzmechanismus (das Wertgesetz), sondern der politisch-rechtliche Mechanismus ist der *Hauptregulator* in der staatssozialistischen Produktion (was selbstredend die Nutzung von Ware-Geld-Beziehungen nicht ausschließt). Wirtschaftliche Erfordernisse werden im Staatssozialismus vorrangig durch die direkte Unterordnung der Produzenten unter die Zwecke der Macht realisiert.

In der staatssozialistischen Ökonomik fassen die in ihrem wesentlichen Inhalt auf die direkte Unterordnung des Willens der Produzenten abzielenden, mit Macht aufgeladenen Direktionsbeziehungen den gesamten industriellen, agrikolen und kommerziellen Verkehr in einer allgemeinen Ordnung staatlicher Planung und Leitung zusammen. Gleichsam politisch wird der sachliche Zusammenhang in der Gesellschaft über die, wie Marx es nennt, «Arbeit der Oberaufsicht und Leitung» hergestellt.

Marx hat immer wieder den von vornherein zwieschlächtigen Charakter jeder «Oberaufsicht und Leitung» in allen antagonistischen Produktionsweisen hervorgehoben, ohne dabei das Staatseigentum aus seiner Kritik zu entlassen. «Die Arbeit der Oberaufsicht und Leitung», heißt es dazu im 3. Band des «Kapitals», «entspringt notwendig überall, wo der unmittelbare Produktionsprozeß die Gestalt eines gesellschaftlich kombinierten Prozesses hat und nicht als vereinzelte Arbeit der selbständigen Produzenten auftritt. Sie ist aber doppelter Natur.»[36] Denn einerseits stellt sich in dieser Arbeit der Zusammenhang des ökonomischen Prozesses «in einem kommandierenden Willen» her, andererseits aber auch in sachlichen Funktionen, welche die «Gesamttätigkeit» betreffen. In der Arbeit der Oberaufsicht widerspiegelt sich also der «Gegensatz zwischen dem Arbeiter als dem unmittelbaren Produzenten und dem Eigentümer der Produktionsmittel». «Je größer dieser Gegensatz, desto größer die Rolle, die diese Arbeit der Oberaufsicht spielt... Ganz wie in despotischen Staaten die Arbeit der Oberaufsicht und allseitigen Einmischung der Regierung beides einbegreift: sowohl die Verrichtung der gemeinsamen Geschäfte, die aus der Natur aller Gemeinwesen hervorgehen, wie die spezifischen Funktionen, die aus dem Gegensatz der Regierung zu der Volksmasse entspringen.»[37]

Gewiß, der vorstehende Gedankengang von Marx war ursprünglich auf die tributäre Despotie in der asiatischen Produktionsweise gemünzt. Seit den Oktoberereignissen in Rußland wissen wir aber, daß er seine Gültigkeit genauso für die industrielle Despotie im Staatssozialismus behält. Denn der aus der Knechtschaft der Produzenten im Staatssozialismus resultierende Widerspruch der lebendigen Arbeit gegen den kommandierenden Willen bezeichnet auch hier genau die Grenze, über welche die Planer niemals hinwegkommen werden, ob sie das nun persönlich wahrhaben wollen oder nicht.

Ebenso wie die kapitalistische Direktion untrennbar mit der Ausbeutung der Arbeiter verquickt ist, zieht die plan- und autoritätsmäßige Organisation der sozialistischen Wirtschaft die Durchsetzung politbürokratischer Interessen nach sich. Über den Staatsplan werden die entscheidenden gesellschaftlichen und ökonomischen Proportionen bestimmt, wird das Verhältnis von Arbeitszeit und freier Zeit, werden Akkumulations- und Konsumtionsraten usw. festgelegt. Niemals ist der Staatsplan im Sozialismus ein neutrales technisch-organisatorisches Instrument gewesen, in das allein «wissenschaftliche» Kennziffern Eingang gefunden hätten. Allemal war der Plan das Hauptinstrument, mittels dessen über die Bedürfnisbefriedigung von Klassen, Schichten, Gruppen und einzelnen Personen entschieden wurde. Mit Hilfe des Staatsplanes, und in diesem schreibt die Politbürokratie Jahr für Jahr aufs neue ihr «Allgemein»-Interesse fest. Und dieses Allgemein-Interesse steht durchaus im Gegensatz zu den wirklichen Interessen der Menschen.

Berücksichtigen wir diesen Gegensatz, dann werden wir sogleich die gigantischen, sich periodisch wiederholenden Fehlleistungen der Planer im Sozialismus verstehen. Zum überwiegenden Teil handelt es sich bei diesen Fehlplanungen um wirkliche Planungsleistungen und nicht etwa um die Auswirkungen einer mangelhaften Qualifikation der Planer, obwohl diese wegen der bürokratischen Kaderauslese natürlich auch eine Rolle spielt. Wer die wesensmäßige Irrationalität, die Anarchie der sozialistischen Planwirtschaft unbedingt in ein Bild kleiden will, der sollte nicht, wie es meistens geschieht, an die «unsichtbare

Hand» des Marktes denken. Ausdrucksstärkere Bilder, die das eigentliche Dilemma der Planwirtschaft illustrieren könnten, sind da schon die Schiffsbesatzung, die nach einer am Bug des eigenen Schiffes angeschlagenen Orientierungsmarke segelt, oder der berühmte Mann, der über seine Füße stolpert, die linke Hand, die nicht weiß, was die rechte tut usw. Bilder wie diese können das Bewußtsein vom wahren Wesen der staatssozialistischen Planwirtschaft durchaus erhellen.

Die Politbürokratie hat inzwischen beachtliche Fähigkeiten entwickelt, ihre größten Fehlplanungen in Planungserfolge umzudeuten. Das dabei angewandte Schema ist immer wieder dasselbe: Erst wird durch eine an den Grundbedürfnissen der Produzenten vorbeizielende Planwirtschaft beispielsweise Wohnungsnot erzeugt. Durch einen überproportionalen Einsatz wirtschaftlicher Mittel wird diese Not sodann in jahrzehntelanger Arbeit beseitigt, was wiederum neue Disproportionen nach sich zieht (z. B. die Vernachlässigung der Infrastruktur usw.), die dann mit einem weiteren Programm bekämpft werden müssen... Hat man einmal am tatsächlichen Allgemeininteresse vorbeigeplant, weiß man bald, was wirklich im allgemeinen Interesse der Menschen ist.

Einem unbefangenen Beobachter gegenüber erscheint die Staatsplanwirtschaft als «organisierte Planlosigkeit». Für den Konsumenten hat sich dieses Bild ohnehin verfestigt. Er, der bei seinem täglichen Einkauf von einer Versorgungslücke in die andere stolpert, sieht in der Staatsplanwirtschaft längst die Mangelwirtschaft par exellence. Aber derselbe Konsument wird gleichzeitig in seinem Beschäftigungsbetrieb als Produzent mit einem ungeheuren Verschleiß an vergegenständlichter und lebendiger Arbeit konfrontiert. Es ist dieser objektive Tatbestand, den der

Volksmund mit Blick auf das propagierte Sparsamkeitsregime so trefflich persifliert hat in dem Satz: Spare mit jedem Pfennig, koste es, was es wolle. Von notorischen Schönfärbern einmal abgesehen, haben unsere Wirtschaftsplaner in ihrer Mehrheit die realen Ergebnisse ihrer Planung nie gänzlich ignoriert. Dennoch hindern die teilweise katastrophalen Ergebnisse der Staatsplanwirtschaften die Planer nicht daran, weiterhin an der Ausbildung von Illusionen über den Charakter der im Sozialismus möglichen Planung mitzuwirken. Nach Auffassung der Planer ist die Wirtschaftsgeschichte des Staatssozialismus weiter nichts als der simple Prozeß der Anreicherung und Qualifizierung des vorhandenen Arsenals an Instrumentarien der Planung. Warum sich aber nach jeder Änderung der Planungsmethodik die Produzenten ebenfalls organisieren, um alle wohlgemeinten Absichten der Planer zu durchkreuzen, dieser Tatbestand ist den Planern nicht des Nachdenkens wert.

Der reale Beitrag der produzierenden Kollektive an der Ausarbeitung des Staatsplanes war und ist in allen Ländern des Staatssozialismus minimal. In den geltenden «Planungsordnungen» ist der Ausschluß der unmittelbaren Produzenten von der Mitwirkung an der Planausarbeitung gesetzlich vorgeschrieben. Geplant wird also von oben nach unten. Dadurch verbleibt das Untere, das Massenhafte mehr oder weniger in einem atomisierten Zustande. Und so gebärdet es sich. Nur der eigene Betrieb zählt. Die Betriebe haben gar keine andere Wahl, als ihre besonderen Interessen gegen den Plan (d. h. auf anarchische Weise) durchzusetzen. Das geschieht, indem jeder (gegen jeden) Betrieb Jahr für Jahr in der Phase der Planausarbeitung versucht, sein tatsächliches Leistungsvermögen herunterzuspielen, um über einen «weichen» Plan,

Materialpolster u. v. a. m. vorweg die Planerfüllung zum Jahresende abzusichern.* Allemal sind in diesem Interessenkarussell, und nichts anderes sind die allährlichen Planrunden, die Fähigkeiten und der Einfallsreichtum der Produzentenkollektive ausreichend, um die wohlmeinendsten Intentionen der planenden Zentrale meist sogar konform zu den geltenden Planungsordnungen zu durchkreuzen.

Was dann unter dem Strich im Verlaufe des Planjahres herauskommt, hat natürlich niemand gewollt: Sortimentslücken, unvollendete Produktion, Lohnfondsüberschreitungen, schrumpfende Akkumulationsraten, Schwarzinvestitionen, ein geradezu chronisches Mißverhältnis von Angebot und Nachfrage, um nur einige Beispiele zu nennen. In diesem Gesellschaftsspiel hat stets der Betrieb beste Aussichten, die erwünschten Zuführungen in seinen Lohn- und Prämienfonds zu erhalten, dem es am Anfang des Jahres gelingt, eine an seinem tatsächlichen Leistungsniveau vorbeigehende Planauflage zu ergattern. Den Wirtschaftsplanern ist es bisher nirgendwo im Staatssozialis-

* Wenn ich vereinfachend zunächst den Interessengegensatz der zentralen Staatsplanung gegenüber den Interessen der Betriebskollektive hervorhebe, unterstelle ich damit keinesfalls eine völlige Interessenübereinstimmung innerhalb der Betriebe. Betriebsleitung im Sozialismus ist bis hinab auf die unterste Ebene zugleich auch «staatliche Leitung». Aber die Verwaltung der Betriebe ist nicht nur «Staatsorgan». Sie ist ebenfalls ein Strukturelement des betreffenden Produzentenkollektivs. Das erkärt, warum Betriebsleitungen in der Praxis häufig ganz aparte Interessen vertreten. Tatsächlich unterscheidet sich ja die wirkliche Interessenlage der «Direktoren» kleinerer und mittlerer Betriebe nur unmaßgeblich von den Interessen der übrigen Mitarbeiter. Meist sind die Direktoren ohnehin nur die Prügelknaben der übergeordneten Leitungen. All das rechtfertigt es, wenn ich zunächst den ökonomischen Widersprüchen im Verhältnis der Betriebe zu den zentralen Planungsbehörden nachgehe.

mus gelungen, dieses von der Praxis virtuos variierte Grundmuster betrieblichen Handelns abzuändern.

Um die Betriebe aus ihrer Reserve zu locken, haben unsere Wirtschaftsplaner alles mögliche ausprobiert. Die kurioseste Frucht ihrer Bemühungen war zweifellos das inzwischen wieder aufgegebene Planungsinstrument des *Gegenplans*, den die Betriebe nach der Erstellung des Staatsplanes entwerfen sollten, um so den Staatsplan wenigstens gezielt zu überbieten. Natürlich ist es den unteren Wirtschaftseinheiten gar nicht eingefallen, in der zweiten Planungsrunde am Beginn des Planjahres alle Reserven freizulegen. Schließlich wollte man am Ende des Planjahres den «Gegenplan» übererfüllen. Einziges Ergebnis aller Mühen war ein gewaltiger Mehraufwand, den die zweite Planrunde mit sich brachte.

Ökologie und Planwirtschaft

> *«Der Himmel ist mein Vater, die Erde ist meine Mutter, und selbst ein so kleines Wesen wie ich findet in ihrer Mitte seinen ureigenen Platz.*
>
> *Und so betrachte ich als meinen Körper, was das Weltall erfüllt, und sehe als meine Natur an, was das Weltall leitet.*
>
> *Alle Menschen sind meine Brüder und meine Schwestern, und alle Dinge sind meine Gefährten.»*
>
> *Westliche Inschrift*

Die Anarchie der Staatsplanwirtschaft zeigt sich vor allem in der geradezu «planmäßigen» Störung des Stoffwechselprozesses mit der Natur. Nicht ohne Grund steht eine öffentliche Diskussion über dieses Thema hierzulande seit Jahren auf dem Index. Im Schlepptau der konsumwirksamen Anziehungskraft des anderen Deutschland sieht die Politbürokratie für sich und ihr Überleben als politische Klasse gar keine andere Wahl, als weitestgehend auf die fälligen Zukunftsinvestitionen und die erforderliche ökologische Aufklärung zu verzichten, damit die innerdeutsche Schere im Massenkonsum sich nicht allzuweit öffnet. Die sich in dieser Lage bereits jetzt abzeichnende Risikobereitschaft der politisch Verantwortlichen (Stichpunkt Mülldeponie Schönberg) läßt ahnen, welche Verwüstung unserer natürlichen Umwelt auf uns zukommt, sollte der ökonomische Wettlauf der Systeme weiter andauern.

Überholen (zeitweilig hieß es sogar: überholen ohne einzuholen) lautet die Devise, mit der die Macht den gesellschaftlichen Gesamtarbeiter jedes Jahr neu an den Planstart schickt. Bezeichnenderweise verliert in diesem Zusammenhang selbst die sonst zum Glaubensartikel erhobene Politik der Abgrenzung gegenüber der Bundesrepublik ihre Gültigkeit. Sollte Abgrenzung aber innerhalb Deutschlands jemals geboten sein, dann allein in dem einen Sinne, daß jener gespenstische Entscheidungsmechanismus hierzulande zerbrochen wird, der uns immer wieder zwingt, mit zeitlicher Verzögerung die Wege zu gehen, die westlich der Elbe längst als Sackgassen ausgeschildert sind. Der von der Politbürokratie propagierte Fortschrittsglaube, der in der Fort- und Festschreibung der politischen wie der ökonomischen Arbeitsteilung den Weg zum immer Besseren sehen will, maßt sich an, wegen einer längst verlorenen Perspektive die Ausbeutung des Menschen und der Natur in der Gegenwart zu intensivieren.

Um dem etwas entgegenzusetzen, müssen wir den Begriff der Planmäßigkeit erneuern. Planung darf sich nicht mehr nur auf die einfache und erweiterte Reproduktion der Volkswirtschaft und einiger anderer ausgewählter Bereiche beziehen. Planung in der Gegenwart muß das Ganze des gesellschaftlichen Daseins in einer natürlichen Umwelt im Auge haben. Das verlangt bereits vom Grundsatz her, daß wir auf demokratische Weise die geläufigen Kategorien der Ökonomie wie «Gebrauchswert», «Wert», «Produktivität», «Selbstkosten» und «Gewinn» viel umfassender definieren, als das bisher der Fall gewesen ist.

Nehmen wir zum Beispiel die Kategorie «Gebrauchswert». Die Nützlichkeit einer Sache macht diese bekanntlich zum Gebrauchswert. Ein Ding kann der Konsumtion (Nahrung, Kleidung, Wohnung) oder der Produktion (Maschinen, Rohmaterial, Brennstoff) dienen. Ebenso hat aber die natürliche Umwelt ihren unschätzbaren Gebrauchswert, wo sie noch intakt ist (als Lebensraum, Wasser, Luft). Dies trifft auf alle Gesellschaftsformationen zu.

Gleichwohl drücken die unterschiedlichen gesellschaftlichen Verhältnisse, innerhalb derer die Menschen praktisch tätig sind, den Gebrauchswerten von vornherein ihren Stempel auf. Denn was in einer Gesellschaft gebraucht (oder mißbraucht) wird, das ist abhängig vom herrschenden Gesellschaftscharakter. Denken wir nur an die Benutzung von Suchtmitteln u. ä. Produkten.

Die Schwierigkeiten einer wirklich gebrauchswertmäßigen Planung liegen insofern klar auf der Hand; denn die Kriterien dafür, was in einer Gesellschaft als Gebrauchswert gelten darf, sind überall auf der Welt abhängig von den ideologisierten Interpretationen und Wertmaßstäben der Gesellschaft. Sicher sind diese Interpretationen und Wertmaßstäbe nicht gänzlich unabhängig von den natürlichen Bedingungen. Der Gebrauchswert von Waschmitteln, Personenkraftwagen, Plasteprodukten, um nur wenige Dinge zu erwähnen, stand ehedem überhaupt nicht in Frage. Inzwischen fragen wir uns auch ohne öffentliche Aufklärung im Staatssozialismus, ob die schädlichen Nebenwirkungen all dieser Sachen deren Gebrauchswert mindern oder gar zunichte machen. Während wir so im nachhinein zum Umdenken gezwungen werden, müßte wirkliche Planung, die diesen Namen verdient, vorausschauend ermitteln, was wir wirklich vernünftigerweise wollen können! Dabei besteht das Problem ganz sicher nicht in der Berücksichtigung der sogenannten Grundbedürfnisse (Nahrung, Wohnung usw.), deren Befriedigung zwar eine notwendige Bedingung für die physische Existenz ist, jedoch für sich genommen keinesfalls ausreicht, um die gesellschaftliche Reproduktion zu garantieren. Moderne politökonomische Systeme geraten in der Regel nicht erst in die Krise, wenn die physische Existenz der Gesellschaft gefährdet ist, sondern das geschieht meist schon dann, wenn der einmal eingelebte Standard der materiellen Bedürfnisbefriedigung spürbar unterschritten wird.

Was die Menschen aber in der Gegenwart wirklich gebrauchen wollen, worauf sie freiwillig im Interesse ihrer natürlichen Umwelt und kommender Generationen verzichten würden (denn darum geht es schließlich!), das kann man nicht «wissenschaftlich» und schon gar nicht bürokratisch ermitteln, sondern das kann man allein im Ergebnis einer breiten Aussprache aller Betroffenen erfahren. Auf der Grundlage unverfälschter Informationen könnte im Rahmen einer solchen diskursiven Volksaussprache Konsens hergestellt werden über das, was unbrauchbar ist für den Menschen. Der sich bislang immer nur naturwüchsig ändernde Maßstab der Nützlichkeit könnte so bewußt verändert werden.

Was für den Gebrauchswert gilt, das trifft in ähnlicher Weise auch auf die anderen Kategorien der Politischen Ökonomie zu. Sämtliche Kategorien der Ökonomie des Sozialismus müssen neu durchdacht werden. Niemand wird erwarten, daß eine einzelne Fachwissenschaft unser ganzes Weltbild umschaffen könnte, schon gar nicht die Politische Ökonomie. Sie verdankt ja ihre selbständige Existenz als Fachwissenschaft der Tatsache, daß sich das industrielle System in der Neuzeit rücksichtslos gegenüber seiner natürlichen und lebenspraktischen Umwelt verselbständigt hat. Aus der dadurch bedingten Interessenlage heraus kommt es den meisten Planern gar nicht in den Sinn, «mit Bezug auf den Arbeiter und die Erde» im Sinne von Marx danach zu fragen, in welcher Weise die Antizipation der Zukunft in der sozialistischen Produktion von heute schon begonnen hat. Marxens apokalyptische Vision, daß «durch vorzeitige Überanstrengung und Erschöpfung, durch Störung des Gleichgewichts zwischen Ausgabe und Einnahme, die Zukunft *realiter* anticipiert und verwüstet» werden könnte, hat unsere Planer in ihrer Mehrheit nicht um den Schlaf gebracht.[38] Die Überlegung gar, es könnte mit die Aufgabe der Politischen Ökonomie und Bestandteil der Planung sein zu prüfen, welche Form des Produktionsmitteleigentums am besten geeignet wäre, in harmonischer Übereinstimmung mit ihrer inneren und äußeren Natur lebende Menschen zu fördern, hat in ihren theoretischen Modellen keinen Platz. Worum ihr Denken Tag und Nacht kreist, ist die Perfektionierung der bestehenden Systemmechanismen, die Höhe des Bruttosozialprodukts und die Erhaltung der Macht.

Wir sollten diesen reduktionistischen Ansatz in einer organischen Weltsicht aufheben. Aus Max Webers Studie über die Wirtschaftsethik der Weltreligionen wissen wir, daß die durch Ideen geschaffenen Weltbilder «als Weichensteller die Bahnen» festlegen, innerhalb derer praktische Interessen handlungswirksam werden können. Das bedeutet, um im Bild zu bleiben: Zuerst einmal muß die Weiche auf «Humanisierung und Ökologisierung» gestellt werden, damit die Produktion nach diesem Fahrplan gefahren werden kann.

Zur «Wohnungsfrage»

Die Mißachtung menschlicher Grundbedürfnisse hat sich im Staatssozialismus nirgend sonst so deutlich gezeigt wie in der jahrzehntelangen Ignoranz der Mächtigen gegenüber der Wohnungsnot. In der Sowjetunion genauso wie in

Polen, in Afghanistan, Vietnam und auf Kuba, überall im Staatssozialismus leiden die Menschen gleichermaßen massenhaft an Wohnungsmangel. Der deutsche Staatssozialismus bildet in dieser Hinsicht keine Ausnahme. Daran ändert wenig, daß hier schon in den siebziger Jahren das Wohnungsbauprogramm zum «Kernstück der Sozialpolitik» avancierte und seither die «Lösung der Wohnungsfrage bis 1990» Planungsziel ist. Heute, nachdem die schlimmsten Folgen der Mißwirtschaft im Wohnungsbau beseitigt wurden, versucht die Politbürokratie wieder nach dem bekannten Muster die notwendig gewordene Korrektur der duch ihre eigene Planung erzeugten Disproportionen als Beweis ihrer angeblich das Gemeininteresse wahrenden Politik darzustellen, wobei sie wie stets in solchen Fragen mit der Vergeßlichkeit des öffentlichen Bewußtseins rechnet. Um diesem Ablenkungsmanöver nicht aufzusitzen, empfiehlt sich ein kurzer Rückblick auf die Eröffnungsbilanz des vielzitierten Wohnungsbauprogramms.

Welche Zwänge waren es, die damals die Politbürokratie veranlaßt haben, den Delegierten des 9. Parteitages das «Wohnungsbauprogramm» in ihre Beschlüsse zu schreiben? War es nicht so, daß das zu Anfang des dritten Jahrzehnts bürokratischer Machtausübung offiziell bilanzierte Millionendefizit an Wohnungen immer noch nicht halbiert war, ganz zu schweigen von der vorsintflutlichen Ausstattung und dem baulichen Zustand der meisten Mietshäuser? Diese Mängel bürokratischer Planung werden noch unterstrichen, sobald man den vorausgehenden Exodus von Millionen Staatsbürgern und den damit zwangsläufig verbundenen Rückgang der Wohnbevölkerung bedenkt.

Angesichts dessen ist es platte Geschichtsfälschung, wenn unsere Ideologen den bis in die Gegenwart spürbaren Wohnungsmangel als Folge «der kapitalistischen Wohnungspolitik und des vom faschistischen Deutschland verursachten Zweiten Weltkrieges» erklären. Die Statistik weist anderes aus. Danach wurden von den noch Anfang der sechziger Jahre vorhandenen Wohngebäuden 1 326 328 vor 1918 erbaut, 642 501 bis 1945 und danach bis 1961 lediglich 241 433! Durch Kriegseinwirkungen wurden in den Städten und Gemeinden der DDR (ohne Berlin) insgesamt etwa 650 000 Wohnungen zerstört. Der in den sechziger Jahren bilanzierte Verlust an Wohnsubstanz stellt sich also zum überwiegenden Teil als die Folge unterlassener Instandhaltungen dar. Erst im folgenden Jahrzehnt wurden Sonderprogramme in den Städten beschlossen, um die undichten Dächer vieler Mietshäuser abzudichten.

Eine solche Bilanz war nicht zuletzt das Ergebnis der Entmündigung der Menschen, denen selbst die angemessene Artikulation elementarer Bedürfnisse versagt wurde. Mit der frühen Integration der Kommunalorgane in den zentralisierten Machtmechanismus wurden die Gemeinden von ihren klassischen städtebaulichen Aufgaben entfremdet und vollständig den Imperativen der zentralistischen Planung unterworfen.

Der durch das Wohnungsbauprogramm wenigstens teilweise (d. h. in den größeren Städten) kompensierte Verfall der Bausubstanz erklärt sich einerseits aus der Ignoranz und Untätigkeit der Politbürokratie. Andererseits hat die bis in die Gegenwart geltende Preispolitik dazu beigetragen, daß notwendige Instandhaltungen unterlassen wurden. Mit ihrer Mietpreispolitik hat die Politbürokratie lauthals ihre soziale Fürsorge gebenüber den Massen demonstriert. In Wahrheit aber war und ist das Festhalten an den Billigmieten, die nur zu einem Drittel kostendeckend sind, das sicherste Mittel, um alle im Privateigentum stehenden Mietshäuser dem Verfall preiszugeben. Es war zu keinem Zeitpunkt zu erwarten, daß die kleinen Hausbesitzer ihre bescheidenen Arbeitseinkünfte oder Renten ohne Aussicht auf Rentabilität in die verfallenden Mietshäuser investieren würden.

Beenden wir an dieser Stelle den kurzen Rückblick auf die Eröffnungsbilanz des Wohnungsbauprogramms. Vorausschauend auf 1990 kann man schon jetzt sagen, daß es nicht gelingen wird, den Wohnungsmangel zu beenden. Wenn darüber hinausgehend bis 1990 vollmundig die Lösung der «Wohnungsfrage» angekündigt wird und damit, wie es durchaus richtig heißt, «ein altes Ziel der revolutionären Arbeiterbewegung» verwirklicht werden soll, dann verheißt dies eine noch viel weiterreichende soziale Anspruchserfüllung, welche die politbürokratische Wohnungspolitik ohnehin niemals leisten könnte. Denn was uns da nach Jahrzehnten bitterer Wohnraumnot bieder als Wohnungsbauprogramm angeboten wird, ist eher der materiale Ausdruck der psychischen Verelendung im Sozialismus, als daß sich darin die Lösung der Wohnungsfrage als «soziale Frage» (im Sinne des marxistischen Begriffs!) auch nur andeutet. Schon jetzt ähnelt das Ganze einer zu enormer Größe aufgeblasenen Laubenkolonie, die als steinernes Abbild der Entmündigung ihrer Bewohner auf diese zurückwirkt. Für die jahrelang in die Wartelisten der Wohnungsämter eingeschriebenen Menschen ist das Bestreben nach einer hohen Wohnkultur verlorengegangen. Geblieben ist dagegen ein abstraktes Interesse an Wohn-«Raum», das Bedürfnis nach einer mietbaren «Portion Wohnraum». Vielleicht liegt hier der Grund, der es der Politbürokratie ermöglichte, die Wohnbedürfnisse der Menschen auf einem so erstaunlich niedrigen Niveau zu halten. «Unter unseren Augen», schrieb Alexander Mitscherlich schon vor mehr als 20 Jahren, «vollzieht sich ein ... Anpassungsvorgang – übrigens in Ost und West – an die vom revolutionären Proletarier einst so verachtete kleinbürgerliche Lebensform. Blickt man auf die Grundrisse der Wohnungen, so bietet sich der bessere Ausdruck Schrumpfbürgertum an, denn es sind eigentlich keine neuen Ideen des Wohnens zum Zuge gekommen.»[39]

Heute erschiene es allerdings angesichts der Analogie der «Unwirtschaftlichkeit der Städte» in Ost und West als Naivität, wenn man mit Mitscherlich lediglich an das Bewußtsein der Städteplaner appellieren und alle Hoffnungen in eine Bodenrechtsreform setzen wollte. Der Bau von Stalinstadt, Schwedt, Halle-Neustadt, Jena-Lobeda, Lichtenberg oder Marzahn, um nur einige Großbaustellen des Sozialismus zu nennen, wurde weder durch geldgierige Bodenspekulanten noch durch Rücksichtnahmen auf das private Bodeneigentum behindert. Und dennoch unterscheiden sich diese Paradebeispiele sozialistischen Bauens nicht im geringsten vom Märkischen Viertel oder anderen bekannten Ergebnissen westlicher Bauwirtschaft. Beton bleibt Beton.

Die alte Stadt, die ehemals ein normativ und kulturell integriertes Ganzes war, fließt funktionell entmischt in gestaltloser Addition der Häuserreihen in eine landschaftliche Umwelt, die sie gleichermaßen wirkungsvoll zerstört wie sich selbst. Entstanden sind «Schlaf»-Städte, Siedlungsverdichtungen – namenlose Absonderungsgebiete, in denen die psychische Verelendung der Menschen gesteigert wird. Aber: Es führt kein Weg zurück in die Stadt des Mittelalters. Selbst die Verwendung enormer materieller Mittel für die detailgetreue Kopie mittelalterlicher Stadtkerne und Fassaden kann daran nichts mehr ändern. Ohnehin beweist der allerorten im Staatssozialismus mit Beifall bedachte Rückfall in den Historismus mehr die vorhandenen Tendenzen zum Verleugnen und Verdrängen der Konflikte, als daß mit diesem Bauverhalten irgendwelche urbanen Probleme gelöst würden. So stellt die staatssozialistische Bürokratie auch in diesem Lebensbereich ihr Unvermögen zur planmäßigen Gesellschaftsgestaltung unter Beweis.

Als materielle Synthese ist die abstoßende Architektur der neuen Stadtteile in erster Linie ein Ausdruck der Unterordnung der menschlichen Lebenswelt unter die Zweckmäßigkeitserwägungen des politbürokratischen Systems. Es gehört aber zu den unerläßlichen Bedingungen einer jeden zeitgemäßen Lösung der «Wohnungsfrage» ebenso wie zur Schaffung einer modernen Architektur, daß das System der Politökonomie schrittweise der Lebenswelt untergeordnet und angepaßt wird. Wenn dieser Prozeß in Gang kommt, dann wird es um ganz andere Dinge gehen, als jeder Familie ein halbes Hundert Quadratmeter Wohnfläche zuzuweisen, wie es unsere Perspektivplanung heute vorsieht.

Ethik des «Optimalverhaltens»

Wie die Anarchie in der Staatsplanwirtschaft zeigt, hat der industrielle Despot überall dort «sein Recht verloren», wo Macht und Geld als Steuerungsmedien das Handeln der Menschen nicht mehr wirkungsvoll bestimmen können. Hier, jenseits aller Aussicht auf Lohn und Strafe, ist der Mensch als moralische Person wieder gefragt. Nachdem sie das einmal erkannt haben, wollen unsere Parteiideologen wenigstens hilfsweise auf die Wirksamkeit von Moral und Ethik setzen, damit der bürokratisch integrierte Handlungszusammenschluß in derartigen Situationen gewährleistet bleibt. Das setzt natürlich die Schaffung einer sozialistischen Ehtik ebenso voraus wie die Bearbeitung der Menschen durch den Staat als Volkserzieher. Mit der Verselbständigung eines auf der Grundlage des Staatsplanes zentral gesteuerten Wirtschaftsprozesses wird aber im ökonomischen Bereich der Gesellschaft die Werkzeug-(die «instrumentale»)Struktur der Arbeitstätigkeit verallgemeinert, was zur Folge hat, daß noch die mitmenschlichen Beziehungen innerhalb der Produzentenkollektive weitestgehend dieser Struktur angepaßt und sittlich ausgetrocknet werden. Im Normalfall erwartet die Staatsproduktion von der Masse ihrer Produzenten bei der Erfüllung ihrer Arbeitsaufgaben gar keine sittlichen Motive mehr. Werden die erteilten Weisungen nicht erfüllt, dann wird auch nicht die böse Gesinnung bestraft. Bestraft wird allein das unplanmäßige Verhalten. Wo immer Anpassung aber als legitime Form der Verfolgung eigener Interessen gilt, da ist moralisches Handeln aus Pflichtgefühl heraus kaum mehr zu erwarten.

In diesem Dilemma verheddern sich alle Entwürfe einer staatssozialistischen Ethik. Denn das Ziel eines solchen Vorhabens ist am Ende die Formierung eines absolut angepaßten Produzenten. Um dieses Ziel zu erreichen, werden in geradezu schamloser Weise alle Werte umbewertet. Als zentraler Wert, an dem sich die sozialistische Persönlichkeit in der Zukunft orientieren soll, gilt den staatssozialistischen Ethikern ein sogenanntes «Optimalverhalten». Schon in seiner sprachlichen Form verweist dieser Wert auf den bürokratischen Konstruktivismus, dem die neue Moral ihre Entstehung verdankt.

Die Ethik des optimalen Verhaltens, so kann man in den

ersten Entwürfen lesen, richtet «die sozialistische Moral auf ein ganz klares und praktisch für jeden gesellschaftlichen Tätigkeitsbereich, ja für jede Persönlichkeit faßbares *Maß des Handelns*, nämlich auf das *Maß des Besten*. Und dieses Maß steht für alle theoretischen und operativen Zwecke deutlich genug vor Augen: Es sind zuerst und vor allem die Ziele des Staatsplans ...»[40]

Was das Gute ist, bestimmt also zukünftig die zentrale Planung! Der ist ein guter Mensch, der ihre Pläne verwirklicht. Denn dem höchsten Gut, welches der Staatsplan festlegt, sind zwangsläufig alle anderen Werte nachgeordnet. Es ist kaum zu glauben, aber selbst das wichtigste Begriffspaar unserer überlieferten Ethik, das «Gute» und das «Böse», will man in dieser Weise neu bewerten. Das «Gute» soll nach dem Willen unserer Ideologen denselben Platz einnehmen wie die «Planerfüllung, das Beste aber – die optimale Überbietung der Planziele – den Platz einer gleichsam positiv negierenden Herausforderung des Guten, die zugleich dem Bösen besonders kraftvoll entgegentritt»[41].

Wohin uns die protestantische Arbeitsethik gebracht hat, das wissen wir inzwischen ziemlich genau; was aus uns aber werden soll, wenn diese moralische Einstellung Gemeingut werden sollte, könnte sich nicht einmal ein Orwell vorstellen. Reales Ergebnis einer solchen Umbewertung aller Werte könnte bestenfalls eine Sklavenmoral sein, die das politökonomische System selbst dort noch abstützt, wo Geld und Macht bisher keine Rolle spielen.

Welches Wertsystem der Staatsplanung vorgeschaltet wird, ob dasselbe planmäßig soziale Ungerechtigkeiten vertieft, die Umwelt zerstört oder die Menschen seelisch und körperlich verkrüppelt, danach fragen unsere famosen Ethiker lieber erst gar nicht. Ihre Ethik des «Optimalverhaltens» entspricht ganz der Auffassung in einer bürokratischen Welt, wonach «die Produktion als Zweck des Menschen und der Reichtum als Zweck der Produktion erscheint». Gemessen daran ist die alte Anschauung, derzufolge einzig der Mensch selbst der Zweck der Produktion sein darf, geradezu erhaben.

Tatsächlich ist bei den Alten kaum eine Untersuchung wirtschaftlichen Verhaltens zu finden, in der nicht zugleich sittliche Maßstäbe erörtert werden. In allen Tätigkeiten, so oder ähnlich lautet meist der Ratschlag, soll der Mensch Übermaß und Untermaß möglichst meiden, sich statt dessen stets auf das Mittlere besinnen, denn dieses ist in der Mehrzahl aller Fälle das Beste. Ungezügeltes Wachstum gilt in allen Weisheitslehren grundsätzlich als Ausdruck größter Unreife. «Der edle Mensch», heißt es im «I Ging», «nimmt etwas weg, wo zuviel ist, damit er es dort hinzufügen kann, wo es zuwenig ist.» Ganz in diesem Sinne belehrte uns auch Platon darüber, daß sich derjenige, der wahre Harmonie zwischen den Menschen stiften will, immer als einer zeigen wird, «der die Verhältnisse des Leibes in bezug auf die Übereinstimmung in der Seele ordnet». Um dieses Ziel zu erreichen, benötigt aber der edle Mensch «in Hinsicht auf sein Handeln und sein Wählen unter den natürlichen, aber nicht lobenswürdigen Gütern einen bestimmten Maßstab sowohl für das Haben (der Güter) als auch für Wahl und Meidung des Zuviel und Zuwenig an Geld und Glücksdingen»[42]. Dieser Maßstab kann natürlich nicht der Plan selber sein. Mögen die Planer ihr «wissenschaftliches» Vorgehen auch noch so sehr beteuern, an der Tugendhaftigkeit der Produzenten ist ihnen ebensowenig gelegen wie an einer wirklichen Ethik der Produktion.

7. ANATOMIE DER «GESCHLOSSENEN GESELLSCHAFT»

Das «Gefesseltsein an den Boden und die Maschinerie»

Die russische Geschichte hat uns den ersten Beweis dafür geliefert, daß die Aufhebung der asiatischen Produktionsweise nicht zur Herabsetzung der Bedeutung des außerökonomischen Zwangs und damit der Angst führt. Politökonomisch erklärt sich dieser Tatbestand aus der formationstypischen Ausgestaltung der Eigentumsverhältnisse im Staatssozialismus. Aus der grundsätzlichen Behauptung, die Produzenten seien im Staatssozialismus Eigentümer und Besitzer der Produktionsmittel, leitet sich für den Staat die Verpflichtung ab, das «Recht auf Arbeit» zu garantieren. Dessen juristische Kehrseite zeigt sich in einer mehr oder minder offen normierten Arbeitspflicht. Die weitgehend leistungsunabhängige soziale «Sicherheit der Existenz», die der Staatssozialismus heute tatsächlich gewährt, sollte schon nach den Vorstellungen Karl Kautskys dasjenige «Gefühl der Ruhe, der Sicherheit, des Gleichmutes» neu beleben, welches den Mitgliedern der alten russischen und indischen Dorfgemeinden zu eigen war. Der Preis, den die Menschen dafür zahlen sollten, das sahen Kautsky und Genossen voraus, konnte nur im Verzicht auf die «Freiheit der Wahl der Arbeitsgelegenheit» bestehen.[43] Nur, es blieb eben nicht bei der Einschränkung des Rechts auf freie Wahl des Arbeitsplatzes.

In der marktwirtschaftlichen Produktion ist es im wesentlichen die stillschweigende Drohung mit der Arbeitslosigkeit, die den unmittelbaren Produzenten diszipliniert und die ihn gleichzeitig an seinen Arbeitsplatz bindet. Dieser sachliche Zwang, den das Kapitalverhältnis auslöst, steht der Politbürokratie von vornherein nicht zur Verfügung. An dieser Sachlage ändert sich entgegen allem Gerede selbst dann nichts, wenn zeitweilig im Gefolge von Rationalisierungsmaßnahmen auch im Staatssozialismus ein Überangebot an lebendiger Arbeit zu verzeichnen ist. Eugen Varga, der gewesene Präsident des Wirtschaftsrates der Ungarischen Räterepublik, war bisher der einzige Staatsplaner, der an eine begrenzte, staatlich geplante Arbeitslosigkeit im Sozialismus ernsthaft gedacht hat. Praktiziert wurde allerdings sein Vorschlag nicht. Im Zusammenhang mit den Moskauer Reformen hat es bereits vergleichbare Vorstellungen gegeben, die jedoch allesamt von Gorbatschow empört zurückgewiesen wurden.

Wo es der Staat selber ist, der den Produzenten zugleich als Eigentümer und Souverän gegenübertritt, nimmt das ökonomische Abhängigkeitsverhältnis der Produzenten dieselbe Form an, «welche aller Untertanenschaft gegenüber diesem Staat gemeinsam ist». In der «Abgeschlossenheit» der sozialistischen Gesellschaft findet diese Unfreiheit ihre allgemeinste Formbestimmung. Die Bindung an den Boden, wie sie schon die alte tributäre Produktionsweise auszeichnet, wird in der industriellen Despotie ergänzt durch die Bindung an die Maschinerie und das Arbeitskollektiv. Wir können deshalb in Anlehnung an den Sprachgebrauch von Karl Marx zur Kennzeichnung unserer Verhältnisse vom «Gefesseltsein an den Boden und an die Maschinerie als Zubehör» sprechen. Und dieses «Gefesseltsein» der Menschen ist die entscheidende Wirksamkeitsbedingung der Politischen Ökonomie des Sozialismus. Denn überall dort, wo sich die Produzenten dem Druck der Macht durch Aus- und Abwanderung ohne weiteres entziehen können, verringert sich die Schlagkraft der ökonomischen Despotie bei der Weiterführung der Industrialisierung.

Grundsätzlich ändert sich an dem hier gegebenen Zustandsbild einer «geschlossenen Gesellschaft» auch dann wenig, wenn die Politbürokratie «Reiseerleichterungen» gewährt oder Menschen aus der «Staatsbürgerschaft entläßt». Hier sind nicht irgendwelche Zahlen im grenzüberschreitenden Verkehr entscheidend. Entscheidend ist allein, ob die Politbürokratie das *natürliche Recht* eines Menschen achtet, sein Land dann zu verlassen, wenn er es will, und in dasselbe nach eigenem Gutdünken zurückzukehren. Die Politbürokratie beutet ja inzwischen bereits nach Kräften das allgemeine Leiden der Menschen an der «Geschlossenheit» unserer Verhältnisse dadurch aus, indem sie Wohlverhalten mit dem Privileg einer temporären Freizügigkeit honoriert. Wollen wir bei dieser Lösung des Problems nicht stehenblieben, müssen wir stets vor Augen behalten, daß es grundsätzlich zwei Formen gesellschaftlichen Wandels gibt: eine, die innerhalb des gegebenen Systems stattfindet, und eine, die aus dem System herausführt. Gegenwärtig versucht die Politbürokratie mit einer Erweiterung der Reisepraxis einen Wechsel in der Gesamtlage zu umgehen. Ein Spiel ohne Ende ist damit eingeläutet, denn es wird eine Lösung erster Ordnung dort versucht, wo uns nur der entschlossene «Sprung über den eigenen Schatten», die verfassungsrechtliche Normierung des subjektiven Rechts auf Freizügigkeit, weiterbringen könnte.

Aus dem politökonomischen Erfordernis der «Abgeschlossenheit» erklärt sich mühelos, warum beispielsweise das Präsidium des Obersten Sowjet noch 1940 jeden selbstbestimmten Arbeitsplatzwechsel kriminalisierte, nachdem schon 1932 mit der Einführung von Inlandspässen jeder freie Verkehr zwischen den Unionsrepubliken unterbunden wurde und bis auf den heutigen Tag das ungenehmigte Verlassen der Sowjetunion als «Landesverrat» strafrechtlich verfolgt wird. Nicht wenige Politökonomen wollen in der berüchtigten Stalinschen Arbeitsverfassung die Rücknahme des doppelt freien Lohnarbeiters und seine Verwandlung in einen Arbeitssoldaten sehen. In Wahrheit hat es den doppelt freien Lohnarbeiter als formationsbestimmenden Produzententypus weder vor noch nach den Oktoberereignissen in Rußland gegeben, so wie es auch eine Herrschaft der Bourgeoisie niemals gegeben hat. Sprechen wir es ruhig noch einmal aus: selbst die Barbarei des Archipel GULAG ist nicht nur eine soziale Deformation! Der GULAG steht zuallererst für eine Arbeitsverfassung, die vorrangig auf den außerökonomischen Zwang in seiner extremsten Form setzt. Und so verschieden davon der gesellschaftliche Wandel im deutschen Staatssozialismus auch verlaufen sein mag, die Dialektik der Gewalt liefert uns auch hier den entscheidenden Schlüssel für das Verständnis der sozialen Verhältnisse.

Der außerökonomische Zwang ist also im Staatssozialismus Wirksamkeitsbedingung für die Inbetriebnahme und den Betrieb der Ökonomik. Der massenhafte Einsatz außerökonomischen Zwangs setzt die «geschlossene Gesellschaft» voraus. Der deutsche Weg in eine solche Gesellschaft wird deutlicher, wenn wir die erste Verfassung der DDR mit der zweiten, der «sozialistischen» Verfassung vergleichen. Hatten die Autoren der ersten Verfassungsurkunde in Art. 10 noch das Recht zur Auswanderung für jeden Bürger formuliert, so wollten die Stifter der «sozialistischen Verfassung» (übrigens «das Werk der Verfassung vom 7. Oktober 1949 in ihrem Geiste weiterführend», wie es heißt) Freizügigkeit nurmehr «innerhalb des Staatsgebietes der Deutschen Demokratischen Republik» gewähren. Damit wurde eine Praxis grundgesetzlich besiegelt, die schon Jahre vor dem Verfassungsentscheid mit dem Paßgesetz von 1954 eingeleitet worden war. Die zwischenzeitlich durch den Bau der Berliner Mauer faktisch vorweggenommene totale Bindung der Produzenten an das Territorium erfuhr auf diese Weise ihre letzte juristische Weihe. Wer heute ohne Genehmigung der Politbürokratie das Land verläßt oder in dieses nach einem Aufenthalt im Ausland nicht zurückkehrt, wird mit Freiheitsstrafe bis zu acht Jahren bedroht. Vorbereitung und Versuch des ungenehmigten Verlassens des Landes werden ebenso bestraft. Bestraft wird auch, wer als Bürger der DDR im Ausland staatliche Festlegungen über seinen Auslandsaufenthalt verletzt. Der Katalog von Maßnahmen, die das «Gefesseltsein» der Produzenten an das Territorium sichern sollen, wird seit dem Erlaß des Paßgesetzes ständig ergänzt. So verabschiedete erst unlängst die sich sonst sportbegeistert gebende Politbürokratie eine «Anordnung über Fluggerät», mit der sie den Besitz, die Herstellung, den Vertrieb und die Benutzung von Drachenseglern, Geräten zum Betreiben des Wasserskifliegens sowie Geräten mit gleicher oder ähnlicher Funktionsweise unter Strafe stellt. Man fürchtet sich vor «Mauerseglern»!

Das alles ist bekannt. Der Gegensatz dieser Praxis zu dem in der Tradition verharrenden Rechtsbewußtsein der Deutschen wird beklagt. Aber nur am Rande gerät zumeist der allgemeine politökonomische Nenner der deutschen Malaise in den Blick. Dabei legt schon die vergleichbare Beschränkung der Freiheitsrechte in den meisten staatssozialistischen Ländern die Vermutung nahe, daß es weniger die Willkür der Politbürokratie ist, die den Strafzwang bewirkt, sondern dem Ganzen formationsspezifische Strukturen zugrunde liegen.

In den frühen sechziger Jahren gab es die verbreitete Illusion, eine prosperierende Ökonomie würde die zahlreichen Freiheitsbeschränkungen überflüssig machen. Tatsächlich aber sind Staatssozialismus und verbürgte subjektive Freiheiten bis heute unvereinbare Größen geblieben. Noch immer ist der Politbürokratie jede Normierung subjektiver Freiheiten in durchsetzbaren Menschen- und Bürgerrechten «für sozialistische Verhältnisse obsolet», da sie derartige Rechte nurmehr als «Resultat und Ausdruck von Gebrechen und Insuffizienzen des Kapitalismus» verstehen will (wie sie ihren führenden Grundrechtsideologen ausgerechnet anläßlich des 30. Jahrestages der UNO-Abstimmung über die «Allgemeine Erklärung der Menschenrechte» verkünden ließ!). Auf diese Weise wahrt die Politbürokratie ihre Salonfähigkeit auf dem internationalen Parkett und tritt ungeniert der «Konvention über Bürgerrechte und politische Rechte» bei (deren Art. 12 lautet: Es steht jedem frei, jedes Land, auch sein eigenes, zu verlassen). Sie verpflichtet sich in feierlicher Form in der KSZE-Schlußakte von Helsinki, freiere Bewegung und Kontakte auf individueller und kollektiver, sei es auf privater oder offzieller Ebene, zwischen Personen der Teilnehmerstaaten zu erleichtern.

Man könnte meinen, mit dem Bau der Berliner Mauer wären für das Gesellschaftsinnere Verhältnisse gesetzt worden, die wenigstens den Abbau mancher anderer für den Staatssozialismus untypischen Rechte hätte überflüssig erscheinen lassen. Wer dieser Auffassung ist, der übersieht jedoch die zunehmende Bedeutung der «Bindung an die Maschinerie». Die Entwicklung des Arbeits- und Genossenschaftsrechts liefert eine Fülle belehrender Beispiele dafür, wie die Politbürokratie beharrlich die Bindung der Produzenten an das Territorium Schritt für Schritt in dieser Richtung ergänzt. Seit Jahrzehnten wird den Bauern die Kündigung ihrer Mitgliedschaftsverhältnisse in der Genossenschaft verwehrt. Auch Lehrer, Bauarbeiter, Absolventen der Hochschulen und andere Beschäftigtengruppen sind von der Einschränkung der Kündigungsrechte betroffen. Teilweise waren die zahlreichen Anordnungen, mit denen die verfassungsmäßig garantierten Rechte beschnitten wurden, sicherlich zeitweilig entstandenen Disproportionen in der Volkswirtschaft geschuldet. Die wesentliche Ursache dafür sind aber die ohne Rücksicht auf die Gesamterfordernisse der Volkswirtschaft beschlossenen Schwerpunktvorhaben (z. B. Ausbau der Hauptstadt mit dem Nikolaiviertel als «Schaufenster zum Westen»), die ohne die autoritätsmäßige Steuerung des gesellschaftlichen Arbeitsvermögens grundsätzlich nicht durchführbar wären.

Im übrigen entspricht die Vorstellung einer individuellen Wahl des Arbeitsplatzes ohnehin nicht den Grundsätzen einer sozialistischen Planwirtschaft. Unbemerkt von der Öffentlichkeit hat die Politbürokratie unlängst den logischen Schluß aus dieser Erkenntnis gezogen und eine «Anordnung» erlassen, mit deren Hilfe auf indirekte Weise die «freie Wahl des Arbeitsplatzes» unterbunden werden kann. Augenscheinlich nicht stark genug, um das traditionelle Kündigungsrecht der Produzenten gesetzlich aufzuheben, ließ sie ihren Staatssekretär für Arbeit und Löhne die Verfassungsänderung kurzerhand auf dem Verwaltungswege erledigen. Die Produzenten behalten zwar formal weiterhin ihr hergebrachtes Kündigungsrecht, die Betriebe aber dürfen Arbeitsverträge nur noch mit der Genehmigung durch die Ämter für Arbeit abschließen, gleichgültig ob die Betriebe Arbeitskräfte benötigen oder nicht. Mit der datenmäßigen Erfassung des gesamten gesellschaftlichen Arbeitsvermögens, die mit dieser Aktion in aller Stille vollzogen wurde, sind nunmehr alle Voraussetzungen für eine uneingeschränkte Zwangslenkung der Arbeitskräfte gegeben.

Angesichts dieser Entwicklung des sozialistischen Rechts ist es angebracht, ehemals als «vertragliche» Beziehungen begriffene Bindungen der Produzenten an die Betriebe nunmehr als Beziehungen öffentlich-rechtlicher Natur zu verstehen. Was das Recht dazu auch sagen mag, der «Arbeitsvertrag» der Werktätigen in der sozialistischen Produktion beinhaltet nichts anderes als deren Dienstpflicht gegenüber dem Staat (den auf sie entfallenden Anteil an der gesellschaftlichen Gesamtarbeit, wie ihn die Politbürokratie festlegt). Was «vereinbart» wird, ist sowieso im Normativen vorgegeben. Man kann sagen, je weniger der Individualwille im konkreten Fall beim Abschluß eines Arbeitsvertrages eine Rolle spielt, um so deutlicher wird, daß es sich dabei gar nicht mehr um eine vertragliche Absprache, sondern um den Arbeitsbefehl des sozialistischen Staates handelt. Natürlich leuchtet dieses wahre Wesen ihres «Arbeitsvertrages» den meisten Produzenten erst in dem Moment ein, wenn der mit Macht gesteuerte Prozeß der staatssozialistischen Produktion in diese Phase der «intensiv erweiterten Reproduktion» übergeht und sich damit das Angebot an offenen Stellen drastisch verringert. Augenscheinlich ist der deutsche Staatssozialismus Mitte der achtziger Jahre in diese Phase eingetreten. Seitdem wird die in «Staat und Revolution» von Lenin entworfene Arbeitsverfassung annähernd buchstabengetreu verwirklicht: «Alle Bürger verwandeln sich... in entlohnte Angestellte des Staates... Alle Bürger werden Angestellte eines das gesamte Volk umfassenden Staats‹syndikats›.»[44]

Treuepflicht oder Freiheit?

Die in letzter Instanz mit strafrechtlichen Mitteln abgesicherte Bindung der Produzenten «an den Boden und die Maschinerie als Zubehör» ist nicht nur Voraussetzung für den Betrieb einer staatssozialistischen Ökonomik. Sie ist gleichermaßen Bestandteil einer Politik, die jede freiheitliche Stellungnahme der Menschen zur bestehenden Herrschaftsform mit Macht unterbinden will. Denn formal setzen Freiheit und Selbstbestimmung im Handeln voraus, daß es dem Mitglied einer Gesellschaft nicht nur erlaubt ist, auf die Imperative der Macht mit einem begründeten Nein zu erwidern, sondern ihm ebenso die Möglichkeit gegeben ist, seiner Gesellschaft aus eigenem Entschluß den Rücken zu kehren. Ist den Menschen die Möglichkeit der Wahl eines eigenen Lebenswegs außerhalb der staatlich gesetzten Grenzen genommen oder unerträglich erschwert, verliert auch das in der sozialistischen Kooperation der Produzenten enthaltene «Ja zum Bestehenden» an Gewicht, da dieses einzig im gequälten Tonfall eines Gebundenen ausgesprochen werden kann. Insofern wird die faktische Zustimmung der Menschen, die in dieser historischen Form einer Doppelbindung miteinander kooperieren müssen, von vornherein entwertet. Der mit bombastischer Dramaturgie bei jeder Gelegenheit inszenierte «Stolz unserer Werktätigen auf die sozialistischen Errungenschaften», der eben dieses faktische Einverständnis mit der Politik der Staatspartei gefühlsmäßig symbolisieren soll, geht unter dem Eindruck des erzwungenen Konsenses nur noch bei denen unter die Haut, die sich selber mit der Propaganda verwechseln können, die mit ihnen betrieben wird. Wer dagegen den bitteren Beigeschmack nicht los wird, den solcherlei Schaustellungen gewöhnlich selbst bei einigermaßen hartgesottenen Gemütern hinterlassen, und wer es nicht fertigbringt, sich selber als Helden einer Arbeit anzusprechen, zu der es ohnehin keine Alternative gibt, der erlebt sich ohnmächtig gegenüber dem Bestehenden. Unter diesen Umständen ist es kein Wunder, wenn sich auf der Grundlage einer Seinsweise im Schatten der Mauer über drei Jahrzehnte hinweg ein schizoides Bewußtsein entwickelt hat, welches in immer verdrehteren Wendungen über den heißen Wunsch hinwegredet, noch in diesem Leben die verhaßte Mauer zu stürmen. Und doch weiß jeder, was er gemeinsam mit allen anderen verschweigt.

Die Staatspartei hat unverständlich lange Zeit gezögert, bis sie auch in der Theorie die zentrale Rechtsfigur über die Lippen gebracht hat, in der die Gebundenheit des kollektivierten Individuums und die Abgeschlossenheit der Gesellschaft ihren idealen Ausdruck findet. Seit kurzer Zeit ist es nun die «Treuepflicht des einzelnen zu seinem sozialistischen Staat», mit der die juristische Dogmatik die synthetisierende Form fassen will, in welcher sich die

Rechtsposition des Menschen im Sozialismus zusammenschließt. «Die Zugehörigkeit des Bürgers zum Staatsvolk mit der Konsequenz, daß ihm alle staatsbürgerlichen Rechte und Pflichten gegeben sind, läßt von ihm – unabhängig vom Ort seines Aufenthaltes – eine Haltung erwarten, die nicht nur den einzelnen Bürgerpflichten entspricht, sondern die auch das Bekenntnis zu dieser Staatsordnung mit ihren Grundlagen und Zielen einschließt.»[45] Eine so verstandene Treuepflicht «ist nicht mit einer lediglich juristisch zu erfassenden Pflicht identisch, obwohl sie natürlich juristische Komponenten einschließt. Vor allem aber ist sie eine politisch-moralische Kategorie, die den gesellschaftlich möglichen und gebotenen Minimalanspruch an jeden Bürger enthält.»[46]

Der Bürger soll sich also nicht nur rechtlich «gebunden» fühlen. Gesetzestreues Verhalten allein reicht im Staatssozialismus nicht aus, um den Ansprüchen der Macht zu genügen. Der Bürger soll darüber hinaus eine Art «moralisches Gefühl» für seine «Bindung an das Territorium» entwickeln. Und er soll vor aller Welt ein Bekenntnis zum Sozialismus ablegen. Eine Pflichtenregelung in dieser Form kann natürlich schon aus ganz pragmatischen Gründen niemals zu den von der Macht bezweckten Ergebnissen führen (der aufmerksame Leser wird die darin enthaltene «Sei – spontan!»-Paradoxie bemerken); wozu eine solche Pflichtenregelung aber führen kann, ist, daß Lippenbekenntnisse abgegeben werden und diejenigen Menschen Nachteile erleiden, die sich an der allgemeinen Speichelleckerei nicht mehr beteiligen wollen.

An der bürokratischen Rechtskonstruktion einer Treuepflicht fallen sofort zwei Momente auf: Einerseits der Versuch, mit dieser Pflichtregelung die seit Jahrhunderten das moderne Recht kennzeichnende Ablösung von der Ethik rückgängig zu machen; zum anderen der dieser «Kategorie» anhaftende Sinn für das Vor-Vernünftige, Urtümliche, der unbekümmert auf archaische Relikte im Rechtsbewußtsein der Menschen setzt. Mit ihrem gezielten Rückgriff auf die das ganze Mittelalter beherrschende Kategorie der Treue verfolgt die Politbürokratie zweifellos nicht nur propagandistische Zwecke. Mit der Konstruktion einer «Treuepflicht» im Sozialismus richtet sich die Politbürokratie direkt gegen den modernen Freiheitsbegriff. Auf der Grundlage einer Neuordnung des moralischen Pflichtenkatalogs will man Einstellungen erzeugen, welche die Selbstbindung an das Territorium, die Maschinerie und die Grundlagen und Ziele der Staatsordnung als Selbstverständlichkeit empfinden.

Wie die Geschichte zeigt, geht die Überwindung der tributären Produktionsweise in ihren klassischen Zentren nirgendwo mit einer konsequenten Normierung und Gewährleistung subjektiver Rechte einher. In diesem Rechtskreis zielt die Normierung einer Treuepflicht lediglich auf die Erhaltung überkommener Erwartungen ab. Wie liegen die Dinge aber im deutschen Staatssozialismus (dieselbe Frage stellt sich naturgemäß auch für die ČSSR, die VR Polen, die UVR und andere Länder diesseits der Grenzscheide)? Immerhin sieht sich dieser mit einer Rechtskultur im Widerspruch, die es dem einzelnen nach wie vor erlaubt, Freiheit als Recht zu verstehen, ohne dabei zwanghaft an korrespondierende Pflichten denken zu müssen. Das aber hat praktisch-politische Folgen: Beschränkungen des Rechts auf freie Meinungsäußerung, der Gewissensfreiheit, überhaupt der persönlichen und politischen Rechte können vor diesem Hintergrund nicht mehr überzeugend mit dem Hinweis begründet werden, daß die davon Betroffenen ihnen auferlegte staatsbürgerliche Pflichten nicht erfüllt haben (z. B. nicht arbeiten, Steuern nicht abgeführt haben, ihrer Wahlpflicht nicht nachgekommen sind usw.). Grundsätzlich dürfen Freiheitsbeschränkungen aus der Sicht dieser Freiheitsauffassung nur noch um der Freiheit selbst willen erzwungen werden. Und eine Politik, die diesen Grundsatz verletzt, wird als Unterdrückung verstanden.

Wenn der Staatssozialismus heute eine Treuepflicht seiner Bürger zum Staat postuliert, dann geht er zurück zu archaischen, vom europäischen Rechtsdenken längst überwundenen Rechtsvorstellungen. Mit dem bürokratischen Dogma der «Einheit von Rechten und Pflichten» wird der Versuch unternommen, einen Großteil der rechtsgeschichtlichen Entwicklung rückgängig zu machen, die mit den naturrechtlich begründeten Menschenrechtserklärungen ihren Anfang nahm. Indem sie allesamt behaupteten, der Mensch sei von Natur aus frei geboren, formulierten sie das normative Kontra gegen die enge Verflechtung von Rechten und Pflichten, mit deren Hilfe der mittelalterliche Mensch in natürwüchsige Bindungen gezwängt wurde.

Mit der Konzeption unveräußerlicher Menschenrechte, deren Gewährleistung nicht mehr abhängig sein sollte von der Erfüllung korrespondierender Pflichten, wurde der ganzen Menschheit die Möglichkeit eröffnet, *Freiheit als Recht* zu denken. «Die Gesetze sind...» schrieb der junge Marx unter dem Eindruck dieses Novums, «die positiven, lichten, allgemeinen Normen, in denen die Freiheit ein unpersönliches, theoretisches, von der Willkür des einzelnen unabhängiges Dasein gewonnen hat...»[47] Marxens Euphorie wird verständlich, wenn man begreift, welcher geistig-praktische Sprengsatz gezündet wurde, als Menschen erstmalig in der Geschichte dazu übergingen, massenhaft ihre Freiheit als angeborenes Recht zu verstehen *und* dieselbe in ein System subjektiver Rechte umzuformen. Über die Konstruktion einer Treuepflicht, mit deren Hilfe man den Menschen entgegen dem Recht auf Meinungsfreiheit ein Bekenntnis zum sozialistischen Staat abpressen will, hätte es einem Mann wie Marx glattweg die Sprache verschlagen. Wahrscheinlich hätte Marx eine derartige Zumutung als Versuch aufgefaßt, die im Augsburger Religionsfrieden zwischen den Reichsständen und Ferdinand I. ausgehandelte Formel des «cuius regio, eius religio» in die Moderne hinüberzuretten. Und das ausgerechnet auf einem Staatsgebiet, innerhalb dessen vor 400 Jahren Johann Sigismund als erster deutscher Fürst auf die Konfessionshoheit verzichtet hatte und in dem man Wert darauf legte, Menschen nach ihrer eigenen Façon selig werden zu lassen. (Wer mag heute eigentlich noch daran glauben, unser Land könnte wieder zur Heimstatt politischer Emigranten und religiös Verfolgter werden, was es doch einmal wegen seiner ideologischen Toleranz gegenüber Hugenotten, Salzburger Protestanten, Waldensern, schottischen Presbyterianern und Juden wirklich gewesen ist?)

Natürlich enthält der moderne Freiheitsbegriff – gemessen an mittelalterlichen Gesellschaftsvorstellungen – in gewisser Weise einen Freibrief für individuelle Willkür! Daran besteht gar kein Zweifel. Deshalb hängt jeder modernen Freiheitsauffassung der Geruch von Anarchie und Asozialität an. Und diesen Geruch wittern Staatsideologen prompt, sobald von einer Freiheit die Rede ist, die sich nicht in die Einsicht der bürokratischen Notwendigkeiten bescheiden will. Dabei übersehen alle besoldeten Gesinnungsschnüffler jedoch tunlichst, daß die moderne Freiheit, welche die Aufklärung von Kant bis Marx meint, immer schon *zweistufig* konzipiert wurde und sich zu keiner Zeit darin erschöpfen sollte, daß der einzelne Mensch nur nach seinem Gutdünken den Erwartungen der Staatsmacht widerspricht. Das JA oder NEIN, mit dem der aufgeklärte Mensch auf die Angebote der Macht antwortet, sollte weder auf äußeren Druck noch auf Leidenschaften oder Launen zurückgehen. Wie keine andere Bewegung es jemals getan hat, verweist die Aufklärung den Menschen auf den Gebrauch der eigenen Vernunft. Als «vernünftig» aber sollte menschliches Handeln allein dann gelten, wenn es sich mit guten Gründen an Wahrheit und Gerechtigkeit auszurichten wußte.

Warum die Mauer «unmoralisch» ist

Daniel Vernet: Im Westen und insbesondere in Frankreich verbindet sich das Bild der DDR zunächst mit der Mauer. Können Sie sich eine Situation in Europa vorstellen, die den Abriß der Mauer gestattet?

Erich Honecker: Sie wissen, daß es bis zum 13. August 1961 weder in Berlin noch an der Grenze zur BRD eine Mauer gab. Diese Lage wurde ausgenutzt, um die DDR auszuplündern. Wenn die Ursachen, die zum Bau der Mauer führten, verschwinden, wird auch die Mauer verschwinden. Solange die Ursachen bestehen, bleibt auch die Mauer. Die Existenz dieser kontrollierten Grenze führte in Europa eine Situation herbei, die später die Konferenz von Helsinki ermöglichte. Die durch die Existenz der Mauer geschaffene Stabilität führte zur Anerkennung der beiden deutschen Staaten und schließlich zur KSZE... Im übrigen fällt die Art der Kontrolle einer Grenze in die Souveränität eines jeden Staates.

Aus einem Interview, das Daniel Vernet 1985 mit Erich Honekker für die französische Zeitung *Le Monde* geführt hat.

Wer die monströse Beziehungsfalle öffnen will, in die wir seit dem dreizehnten August 1961 geraten sind, der wird nach einem Durchgang der Politischen Ökonomie des Sozialismus enttäuscht feststellen, daß allein in der üblichen Form einer «Kritik der politischen Ökonomie» die Rechtfertigung der «Abgeschlossenheit» des Staatssozialismus kaum zu erschüttern ist. In gewisser Weise wird mit einer Kritik der politischen Ökonomie der Schein der Unvermeidlichkeit des Bestehenden sogar bestätigt. Denn die Menschen billigen oftmals dem, was unvermeidlich zu sein scheint, Legitimität zu. Wer fragt sich denn schon einmal, wem die allseits geforderten Einsichten in die von der

Politbürokratie verkündeten Notwendigkeiten dienen? Solange das Gefühl der Unvermeidlichkeit des Bestehenden solche Selbstbefragung lähmt, wird es aber weder moralische Empörung noch praktisches Handeln geben. Bevor dergleichen geschieht, müssen Menschen die Ungerechtigkeiten, die sie erdulden, überhaupt erst einmal als solche ansehen.

Diese Einsicht in die Unmoral des Bestehenden kann dann bedeutsam werden, wenn dieselben Menschen sich in ihr Bewußtsein zurückrufen, daß die Welt, in der wir leben, stets eine Welt ist, in der «die Dinge auch anders sein könnten als sie sind». Bewußtsein in dieser Form ist nicht angewiesen auf ein Denken in den moralisch sterilen Kategorien des «wissenschaftlichen Sozialismus». Empören sich mittelalterliche Bauern beispielsweise darüber, daß sie in Schuldknechtschaft leben, und sagen diese Bauern sich, die Freiheit von jeder Schuldknechtschaft sei Gottes Gebot, denn Gott habe den Menschen nicht hörig, sondern frei geschaffen, dann spricht sich in dieser Idee und dem darauf gründenden Bewußtsein von Freiheit ergreifend die moralische Nötigung zum Handeln aus. Die Nötigung aber entspringt in letzter Instanz weder der materiellen Not (ein Grund, der in den reichen Industrieländern ohnehin immer seltener wird) noch der Entwicklung des «gesellschaftlichen Denkens»! Insofern ist es gar keine Frage, daß so mancher Bibelspruch (etwa Matth. 5,6) den menschlichen Gerechtigkeitssinn mehr schärft als der ganze «wissenschaftliche Sozialismus» zusammengenommen. Natürlich führt die Schärfung des Gerechtigkeitssinnes für sich genommen keine politischen Veränderungen herbei. Doch ohne die Stärkung der moralischen Urteilskraft der Menschen dürfte eine Veränderung der Verhältnisse zum Besseren nicht möglich sein.

Das vorausgeschickt soll nunmehr unter dem Blickwinkel einer universalistischen Ethik die spezielle «Rechtfertigung der Bindung des Individuums an den Boden», wie sie das herrschende Bewußtsein prägt, geprüft werden. Wie nachzulesen ist, sind die dazu von der Politbürokratie vorgetragenen Begründungen mit der Zeit immer dürftiger geworden. Vom «antifaschistischen Schutzwall», der die Berliner Mauer doch einst sein sollte, spricht inzwischen niemand mehr. Der sprachliche Wandel verdeutlicht bereits die Untauglichkeit der nach dem dreizehnten August verkündeten amtlichen Rechtfertigung des Mauerbaus. Ehemals wurden aber die entsprechenden «Maßnahmen» tatsächlich damit begründet, «daß eine dem Frieden äußerst gefährliche Situation durch die Maßnahmen der Regierung der DDR auf friedlichem Wege bereinigt worden ist» (Walter Ulbricht). Heute ist dieses Argument verschlissen, da nicht einzusehen ist, daß eine dem Anspruch der Menschen nach Aufenthalts- und Bewegungsfreiheit genügende, staatlicherseits kontrollierte Aus- und Einreise den Frieden gefährden könnte. Eher schon ist das Umgekehrte der Fall.

Ethisch verfänglicher ist hingegen ein anderes zeitgenössisches Argument, das den «größten wirtschaftlichen Aufschwung» zwischen Elbe und Oder mit der Tatsache in Zusammenhang bringen will, daß seit den Grenzmaßnahmen «keine fremden Finger mehr in unsere Tasche greifen können» (Willi Stoph). Unbestreitbar hatte der in den fünfziger Jahren außer Kontrolle geratene grenzüberschreitende Verkehr zu wirtschaftlichen Verlusten geführt. Gleichwohl stand diesbezüglich von vornherein fest, daß die Kontrolle des Devisenumlaufs ebenso wie die Sicherung des staatlichen Außenhandelsmonopols nicht auf die im Zusammenhang mit dem

Grenzregime verhängten Freiheitsbeschränkungen gegenüber der Bevölkerung angewiesen waren. Ungeachtet dessen sollte der mit der Nacht-und-Nebel-Aktion des Mauerbaus gewaltsam erzwungene Verzicht auf verbriefte Grundfreiheiten – das war und ist der einzige rationale Grund aller Rechtfertigungsparolen – durch das Zugeständnis wirtschaftlicher Vorteile gegenüber jedem einzelnen wettgemacht werden. Damit wollte man schrittweise machtpolitisch gesicherteren Verhältnissen den Weg bereiten.

Ethisch konnte diese vulgäre Nutzenrechnung schon deshalb nicht aufgehen, da die ihr zugrundeliegende praktische Vorschrift: «Verzichtet auf die Freiheit, dahin zu gehen, wohin ihr wollt, damit ihr im Wohlstand lebt!» von vornherein ausschließlich an den materiellen Begierden der Menschen anknüpfte. Der Mensch als moralische Person wurde in dieser Argumentation nicht ernst genommen. Im Grunde genommen ist damit gar keine so unpopuläre Anordnung der Werte gesetzt, vorausgesetzt, die Politbürokratie ist ausreichend bei Kasse. Es ist genau die Moral, die der Brechtsche Macheath im zweiten «Dreigroschen»-Finale aller Welt verkündet:

«Wie ihr es immer dreht und wie ihr's immer schiebt,
Erst kommt das Fressen, dann kommt die Moral.»

Man darf wohl bezweifeln, ob die «Dreigroschen»-Moral dort noch gilt, wo große Teile der Bevölkerung an Fettleibigkeit leiden. Der wirkliche Springpunkt ist das jedoch nicht. Wissen muß man vielmehr, daß mit der Vorrangregel, die Macheath sich zu eigen gemacht hat, jede polizeistaatliche Macht mitsamt den dazugehörigen Freiheitsbeschränkungen gerechtfertigt werden kann. Eine solche Macht ist nach dieser Moral nämlich nicht nur zulässig, sie ist sittlich geradezu geboten, wenn es mit ihrer Hilfe möglich ist, den Gesamtwohlstand in einer Gesellschaft weiter anzuheben.

Mit ihrer Mauer-Moral trübt die Politbürokratie das öffentliche Bewußtsein. Verworrenheit, innere Bedrängnis und Wahnvorstellungen der Menschen werden verstärkt. Für ihre lebensweltlichen Beziehungen brauchbare Hinweise enthält diese Moral nicht. Vor die konkrete Frage gestellt, wie der einzelne sich dem Ausreisewunsch und damit dem Anspruch seines Mitbürgers auf Freizügigkeit gegenüber verhalten soll, muß jeder selbst mit sich zu Rate gehen. (Man müßte sich die Frage stellen: Wenn sich ein jeder, sobald es seiner Meinung nach dem Sozialismus dienlich ist, für berechtigt hielte, andere daran zu hindern, da hinzugehen, wohin sie wollen, und wir wären an diese Ordnung der allgemeinen Angelegenheiten gebunden, wären wir dann in dieser Ordnung in freier Übereinstimmung mit unserem eigenen Willen?) Geschieht das ehrlich und offen, so gelangt jeder vernünftige Mensch alsbald zu der Gewißheit, daß eine Institution moralisch schlecht und damit ungerecht ist, die den Menschen dauerhafte Freiheitsbeschränkungen auferlegt, gleichgültig ob damit die Machterhaltung der Politbürokratie oder die Anhebung des allgemeinen Wohlstands bezweckt ist. Bemerkt jemand anläßlich einer solchen Selbstbefragung, daß es ihm klammheimlich Freude bereitet, wenn andere, die ihrem Wunsch nach Freizügigkeit Ausdruck verleihen, von der Polizei schikaniert werden, weiß er ebenfalls, daß seine Haltung unmoralisch ist. Denn alle Freude, die aus der Benachteiligung anderer herkommt, ist in sich selbst unrecht.

Mit ihrer schikanösen Praxis spekuliert die Politbürokratie auf die unausgesprochenen Ressentiments der Zurückbleibenden. (Wenn ich schon hierbleiben und die verordneten Freiheitsbeschränkungen ertragen muß, dann soll es anderen nicht besser gehn!) Deren widernatürliche Duldsamkeit wird moralisch aufgemöbelt mit dem Hinweis auf den Grundsatz, daß derjenige, der die Vorteile des Staatssozialismus in Anspruch nimmt, auch dessen erklärte Nachteile in Kauf nehmen muß. Der richtige Grundsatz, den die Politbürokratie in diesem Zusammenhang verballhornt, ist der, daß man als Nutznießer eines kollektiven Unternehmens, welches ohne freiheitsbeschränkende Regeln nicht auskommt, denen die Einhaltung dieser Regeln schuldig ist, aus deren normgerechtem Verhalten man selber Vorteile zieht. Denn andere auszunutzen ist unmoralisch. So zutreffend dieser Grundsatz ist, er gilt natürlich nur unter der Voraussetzung, daß die betreffenden freiheitsbeschränkenden Regeln die Vermutung zulassen, sie würden unter Freien und Gleichen aus guten Gründen vereinbart werden.

An den Maximen einer universalistischen Ethik gemessen, ist die «Bindung des Individuums an das Territorium und die Maschinerie als Zubehör» gewiß nicht weniger archaisch als die Schollengebundenheit des Feudalismus. Dingliches Symbol dieser Bindung an das Territorium ist die Mauer. Sie steht im direkten Gegensatz zu dem Sinnbild europäischer Freiheit, das in mancherlei Formen selbst dem Mittelalter gegeben war, der *Freizügigkeit*. Unvermeidlich erzeugt dieses Symbol Gefühle des Gefangenseins. Für das gegenwärtige Zeitalter ist es aber geradezu charakteristisch, daß sich die räumliche Reichweite menschlichen Handelns in einem zuvor nie gekannten Maße ausgeweitet hat. Es entspricht dem Zeitgeist, wenn der moderne Mensch überall in der Gewißheit lebt, er könne die Welt auch noch in deren ihm unbekannten Räumen erreichen. Gemessen an diesem Horizont gegebener

Möglichkeiten, unsere Welt in die eigene Reichweite zu bringen, ist jede Fesselung an ein Territorium hinterwäldlerisch. Freilich schließt das nicht aus, daß die durch den Mauerbau erzwungene unnatürliche Gemeinsamkeit, in der wir leben, von manchen als «Geborgenheit» erlebt und genossen wird. Vielleicht ist es ratsam, noch weiter in die Vergangenheit zurückzublicken, um sich der Archaik des Lebens im Sozialismus bewußt zu werden. Wiederholen wir am Ende gar den atavistischen Streit zwischen «Seßhaften» und «Nomaden», den das moderne Recht ein für allemal mit der Anerkennung des Anspruchs auf die freie Wahl des Aufenthalts schlichten wollte? Weniges dürfte wohl die Gewalt des wieder erwachten Wandertriebes so anstacheln wie die Verweigerung der Freizügigkeit.

Nach dieser Andeutung auf das, was sich heute als «Vergangenheit» breitmacht, will ich jetzt noch einmal an die Weisheit des kulturellen Erbes erinnern. Im europäischen Denken findet sich eine Fülle wohldurchdachter Einwendungen gegen jede Form der Bindung des Menschen an ein staatliches Territorium mittels Gewalt. Für die Aufklärung ist insoweit das epochale Werk «Dei delitti e delle pene» bedeutsam, das der Humanist Carl Ferdinand Hommel unter dem Titel «Des Herrn Marquis von Beccaria unsterbliches Werk von Verbrechen und Strafen» kommentiert und in Deutschland verbreitet hat.[48] In diesem Buch wirft Cesare Beccaria vor mehr als zweihundert Jahren die uns berührende Frage auf, «ob es der Nation schädlich oder nützlich ist, einem jeglichen Mitglied die Freiheit zu gestatten, das Land zu verlassen?». Die wichtigsten Gründe, die der Marquis von Beccaria gegen ein gesetzliches Verbot des Verlassens ins Feld führt, haben nichts von ihrer Gültigkeit verloren.

Erstens: Damit das Recht als Institution das leisten kann, was vernünftige Menschen von ihm erwarten, müssen wenigstens seine grundlegenden Normen zustimmungsfähig sein. Kein Mensch aber würde sich freiwillig «einmauern» lassen.

Zweitens: Wenn die gesetzlich verordnete «Bindung an das Territorium» nicht vernünftig begründet werden kann, dann muß die daraus resultierende Rechtslage demoralisierend auf die Menschen wirken. Das Volk sieht «die Strafe», wie Marx einmal gesagt hat, «aber es sieht nicht das Verbrechen, und weil es die Strafe sieht, wo kein Verbrechen ist, wird es schon darum kein Verbrechen sehen, wo die Strafe ist»[49]. – «Aus diesem kann ein weiser Vorsteher der öffentlichen Glückseligkeit einige nützliche Folgen ziehen», sagt Beccaria – nämlich: «*Daß man aus einem Staate kein Gefängnis machen müsse*... Das Verbot selbst, nicht außer Landes zu gehen, macht die Eingeborenen nur noch lüsterner, ihr Vaterland zu verlassen, und dient Ausländern zur Warnung, sich nicht darinnen niederzulassen. Was soll man von einer Regierung denken, die außer der Furcht und Strafe kein anderes Mittel hat, die Menschen im Schoße ihres Vaterlandes zu erhalten, an welches sie doch bereits ohnehin durch einen selbst eigenen Hang von erster Kindheit an, durch die Natur, gleichsam gefesselt sind?»

Drittens: Das betreffende Verbot muß notgedrungen schon die Absicht des Verlassens bestrafen, denn: «Hat der Entwichene alles mit sich weggenommen, so kann er ja nicht mehr gestraft werden. Man kann ja die Entweichung nicht eher bestrafen als bis sie begangen und er außer unsren Händen ist...» Wie die sozialistische Strafrechtspraxis zeigt, sind die Befürchtungen des Marquis nur allzu begründet. Auf der Grundlage geltenden sozialistischen-

Strafrechts wird beispielsweise derjenige bestraft, der am 1. Januar in der Absicht eine Eisenbahnfahrkarte löst, dieselbe am darauffolgenden 31. Dezember für die Fahrt an den ausgewählten Ort des ungesetzlichen Grenzübertritts zu benutzen. Im Vergleich dazu: Wer sich am selben Tage Einbruchswerkzeug besorgt, der kann erst dann bestraft werden, wenn er mit der Ausführung seines Einbruchs beginnt. Bestraft wird demnach bereits der Gedanke, die Bindung an das Territorium und die Untertanenschaft aufzukündigen. Gesinnungsgesetze dieser Machart sind, wie Marx einmal gesagt hat, nichts weiter als «positive Sanktionen der Gesetzlosigkeit». Da solche Gesetze immer noch nicht anerkennen wollen, daß wenigstens die Gedanken frei sind, verletzen sie die Gerechtigkeitsgefühle der moralischen Person, ganz zu schweigen von der Gesinnungsschnüffelei, die mit ihrer Hilfe in Gang gesetzt wird.

Viertens: «Wollte man den Schuldigen nach seiner Rückkunft strafen, so wäre dieses ebensoviel, als geflissentlich die Zurückkehrung eines verlorenen Bürgers unmöglich machen und die Abwesenden mit Verschließung der Tore zu einem immerwährenden Außenbleiben zu nötigen.» Die empirische Wirkung der angedrohten und ausgesprochenen Strafen, mit deren Hilfe ein gesellschaftlicher Verkehrszusammenhang zwangsweise aufrechterhalten werden soll, erzielt also zuletzt das genaue Gegenteil des angestrebten Zwecks. Die Rückkehr der Rückkehrwilligen wird vereitelt. Nicht Versöhnung ist damit das Ergebnis dieser Rechtsanwendung, sondern der totale Abbruch gewachsener menschlicher Beziehungen.

In diesem Rahmen wird dem, der sich kompromißlos für den Anspruch auf Freizügigkeit einsetzt, immer wieder die besorgte Frage gestellt, ob nicht gerade die sozialistische

Gesellschaft auf die Menschen angewiesen ist, die unter ihren Verhältnissen leiden? Unbestritten werden diese Menschen gebraucht. Sind sie es doch, die sich am klarsten dessen bewußt sind, wie unerträglich die Bindung an das Territorium ist. Für sich genommen ist das aber kein Grund, die politbürokratische Schollengebundenheit zu rechtfertigen! Unter das vor fünf Generationen in deutschen Ländern etablierte Niveau formaler Freiheit können wir nicht einfach zurückfallen. Wer das wirklich will, der muß sich sagen lassen, daß er einen minderen Rechtsstatus für sich reklamiert, als ihn sächsische Hintersassen am Vorabend der bürgerlichen Revolution von 1848 innehatten (Sachsen, Verfassung vom 4. September 1831 Art. 29: Jedem Untertan steht der Wegzug aus dem Lande ohne Erlegung einer Nachsteuer frei...).

8. STAATS-SICHERHEIT UND STRAFRECHT IM SOZIALISMUS

Feierliches Gedenken an Andrej J. Wyschinski

«Als Stalin starb, war den Völkern ein Vater gestorben. Mit Andrej Januarjewitsch Wyschinski verloren sie einen ihrer klügsten, leidenschaftlichsten, erfahrensten Kämpfer für den Frieden... Ich habe lange nachgedacht, wann ich die erste bewußte Begegnung mit Wyschinski hatte. Ich meine jene erste aufrüttelnde Begegnung mit seinem Werk, die zugleich eine Begegnung mit seiner Persönlichkeit war, die wie ein Blitz einschlug und jene Flamme der Begeisterung entzündete: das ist es, was wir suchen. Es war nicht seine 1949 bei uns erschienene Schrift über die Lehren Lenins-Stalins von der proletarischen Revolution und vom Staat... Das waren erst die im Jahre 1951 erschienenen ‹Gerichtsreden›. Vielleicht waren wir, suchend und tastend, damals gerade an den Punkt unserer Entwicklung gekommen, wo wir zu verstehen begannen, um was es ging: Wir hatten die erste Bekanntschaft mit der sowjetischen Rechtswissenschaft, insbesondere mit dem sowjetischen Strafrecht gemacht – nach Gesetzestexten, nach Lehrbüchern –, und nun wurde dieses alles uns lebendig in der Fülle seiner Anwendung, wurde es lebendig in

Beispielen, die denen unserer eigenen Periode ähnlich waren; hier erlebten wir Gesetz und Recht in Aktion.

Und so wurde Wyschinski unser Lehrer in der Anwendung des Rechts beim Aufbau des Sozialismus.»

Hilde Benjamin

Was die Symbolfigur DDR-deutscher Nachkriegsjustiz in ihrem Nachruf auf den im November 1954 verstorbenen ehemaligen Menschewiki und späteren Ankläger in den Schauprozessen der Jahre 1936 bis 1938 gegen die Führer der Bolschewiki und die Gründer des Sowjetstaates schreibt, das sagt mehr aus über das sozialistische Recht als die gesamte offizielle Rechtsgeschichte. Darüber braucht man sich nicht zu wundern, denn es ist Hilde Benjamin selber, die die DDR-Rechtsgeschichte verfaßt. Bisher ist nicht bekanntgeworden, welche Kenntnis Hilde Benjamin vom verhängnisvollen Wirken Wyschinskis während seiner Amtszeit als Staatsanwalt (1924–1938) erlangt hat. Immerhin stand Wyschinski einer Justizmaschinerie vor, die ihr perfektes Funktionieren insbesondere durch den strafrechtlichen Terror gegen Mitglieder der kommunistischen Partei unter Beweis gestellt hatte (von den auf dem Parteitag der Sieger 1934 gewählten 139 Mitgliedern und Kandidaten des Zentralkomitees wurden allein 98 Personen liquidiert). Während ihrer langjährigen Mitgliedschaft im Zentralkomitee und späterhin als Akademieprofessor für Rechtsgeschichte hat Hilde Benjamin jedenfalls weder selbst noch im Verein mit anderen Justizkadern dazu beigetragen, daß nach den Enthüllungen des XX. Parteitages der KPdSU eine kritische Distanz zur eigenen und zur sowjetischen Staats- und Rechtspraxis befördert wurde. Bis heute ist der Kotau vor den Erfahrungen und Erkenntnissen der sowjetischen Rechtswissenschaft und -praxis üblich.

Mag die Darstellung der Persönlichkeit Wyschinskis im Nachruf auch alle Merkmale einer Geschichtsklitterung aufweisen, der Nachruf stellt dennoch ein beredtes zeitgeschichtliches Zeugnis über das Selbstverständnis unserer führenden Justizkader in der Mitte der fünfziger Jahre dar. Unverhohlener als durch den Hinweis auf die in den «Gerichtsreden»[50] dokumentierte Anklagepraxis des staatsanwaltlichen Paladins Stalins kann die seinerzeit vorherrschende Ideologie der Justizbürokratie nicht charakterisiert werden. Es kann Hilde Benjamin und mit ihr allen anderen Funktionären nicht entgangen sein, daß die Prozeßführung Wyschinskis – dieser pflegte gewöhnlich in seinen Plädoyers die Angeklagten als «tollgewordene Kettenhunde, Lügner und Clowns, elende Pygmäen, Möpse und Kläffer» zu beschimpfen – in Deutschland nur im Volksgerichtshof der Nazis ihresgleichen fand.

Mögen Erinnerungen an den Freislerschen Justizterror und die nach dem XX. Parteitag einsetzende Rückbesinnung auf Minimalstandards einer sozialistischen Gesetzlichkeit auch die detailgetreue Kopie der stalinistischen Strafrechtspraxis verhindert haben, so hat diese dennoch ihren Schatten auf unser Rechtsleben geworfen. In den großen Schauprozessen hatte der sowjetische Ermittlungs- und Gerichtsapparat schlagend seine Funktionsfähigkeit im Interesse einer bürokratischen Herrschaft unter Beweis gestellt. Und Wyschinski war es, der die justizpolitische Praxis auf den Begriff gebracht hatte. Verständlich deshalb, wenn die Staatspartei in der DDR nach ihren enttäuschenden Erfahrungen mit widerspenstigen Oberlandesgerichten und richterlicher Unabhängigkeit die «rechtswissenschaftlichen» Ergüsse des großen Vorbilds übernahm. Hilde Benjamin und mit ihr nicht wenige unserer höchsten Justizbeamten lasen bei Wyschinski «mit angehaltenem Atem» genau das, «was uns bisher gefehlt hatte: die Übertragung der allgemeinen oder unmittelbar für ein bestimmtes Gebiet gegebenen politischen Anleitungen der Partei auf das Gebiet der Justiz und des Rechtes». Das in dieser Erkenntnis der Hilde Benjamin wirkende politische Vermächtnis Wyschinskis bestimmt noch immer das Handeln der meisten Richter, Staatsanwälte und Verwaltungsjuristen. Bisher haben diese Kader die grundlegende Lektion der Stalinzeit nicht vergessen, wonach im Klassenkampf jederzeit mit einer Lage zu rechnen ist, die gegen das Recht zu handeln gebietet. Wenn heutzutage der gesellschaftliche Stillstand im Staatssozialismus seinem Ende entgegengeht, dann dürfen wir darüber nicht vergessen, daß jeder nur mögliche Fortschritt noch so lange gefährdet ist, wie derartige Grundsätze gelten.

Als Hilde Benjamin den vorangestellten «Nachruf» auf Wyschinski zu Papier brachte, da sahen sich deutsche Richter vor die ungewohnte Aufgabe gestellt, den durch die Formationsverdrängung teilweise außer Kraft gesetzten ökonomischen Zwang durch die Anwendung politisch-rechtlichen Zwangs zu substituieren. Das geschah selbstredend im Zusammenwirken mit den anderen Gliedern des staatlichen Zwangsapparates. Der Justiz oblag es dabei, durch exemplarisch hohe Strafen Respekt gegenüber der Politbürokratie zu erzeugen. Das zu diesem Zweck bereitgestellte Instrumentarium – besonders das berüchtigte Gesetz zum Schutze des Volkseigentums – wurde dann auch bedenkenlos eingesetzt, nachdem anfängliche «Hemmungen» der unteren Instanzgerichte überwunden waren, «das Gesetz in seiner vollen Härte anzuwenden».

Stehen Statistiken zur Einsichtnahme auch nicht zur

Verfügung, so vermitteln doch die zeitgenössischen Verlautbarungen der Justizbürokratie ein eindrucksvolles Bild vom Ausmaß der Unterdrückung. Beispielsweise mußten immer wieder Richter gerügt werden, weil sie die Eröffnung von Strafverfahren ablehnten, welche Bagatelldelikte wie die Wegnahme einer Stange Marzipanersatz oder einiger Kohlen zum Gegenstand hatten. Die Mindeststrafe für derartige Handlungen war ein Jahr Zuchthaus! In der Zeitschrift *Neue Justiz* wurde von einem Urteil berichtet, wonach eine «Angeklagte, die in einer besonderen Notlage war, wegen des Diebstahls von vier Scheiten Holz aus dem Wald zu einer Zuchthausstrafe von einem Jahr gemäß § 1 des Gesetzes zum Schutze des Volkseigentums verurteilt» wurde. Einer solchen erweiterten Reproduktion des Strafrechtszwangs kam naturgemäß auch die von Wyschinski propagierte Beweislehre entgegen, welche die Anforderungen an die Feststellung der Wahrheit im Strafprozeß minimierte. Statt der Wahrheit sollte entsprechend dieser Lehre die «größtmögliche Wahrscheinlichkeit» festgestellt werden. Von sowjetischer Seite selbst wurde später darauf hingewiesen, daß eine derartige Beweislehre nichts anderes sein konnte als «die theoretische Rechtfertigung der vorgekommenen Fälle von gerichtlicher Willkür».

Politischer Prozeß

> *«Als Rebellen und Umstürzler treten für gewöhnlich gebildete Leute auf, die zwiespältigen Herzens sind und nach Selbständigkeit im Lernen streben. Darum heißt es auch: Ordnung wird durch das Gesetz geschaffen, Unordnung durch Selbständigkeit. Wo das Gesetz herrscht, kann keiner mehr selbständig sein. Darum heißt es: Wer zur Selbständigkeit anleitet, schafft Unordnung; wer Gesetze einführt, schafft Ordnung. Folgt der Herrscher nicht diesem rechten Weg, so werden die Klugen selbständige Reden führen und die Tüchtigen selbständige Meinungen hegen... Die Weisen schließen sich zu Gruppen zusammen, setzen allerlei Lehren und Gerede in die Welt und bedrängen damit, allen Gesetzen und Geboten zuwider, den Herrscher und die Obrigkeit. Geht der Herrscher nicht dagegen mit Verboten vor und stopft ihnen nicht den Mund, sondern zeigt ihnen gar noch Achtung, spornt er damit seine Untertanen nur dazu an, nicht mehr auf ihn und die Obrigkeit zu hören und die Gesetze nicht mehr zu befolgen.»*
>
> *Han Fe Dse*

Gerichtliche Prozesse allgemein, besonders aber Strafprozesse gegen politisch Andersdenkende, verweisen deutlicher noch als das materielle Recht auf die in einer Gesellschaft vorherrschenden Machtverhältnisse. Im politischen Strafprozeß verliert jede bürokratische Macht ihr Gesicht. Und das nicht nur gegenüber den unmittelbar betroffenen Personen. Denn wer politisch Andersdenkende nicht zu ertragen weiß, geht gewöhnlich auch mit denen nicht zimperlich ins Gericht, die sich den Luxus einer eigenen Meinung nur selten leisten. Wer den Tiger reitet, kann von diesem halt nicht einfach absteigen – so jedenfalls heißt es in einer uralten Maxime despotischer Regierungskunst.

Natürlich weiß die Staatspartei und mit ihr die ganze Politbürokratie, daß der propagandistisch erzeugte Schein uneingeschränkter Zustimmung zur «Politik der Partei und Regierung» lügt. Tatsächlich erhebt sich ja auch seit geraumer Zeit Widerspruch gegen die Politik der Politbürokratie. Je größer aber der Widerspruch, um so klarer wird das Legitimationsdefizit der politischen Macht im Sozialismus erkennbar. Unübersehbar wird dasselbe aber in dem Moment, wenn angsterfüllte Partei- und Staatsfunktionäre in strafrechtlichen Mitteln reagieren, weil sie ahnen, daß der Wider-Spruch als sprachliche Form des Widerstands jederzeit in eine höhere Qualität oppositionellen Handelns umschlagen kann. Wo aber die Gewalt herrscht, da schweigen die Rechte.

Die strafrechtliche Antwort auf das gesellschaftskritische Denken und Handeln ist schlagend. Adäquate Mittel, diesem Denken und Handeln gehörig zu begegnen, stehen nicht bereit; trotz der uneingeschränkten Verfügungsgewalt der Politbürokratie über ein komplettes Arsenal entwickelter Bewußtseinsindustrie, welches unter ihrer Leitung von servilen Redaktionen in Presse, Funk und Fernsehen verwaltet wird. An ihrer Seite weiß die Politbürokratie jedoch die offiziellen Klopffechter der Macht: verbeamtete Kommentatoren, Geheimpolizisten, Richter und Staatsanwälte. Wen wundert es da, wenn in der eigentlichen politischen Auseinandersetzung ausschließlich der Gewaltapparat das Vertrauen der Machthaber genießt. Bereits in seinem Aufbau ist der Apparat durch die Einrichtung besonderer Abteilungen bei der Staatsanwaltschaft, den Gerichten und der Polizei für diese Aufgabe vorprogrammiert.

In den «Prozessen», die der Gewaltapparat inszeniert,

wird dem kritischen Denken und Handeln jedesmal eine besondere rechtliche Würdigung zuteil. Ausnahmslos finden die gerichtlichen Verhandlungen «wegen Gefährdung der Sicherheit des Staates» unter Ausschluß der Öffentlichkeit statt. Und selbst den obligatorisch an den Verhandlungen teilnehmenden Ermittlungsbeamten – auch ihre Zuverlässigkeit ist nicht sicher – wird per Gerichtsbeschluß «die Geheimhaltung aller in der Verhandlung zur Sprache kommenden Tatsachen und Umstände» verordnet. In einem solchen Abbruch der gesellschaftlichen Kommunikation, denn auch das ist der Ausschluß der Öffentlichkeit im politischen Prozeß, zeigt sich gleichermaßen die Macht und Ohnmacht einer Politik, die immer weniger mit der freiwilligen Zustimmung der Menschen rechnet. Als Ausgrenzung sozialer Kritik inszeniert, kehrt sich jeder Prozeß dieser Art noch im Gerichtssaal in eine reale Isolation der Politbürokratie um und verdeutlicht deren eigene Kritik an der Gesellschaft ebenso wie ihr normatives Eingeständnis, daß sie sich in einem unlösbaren Widerspruch zur Gemeinschaft verstrickt sieht. Noch im Arrangement dieser Prozesse, welches auf die «Gemeingefährlichkeit der Staatsverbrecher» hinweisen will, ist ein hilfloser Appell an das des Saales verwiesene Publikum enthalten, die bürokratische Vernunft doch als die eigene zu akzeptieren.

Obwohl der Ausschluß der Öffentlichkeit im politischen Strafprozeß das Gegenteil beweist, glaubt die Politbürokratie dennoch, mit Hilfe dieser prozessualen Maßnahme den Schein der verordneten «politisch-moralischen Einheit des Volkes» wahren zu können. Das Staatsvolk aber wittert längst hinter jeder politischen Strafverfolgung nicht nur die Unterdrückung, sondern ebenso eine Überreaktion allzu ängstlicher Politbürokraten, die um ihre Macht bangen. Was aber von der Öffentlichkeit als Ausdruck bürokratischer Ängste verstanden wird, das ist zugleich auch die schlüssige Antwort der Macht auf den realen Verstoß jeder Kritik gegen das die ideologische Herrschaft sichernde Meinungsmonopol sowie die damit beginnende Reform des gesellschaftlichen Bewußtseins.

Welche Tatschwere und damit Bedeutung einer jeden alternativen Aktion im Staatssozialismus wirklich zukommt, ist ablesbar an den in politischen Prozessen regelmäßig ausgesprochenen langjährigen Freiheitsstrafen. Man vergleiche damit nur die harmlosen Kriminalstrafen der kaiserlichen Justiz gegen die deutschen Linken. Im Hochverratsverfahren vor dem Reichsgericht gegen Karl Liebknecht beantragte der Reichsanwalt lächerliche zwei Jahre Freiheitsentzug, die fünfjährige Aberkennung der bürgerlichen Ehrenrechte und die sofortige Inhaftierung des Angeklagten. Und wie reagierte damals die vielgeschmähte «bürgerliche Klassenjustiz»? Sie folgte diesem Antrag nicht, sondern bescheinigte statt dessen in der Urteilsbegründung dem Angeklagten, daß er nicht aus ehrloser Gesinnung gehandelt habe, weshalb ihm auch die bürgerlichen Ehrenrechte verbleiben sollten. Damit konnte Liebknecht weiterhin Rechtsanwalt bleiben. Im Ergebnis wurde er zu anderthalb Jahren Festungshaft verurteilt. Wer könnte sich ein solches Prozeßergebnis im Staatssozialismus vorstellen?

In ihren politischen Prozessen versucht die Bürokratie immer wieder, die Gesellschaftskritik mittels Subsumtion unter die dafür vorgesehenen Tatbestände des Strafrechts – staatsfeindliche Verbindungsaufnahme, Sammlung von Nachrichten, Hetze, Staatsverleumdung usw. – als gesellschaftsgefährlich hinzustellen. Vermutlich gelingt das nicht einmal gegenüber den anstelle der Öffentlichkeit am politischen Strafprozeß teilnehmenden niederen Chargen der Sicherheitsorgane, denn diese kennen ja die persönliche Lauterkeit der angeblichen Missetäter aus den Vernehmungen. Gerade von ihnen verlangt die Staatspartei ein für das einzelne Individuum schier unerträgliches Maß an Konformismus, wofür die ihnen gewährten materiellen Privilegien nur einen unzureichenden Ausgleich bieten. Da die politischen Verfahren stets unter Ausschluß der Öffentlichkeit durchgeführt werden, können auch deren Ergebnisse nicht mehr *durch das Verfahren* selbst legitimiert werden. Aber die Billigung dieser Art sozialistischer Rechtspflege kann auch nicht mehr auf das persönliche Ansehen der im Auftrag des Staates tätigen Richter gegründet werden. Mangelhaft ausgebildet, schlechter noch entlohnt als die Mannschaftsdienstgrade der Polizei, ohne inneren Rückhalt in der deutschen Rechtstradition rangieren die Richter im Ansehen der Bevölkerung im Staatssozialismus mancherorts schon hinter den beamteten Parteifunktionären, denen man oftmals ein gewisses Interesse an der Gerechtigkeit zutraut.

Hauptsächlich wegen der Durchführung der politischen Strafprozesse haben die Gerichte das herkömmliche Vertrauen weitgehend verloren, das ihnen von vielen Menschen noch nach der Formationsverdrängung in Deutschland entgegengebracht wurde. Wie viele Bürger würden heutigentags einem Richter noch zutrauen, beliebigen Taten Rechtmäßigkeit zu verleihen oder abzusprechen? Das Resultat der damit verbundenen menschlichen Erfahrungen im Sozialismus hat in der Sprache seinen Niederschlag gefunden. Das Wort «Justiz» verweist im Staatssozialismus nicht mehr auf seine ursprüngliche Bedeutung. Denn wer hier «Justiz» sagt, der meint nicht mehr Gerechtigkeit (iustitia). Wer von der Justiz spricht, der spricht von einer speziellen Abteilung innerhalb des staatlichen Apparats.

Politische Polizei (Tscheka)

Ein Blick in die jahrzehntelang von der Politbürokratie unter Verschluß gehaltene Kriminalstatistik belegt, wie weit sich dieser Teil des Staatsapparats von den natürlichen Sicherheitsbedürfnissen der sozialistischen Gesellschaft entfernt und seine erweiterte Reproduktion allein an den Erfordernissen zukünftiger massenhafter Unterdrückung ausrichtet. Bei nur 120000 Straftaten im jährlichen Mittel der letzten Jahre, gar nicht erst zu reden von der geradezu nichtssagenden Tatschwere der meisten Handlungen, unterhält die Politbürokratie der DDR einen Polizeiapparat (u.a. 17000 Geheimpolizisten), der geeignet ist, die zehnfache Anzahl von Straftaten zu bekämpfen. Weshalb dieser ungeheure Aufwand? Da es keinerlei empirische Anzeichen gibt, die einen nennenswerten Anstieg der allgemeinen Kriminalität befürchten lassen, ist wohl der Schluß erlaubt, daß das kasernierte Gewaltpotential für ganz andere Zwecke bereitgehalten wird. Dieser bereits am normalen Straßenbild ablesbare logische Schluß setzt ein Bewußtsein der Politbürokratie über sich selber voraus, welches die aufgeblähten Gewaltpotentiale als Garant der eigenen Sozialversicherung versteht. Die Sicherheitsorgane verkörpern so das eigentliche Bewußtsein des sozialistischen Staates. Als solches aber müssen sie «in die innersten Subjektivitäten hinabsteigen ... geheim werden»[51].

Mit der Dominanz der Geheimpolizei im Sozialismus erfährt der Antagonismus Staat–Gesellschaft / Staat–Individuum seine historisch letzte Zuspitzung. Mehr ist nicht möglich. Denn die geheimpolizeiliche Tätigkeit will am Ende jedes denkbare Verhalten unter Kontrolle nehmen, läßt sich doch in allem eine Beziehung auffinden, die der politbürokratischen Macht Abbruch tun könnte. Weil es aber außerhalb des Rechts an einer verbindlichen Bestimmung darüber mangelt, was dem Ansehen der Staatspartei schadet, was politisch verdächtig ist, verboten oder doch wenigstens beaufsichtigt werden muß, fällt hier der Geheimpolizei eine Definitionsmacht zu, die sie immer mächtiger werden läßt. Der Kampf gegen Agenten feindlicher Mächte, mit dem die Geheimpolizei so gerne ihre Existenz rechtfertigt, spielt dagegen nurmehr eine untergeordnete Rolle. Man arbeitet mit diesen Mächten ja inzwischen in einer Weise zusammen, wie sie besser kaum sein kann. Und falls man sich doch einmal in die Quere kommt, tauscht man, sobald der offizielle Theaterdonner verklungen ist, der jedesmal nach dem Ergreifen eines Spions aufgeführt wird, baldmöglichst seine Leute wieder aus, damit das Spiel ohne Ende weitergehen kann.

Die Staatspartei fand sich in der Vergangenheit wiederholt in die Rolle des Zauberlehrlings versetzt, wenn es ihr nur mit Mühe gelang, die Machtansprüche der Geheimpolizei zu zügeln. Wer hier wen kontrolliert, das ist durchaus eine offene Frage. Weder Säuberungen noch die beschwörende Verpflichtung der «Tschekisten» (wann hätte sich jemals eine deutsche Polizei nach dem Geheimdienst einer fremden Macht benannt?) auf ihre unverbrüchliche Treue zur Partei konnten verhindern, daß der Staatssicherheitsdienst von Jahr zu Jahr größer und mächtiger wurde. Längst ist die Geheimpolizei *der* «Staat im Staate». In der Praxis dieses Dienstes findet die Horrorvision des Friedrich Engels, der einen um sich greifenden, die ganze Gesellschaft verschlingenden Machtapparat befürchtete, ihren konkreten Realitätsbezug für den Staatssozialismus.

Das exaltierte Kommandounternehmen der Entführung und Ermordung des katholischen Priesters Jerzy Popieluszko, das Offizierskader des polnischen Sicherheitsdienstes planmäßig in den Abendstunden des 19. Oktober 1984 ausgeführt haben, hat diese Sonderstellung des Sicherheitsdienstes im Staatssozialismus vor nicht allzu langer Zeit auf dramatische Weise ins Bewußtsein der Weltöffentlichkeit gehoben. Nicht nur der kaltblütig ausgeführte Mord war daran das Erschreckende! Erschrecken mußte die Menschen in allen Ländern des Staatssozialismus auch, daß es der polnische Sicherheitsdienst wagen konnte, die Nation ausgerechnet in dem Augenblick an den Rand eines Bürgerkriegs zu treiben, als das ZK der PVAP «über die Aufgaben der Partei bei der Entwicklung der sozialistischen Demokratie sowie bei der Festigung der Gesetzlichkeit» beriet.

Wenn wir nicht daran glauben wollen, daß es sich bei dem Mord an Jerzy Popieluszko um eine Art «Betriebsunfall» geheimdienstlicher Tätigkeit gehandelt hat, dann müssen wir danach fragen, ob es überzeugende Gründe für die Annahme gibt, daß die deutsche Staatspartei ihren Geheimdienst besser unter Kontrolle hält als die polnische? Vergleicht man die Machtstrukturen unserer Länder, fällt die Antwort negativ aus. Auch der deutsche Staatssozialismus hat keinerlei Kontrollmechanismen institutionalisiert, die Extratouren politisch ambitionierter Tschekisten verhindern könnten. Freilich, das muß nicht gleich Mord bedeuten. Aber dieser Zustand verweist auf die ständige Gefahr, die von der superioren Rolle des Geheimdienstes ausgeht. Was würde wohl passieren, wenn es der Geheimpolizei einfiele, einen Minister zu verhaften und unter Anklage zu stellen? Vermutlich genau das, was passiert, wenn dieser aus den üblichen Gesundheitsgründen in den Ruhestand wechselt. Gar nichts also!

Wer das nicht glauben will, der sollte sich wenigstens von der markigen Dienstauffassung beeindrucken lassen, die unser oberster Geheimpolizist vor Jahren ungefragt der Öffentlichkeit bekanntgegeben hat. Im Zentralorgan der Partei verkündete Erich Mielke am 20.2.1984, er sei bereit, zukünftig die «tschekistischen Möglichkeiten» noch besser zu nutzen, um «dazu beizutragen, die strategische Linie der Partei offensiv durchzusetzen». Welche «tschekistischen Möglichkeiten» meint der Mann wohl? Natürlich weiß der Chef unserer Geheimpolizei, was er da sagt: Um die wirklichen Absichten, Wahrheiten, Gefühle und Einsichten der Menschen den Interessen der Politbürokratie zu unterwerfen, müssen diese zuvor ausspioniert werden. Wo die praktische Vernunft sich selber aus Gründen der «Geheimhaltung» versteckt hält und öffentlich nur noch parteichinesisch daherredet, wo das wirkliche Gefühl unterdrückt wird, da verlangt eben die «strategische Linie der Partei» den Blick durch das Schlüsselloch des Privaten. Parteiarbeit und geheimdienstliche Tätigkeit müssen amalgamieren. Denn zu allerletzt wird die «nackte Wahrheit» allein noch im Schlafzimmer geflüstert.

Obwohl das hypertrophierte Gewaltpotential im Staatssozialismus ständig Gegengewalt (Widerstandsdelikte u.ä.) hervorruft, ist seine alltägliche Funktion keinesfalls die Vollstreckung polizeilicher Gewalt. Es geht um die Verbreitung einer diffusen Atmosphäre der Ohnmacht und Angst bei den Menschen. Worin die alltägliche Funktion der geheimdienstlichen Tätigkeit in Wahrheit besteht, das hat der Geheime Rat Goethe im «Egmont» Albas Sohn Ferdinand mit den Worten sagen lassen: «Eure wohlverteilten Wachen halten die Furcht so angespannt, daß sie sich nicht zu lispeln untersteht.»

Die den Menschen in ihrer Kindheit vermittelten Isolations- und Hilflosigkeitsgefühle werden in derartigen Verhältnissen ständig neu angeheizt. Die erweitert reproduzierte Gesamtlast der Angst in der Gesellschaft wiederum ruft massenhaft das Bedürfnis nach Angst-Abwehr hervor. Damit wächst empirisch die Bereitschaft vieler Menschen, diesem Bedürfnis durch Teilnahme an der Ausübung statt dem Erleiden von Gewalt und Unterdrückung zu entsprechen. Wir dürfen die meisten geheimpolizeilichen Karrieren unserer wackeren «Tschekisten» getrost als Ergebnis eines solchen Angst-Abwehrstrebens verstehen.

Erzwungene gesellschaftliche Eintracht mündet stets in einen Gehorsam, der durch Furcht veranlaßt ist. Wie die das geheimpolizeiliche Handeln bestimmenden Erwartungen der Politbürokratie belegen, ist die Furcht der Menschen durchaus begründet. Wer sich die unverändert geltenden Straftatbestände der «landesverräterischen Nachrichtenübermittlung», der «staatsfeindlichen Hetze» und des «verfassungsfeindlichen Zusammenschlusses» durchgelesen hat, kann sich ausrechnen, wen die Politbürokratie als Staatsfeind etikettiert wissen will.

Dazu ein Beispiel: Außerhalb des strafrechtlich privilegierten kirchlichen Organisationsrahmens versammeln sich an jedem Mittwoch einer Woche junge Leute, um über die Umweltverschmutzung zu debattieren. Wie nicht anders zu erwarten, kommen diese alsbald zu dem einvernehmlichen Schluß, daß das Waldsterben im Erzgebirge nicht so weitergehen darf und, trotz aller Propaganda, daß der Umweltschutz nur halbherzig gewährleistet wird. Unsere fiktive Mittwochsgesellschaft verabredet sich also, eine eigene Problemstudie zu verfassen, um diese an die Besucher eines bevorstehenden Umweltschutzkongresses zu verteilen.

Bereits in diesem Vorbereitungsstadium bedroht das geltende sozialistische Strafrecht das Tun eines jeden Teilnehmers mit einer Freiheitsstrafe «bis zu zwölf Jahren», denn *erstens* beabsichtigt er offenbar, «der Geheimhaltung nicht unterliegende Nachrichten zum Nachteil der Interessen der Deutschen Demokratischen Republik... Stellen oder Personen... zugänglich» zu machen, die einer ausländischen Organisation angehören (= Landesverräterische Nachrichtenübermittlung). Mit dem Tatbestandsmerkmal des «Zugänglichmachens» wird letztendlich jede selbstbestimmte Meinungsäußerung über Mißstände in der Öffentlichkeit erfaßt, da natürlich niemals auszuschließen ist, daß ein ausländisches Presseorgan diese aufgreift. *Zweitens* lassen sich die Vorbereitungshandlungen der Mittwochsgesellschaft als Angriff auf «die verfassungsmäßigen Grundlagen der sozialistischen Staats- und Gesellschaftsordnung» qualifizieren, weil schließlich die «gesellschaftlichen Verhältnisse... diskriminiert» werden sollen (= Staatsfeindliche Hetze). Unter diesen Voraussetzungen ist die Mittwochsgesellschaft *drittens* als «Zusammenschluß von Personen» anzusehen, der sich «eine verfassungsfeindliche Tätigkeit zum Ziele» gesetzt hat (= Verfassungsfeindlicher Zusammenschluß).

Wie das Beispiel zeigt, will die Politbürokratie, wo sie nur kann, die Komplexität unseres gesellschaftlichen Lebens möglichst auf eine allgemeine Freund-Feind-Formel bringen. Nach ihrem gesetzgeberischen Selbstverständnis ist der ein «landesverräterischer Agent», der ohne ihren Segen die Wahrheit über unsere Verhältnisse ausspricht und damit die Scheinheiligkeit der sozialen Harmonie in Frage zieht.

Es hat seine Gründe, daß diese Rechtswirklichkeit in ihrer stalinistischen Klassizität den meisten nicht bewußt wird. Viele wollen aus Angst nicht wahrhaben, wie verkommen unser «Recht» ist. Dem trägt der Staatsapparat in gewisser Weise dadurch Rechnung, daß er sich dann in der Anwendung der genannten Tatbestände zurückhält, sobald das geheimpolizeiliche Handeln dabei in das Blickfeld einer breiteren Öffentlichkeit geraten könnte. Aus dieser Taktik resultiert auch das Paradoxon, wonach die vollendete «Tat» dann nicht mehr geahndet wird, wenn dieselbe die Aufmerksamkeit der internationalen Presse hat, währenddessen Vorbereitung und Versuch mit zum Teil drakonischen Strafen bedacht werden. Dieses Paradoxon kann allerdings nichts daran ändern, daß die Freund-Feind-Beziehung zur politischen Beziehung schlechthin geworden ist. Ihr innenpolitischer Ernstfall ist und bleibt der auf die Vertreibung und Isolierung Andersdenkender gerichtete Strafprozeß.

Worumwillen in diesem Zusammenhang eigentlich gestraft wird, was der Sinn der ausgesprochenen Strafe sein soll, ist für die Menschen ebensowenig einzusehen wie die Tatsache, daß manchmal ein und dasselbe Verfahren gleichzeitig unterschiedlichsten innen- und außenpolitischen Zwecken dienstbar gemacht wird. Als allgemeiner Merksatz gilt hier: Da nicht mehr die einzelne Tat und die konkrete Gesellschaftsgefährlichkeit menschlichen Handelns, sondern die Vormundschaft über Menschen zum Streitobjekt geworden ist, wechselt das eigentliche Verfahrensziel von der Vergeltung zur Gewährleistung äußeren

Gehorsams. Man will den Andersdenkenden Furcht einflößen, um sie zu entmutigen. In dieser Lage bleibt oftmals gar nichts anderes übrig, als in der gespanntesten Erwartung auf das Außerordentliche hin zu leben. Und auf das schier Unglaubliche, den politischen «Quantensprung» – es gibt ihn tatsächlich, wenngleich derselbe aus der Systemperspektive stets unerwartet eintritt und zumeist auch unterbewertet wird. Das braucht uns nicht zu überraschen. Alle wesentlichen Veränderungen entziehen sich der Begrifflichkeit des Systems.

Wie so ein politischer «Quantensprung» in der Praxis aussehen kann, darüber berichtet die Saga vom Zeitungsschreiber Wiktor Berchin. Der begab sich jüngst nach Woroschilowgrad, um ausgerechnet hier, in der Heimat des legendären Stachanow, den Ursachen für die allgemeine Schlamperei im Sozialismus auf den Grund zu gehen. Kaum angekommen, wurde Berchin am 18. 7. 1986 kurzerhand auf Befehl von A. Ditschenko, dem obersten Chef der Verwaltung des KGB der Ukraine, hinter Gitter gebracht. Der Geheimdienst schien jedermann beweisen zu wollen, daß weder «Perestroika» noch «Glasnost» etwas an seiner Allmacht ändern konnten. Die Geschichte wäre nicht weiter bemerkenswert, wenn sie nicht zeigen würde, wie ein einzelner mit seinem Handeln ungeahnte Wirkungen hervorrufen kann. Berchin wurde schon nach kurzer Zeit wieder aus der Haft entlassen. A. Ditschenko mußte gehen. Aber nicht nur das. Viktor Tschebrikow, der Vorsitzende des Komitees für Staatssicherheit der UdSSR, mußte in der Prawda (8. 1. 1987) reumütig eingestehen, daß seine Geheimpolizei jenseits der Legalität gearbeitet hatte. Ein solches amtliches Eingeständnis hatte es bis dahin erst einmal in Moskau gegeben. Das aber war vor mehr als drei Jahrzehnten, unmittelbar nach Stalins Tod!

9. DER SOZIALISMUS ALS TRAGÖDIE

Despotische Macht und Subalternität – wie drückt sich dieses wechselseitige, einander bedingende Verhalten in den besonderen staatssozialistischen Formbestimmungen aus? Menschen handeln im allgemeinen neben ihrem Eintreten in politische und wirtschaftliche Zweckbeziehungen auf eine bestimmte Weise dramatisch. Das ist in der bürgerlichen Gesellschaft nicht anders als im Sozialismus. Wann immer durch Tun oder Unterlassen gehandelt wird, es geschieht hier wie dort meist in der Gegenwärtigkeit eines Publikums.

Betrachten wir unter diesem ästhetisch-expressiven Gesichtspunkt den Staatssozialismus, dann gilt es, die Frage aufzuwerfen, ob und wie die Politbürokratie zusammen mit den ökonomischen u. a. Problemen die dramatischen Probleme in der Gesellschaft löst: die Selbstinszenierung der Gemeinschaft auf der Grundlage eines gültigen Pathos. Werden die diesbezüglichen Erwartungen des Publikums der Staatsbürger befriedigt oder enttäuscht?

Worum es also geht, ist die Betrachtung der staatssozialistischen Gesellschafts-Form als Form! In dem Maße wie wir, was inzwischen schon zur schlechten Gewohnheit geworden ist, die stilistischen Charakteristika des Staatssozialismus als oberflächliche Begleiterscheinungen des politischen Handelns oder Geschmacksverirrung einzelner Persönlichkeiten bagatellisieren, kann die Politbürokratie ungehindert das dialektische Moment des «*Umschlagens der Form* in Inhalt» für ihre Zwecke ausschlachten. Wo ihr das gelingt, ersetzt sie die normierten Mitwirkungsansprüche der Menschen an der Staatsmachtausübung durch falschen Schein, um dann hinter den Kulissen des Volksvertretungstheaters ihren partikularen Interessen um so besser nachgehen zu können. Sie konserviert ihre Vormundschaft in einer Welt des politischen Scheins. Damit hält sie einen Öffentlichkeitsraum besetzt, innerhalb dessen unter anderen Verhältnissen authentisch sich darstellende Massen ebenso wie einzelne schöpferische Kräfte für andere und sich selbst wichtig werden könnten.

Mit ihrer Flucht in den «falschen und bedürftigen Schein» will die Politbürokratie, was vielfach durchaus gesehen wird, einerseits der grauen Realität des Staatssozialismus, in welcher der Mensch gewöhnlich nur eine Nummer ist, Glanz verleihen. Andererseits aber will sie zugleich, das wird meist übersehen, ihr *ästhetisches Unvermögen* dadurch überspielen, daß sie dem von ihr erzeugten «bedürftigen» Schein realen Beistand durch die Macht gewährt. Das ist auch der Grund dafür, warum die ästhetischen Versuche der Politbürokratie selbst dort noch in militärische Formen einmünden, wo die Armee ausnahmsweise einmal nicht den zeremoniellen Rahmen der Schaustellungen diktiert.

Wenn uns bisher die betrügerische Schminke der Kultur des Staatssozialismus nicht durchweg nötigt, den sozialistischen Staat in seiner gegenwärtigen Form als «häßlich» zu empfinden, dann liegt die Vermutung nahe, daß wir uns kein Bild mehr davon machen können, was ein «ästhetischer Staat» ist.[52] Denn wir übersehen oftmals, daß es neben der historischen, rechtlichen und moralischen Weltauslegung und Rechtfertigung noch eine weitere, die ästhetische Legitimation, gibt, die nicht minder bedeutsam ist. Bedenken wir aber, daß alles Leben zugleich auch Schein ist, so wird einsichtig, wie wichtig unser Vermögen ist, zwischen dem «bedürftigen» und dem wirklich «schönen» Schein zu unterscheiden. Zudem ist, wie C. G. Jung hervorgehoben hat, lediglich eine «gewisse Verstärkung der urteilenden Funktionen» erforderlich, um über eine geringe Differenzierung des Urteils «die Anschauung aus dem rein Ästhetischen ins Moralische überzuführen»[53].

Es ist nur ein kleiner Schritt, der uns von der ästhetisch negativen Bewertung zu der Frage führt: Was bedeutet es für mich, wenn ich die Formen als abstoßend empfinde, in denen die Staatsmacht sich darstellt? Hören wir uns doch nur einmal einen einzigen Augenblick lang die von der Politbürokratie bei ihren Schaustellungen bevorzugte Musik wirklich an. Bei einer solchen Gelegenheit erschließt sich dem, der sich den flotten Melodien der Militärmärsche, den strohflammenen Liedern aus der Kampfzeit und anderen Erinnerungsmusiken hingeben kann, in der Allgemeinheit reiner Form die seelische Armut der Mächtigen. Wird nicht durch die billige Tonmalerei, die wir mit dem üblichen Erscheinungsbild der Politbürokratie verknüpfen, deren Ansehen noch schlechter, als es schon ist?

Die Gesellschaft des Staatssozialismus betont Beziehungen der Über- und Unterordnung. Damit bietet sie im allgemeinen den Boden für tragisches Handeln. Boden für tragisches Handeln ist nach Hegel ein Zustand der sozialen Verhältnisse, der wesentlich auf «heroisches» Verhalten angewiesen ist. Bei allem Formenwandel, den die staatssozialistische Gesellschaft seit Stalins Tod vollzogen hat, der gewöhnliche Sterbliche in ihr weiß sich durchaus jederzeit in Beziehungen gestellt, die das Moment des Tragischen an sich nicht verleugnen. Als Claqueur für die führenden Persönlichkeiten in Partei und Staat bleibt dem Individuum politisch oftmals gar nichts anderes übrig, als alles zu unterlassen, was den weisen Entschlüssen der Polit-«Heroen» zuwiderläuft.

Furcht und manchmal auch Mitleid prägen die Stimmung der Menschen gegenüber ihren Helden. In der dem Staatssozialismus angemessenen Gefühlswelt werden die Polithelden in schwindelnde Höhen des Ruhms hochgejubelt, so daß die Mittelmäßigkeit ihrer Existenz kaum mehr wahrnehmbar ist. Ganz von dieser Stimmung eingenommen, dichtete einst klassisch Fjodor Gladkow: «Lenin – das ist der Allmensch. Lenin – das ist die Tragödie des gigantischen Kampfes der neuen und der alten Welt!» Und ein bißchen wie Lenin fühlt sich naturgemäß jeder Parteiführer im Sozialismus. Ausgeglichen wird eine solche auf die «Heiligsprechung» der Führerpersönlichkeiten gerichtete Tendenz in unseren Verhältnissen durch eine gegenläufige, auf «Reinigung» abzielende Bewegung. Es bedrücken viel zu viele Ängste den Mann auf der Straße, der im Alltag das Leitbild der sozialistischen Persönlichkeit auf Schritt und Tritt dementiert, als daß man diesem Gefühlsstau auf Dauer die Abfuhr versagen könnte. Ein derartiger Zustand schreit geradezu nach politischen Sündenböcken. Allein durch deren Opferung kann dem Bedürfnis nach Reinigung entsprochen werden.

Wie die verheimlichte Rechtsgeschichte des Staatssozialismus lehrt, eignen sich besonders gut «Staatsfeinde» aus den obersten Rängen der Politbürokratie, um juristisch leicht verbrämt in Säuberungsprozessen geopfert zu werden. Das Pathos dieser schrecklichen Prozesse wurde fast in allen sozialistischen Ländern nach ein und demselben Szenarium erzeugt, welches die Vernichtung anerkannter «Helden» der Arbeiterbewegung zugunsten einer barbarischen Staatsräson zum Gegenstand hatte. Hätte nicht das «Fehlen eines guten historischen Gewissens» die staatssozialistische Gesellschaft seinerzeit davon abgehalten, dann wäre die damalige Zeit, wie Peter Hacks schreibt, die hohe Zeit gewesen, um das bleibende Drama des Sozialismus zu schaffen. Der metaphysische Trost, mit dem die dramatische Kunst als heilkundige Zauberin uns über das Entsetzliche hätte hinweghelfen können, ist demnach bisher ausgeblieben. Solange uns aber dieser Trost nicht zuteil wird, können wir den Ekel nicht loswerden, den die einmal geschaute Wahrheit hervorgerufen hat. Deshalb, weil wir seelisch dieses Trostes bedürfen, und nicht, wie manche meinen, um des politischen Showeffektes wegen, ist es unbedingt erforderlich, daß das «bleibende Drama» des Sozialismus geschrieben wird.

Obwohl sich die nachstalinistischen Verhältnisse weit weniger aufregend darstellen – der Tod wird schon lange nicht mehr auf offener Bühne vorgeführt –, ist das Ende unserer Politheroen immer noch von Tragik umwittert. Entweder sie fallen einem schnöden Vergessen anheim, oder aber sie werden, wie jüngst erst der Chef der polnischen Staatspartei ebenso wie nicht wenige Kampfgefährten Breschnews, am Ende ihrer Tage mit einer Anklage bedroht. Im tragischen Ausgang vieler Politkarrieren soll die kränkende Einseitigkeit der politischen Linie bereinigt werden, die sich allemal symbolisch mit dem Namen des gestürzten Helden verbunden hatte.

Wer die sozialistische Gesellschaft als Tragödie ansieht, der lernt sie mit neuen Augen zu sehen. Sie besteht dann nicht mehr nur aus normiertem Rollenverhalten, Familienbeziehungen oder einem Produktions- und Machtsystem. Mit dem veränderten Blickwinkel ergibt sich zwangsläufig eine veränderte Form der sprachlichen Darstellung, die in sich zugleich kritisch und aufklärend wirken kann. Wieweit die Annahme, daß sich unsere Gesellschaft an dramatischen Erfordernissen ebenso wie an ökonomischen u. a. orientiert, die Einsicht in das Wesen des Staatssozialismus tatsächlich vertiefen kann, soll im folgenden beispielhaft anhand von zwei Phänomenen gezeigt werden, die anders als durch einen Hinweis auf die dramatische Grundform des Staatssozialismus nicht plausibel erklärt werden können.

Warum ist der reale Sozialismus so schrecklich humorlos?

Ausländische Beobachter zeigen sich immer wieder überrascht, wie humorlos Machthaber im Staatssozialismus reagieren und regieren. Politische Clownerien werden rigoros unterbunden. Spottgedichte auf die menschlichen Schwächen der Oberen werden geahndet. Dem «Sonderzug nach Pankow» wird die freie Fahrt verweigert. Das kabarettistische Niveau der meisten Bühnen ist geradezu bemitleidenswert brav. Weder auf der Bühne noch anderorts werden die «Torheiten des Demos» und die «Tollheiten seiner Redner und Staatsmänner» dem befreienden Gelächter des Publikums ausgesetzt. Statt dessen überall Lobgesänge und Hymnen auf das Personal des Politbüros, das als die waltende Macht über dem gesellschaftlichen Ganzen thront wie Zeus im Olymp. Wer um die Dramaturgie unserer Verhältnisse weiß, wird sich über die innerhalb der sozialistischen Verhältnisse vorherrschende Abstinenz gegenüber allem «Komischen» nicht wundern. Elemente des Komischen sind nun einmal die Ausnahme innerhalb des Sozialismus. In Kenntnis der dramatischen Form des Sozialismus ist es eher schon verwunderlich, wie lustig es dann doch zeitweilig bei uns hergeht.

Das Prometheussyndrom

Die Bedeutung der «Dissidenten» in allen sozialistischen Ländern war immer größer, als jemals mit den größtenteils bescheidenen philosophischen Produktionen derselben hätte erklärt werden können. Dennoch ist die Meinung verbreitet, die Intellektuellen würden mit ihrer Systemkritik den Funktionsmechanismus der sozialen Integration, der hierzulande auf einer zentral verordneten Weltanschauung basiert, direkt beschädigen, worauf denn auch ihre Wirksamkeit zurückgeführt wird. Tatsächlich ist diese Erklärung nur zum Teil plausibel, nämlich soweit das kognitive und moralische Moment der Nötigung angesprochen wird, was jede Aufklärung in gewissem Sinne freisetzt. Wie aber erklärt sich die Ausstrahlung unserer politischen Trotzköpfe auf den Teil des Publikums, der die literarischen Produktionen gar nicht gelesen hat, ja der oftmals nicht einmal den Gegenstand der Kontroverse kennt? Allein von der dramatischen Form des Sozialismus her ist die Heroisierung einer jeden Form des politischen Widerstands verständlich. Denn wer immer den Menschen das Feuer bringt, und die Wahrheit ist Feuer, ist das Licht, der ist Prometheus, ob er selber das sein will oder nicht. Die Prometheusrolle (in der bürgerlichen Gesellschaft ist es die Rolle des Clowns!) ist im Staatssozialismus komplementär der Rolle des Politheroen. Prometheisch erscheint allen denen, die sich in einem Zustand der Subalternität befangen fühlen, die Haltung von Menschen zu sein, die unbefangen das verordnete Schweigen durchbrechen und die Wahrheit offen aussprechen. Vor gar nicht allzu langer Zeit war es der Fall des Stefan Krawzyck, der uns darüber belehrt hat, wie wenig es im Staatssozialismus braucht, um derzeit ein Held zu werden.

Zweifellos war die wahre Glanzzeit der Bürokratie die Epoche der asiatischen Produktionsweise. Im Schauspiel der Vergöttlichung des orientalischen Despoten wurde die dramatische Form der tributären Gesellschaft wirklich auf den despotischen Punkt gebracht. Vergleichbare Positionen konnte die Bürokratie im Westen nicht einmal unter der Herrschaft des französischen Absolutismus besetzen. Richelieus Beamte, die den französischen Adel kaltstellten, waren am Ende nichts weiter als bourgeoise Erfüllungsgehilfen. Denn bereits in ihrer Geburtsstunde war die absolute Monarchie von den Kräften abhängig, die sie 1789 liquidieren sollten. Bis es soweit war, berauschten sich die Subalternen aller Schattierungen an den in Mode gekommenen Perserdramen, die das Staatsideal der orientalischen Despotie auf die Bühnen Europas brachten.

Der sozialistische Realismus hat nicht einmal mehr Perserdramen zustande gebracht. Obgleich die Politbürokratie im Staatssozialismus anerkanntermaßen entscheidende Funktionen des sozialen Organismus verkörpert, werden nicht Stücke über Bürokraten, sondern allein solche gegen die Bürokratie zur Aufführung gebracht. Was die sozialistische Dramatik auf die Bühnen bringt, das sind, so jedenfalls resümiert der Meisterdramatiker unseres Landes, «Tragödien, die von Beamten verursacht werden, Tragödien ihrer Opfer. Aber die sind gedanklich Gemeinplatz und künstlerisch schlecht zu machen. Sie zwingen... zu dem tränenreichen und dramaturgisch unergiebigen Grundriß des Passionsstückes. Der Unterschied zwischen einem Trauerspiel und einem Leidensweg ist, daß den letzteren immer der Zuschauer gehn muß».[54]

Nicht weniger kümmerlich sind die Darstellungen des öffentlich inszenierten Dramas des realen Sozialismus. Weil auf fast allen Ebenen der Selbstinszenierung (die einzige Ausnahme ist der politische Prozeß, der aber hinter verschlossenen Türen stattfindet) nurmehr ungenügend das herausgearbeitet wird, was in den gesellschaftlichen Begebenheiten Furcht und Mitleid hervorruft, wird das massenhaft verbreitete Bedürfnis nach Katharsis nicht gestillt. Das dadurch entstehende Defizit ist über die dilettantisch geplanten Rituale der Selbstdarstellung der «führenden Repräsentanten der Partei und des Staates» nicht wettzumachen. Für die Planer dieser Schaustellungen sind die Zuschauer stets die Gegenspieler, die unter die gefühlsmäßige Kontrolle der Politbürokratie gebracht werden sollen. Die Planer wollen von vornherein verhindern, daß das Publikum als Kollektivum unter Inanspruchnahme seines Rechts zum Beifall wie zum Mißfallen sein Urteil verhängt. Unter diesen Umständen können Stimmungen des «Festrauschs und der dithyrambischen Begeisterung» anläßlich der mit großem Aufwand begangenen Staatsfeiertage und anderer Höhepunkte des gesellschaftlichen Lebens gar nicht erst aufkommen. Anstelle der Begeisterung für die Ideale und Ziele des Sozialismus erfaßt denn auch die Teilnehmer der anläßlich solcher Gelegenheiten zusammengetrommelten Massenveranstaltungen häufig ein Gefühl, wie man es als Zuschauer eines langweiligen Theaterstücks spüren kann, das man sich lediglich deshalb bis zum letzten Akt ansieht, weil man nun einmal da ist.

Manchmal kann man allerdings bei derartigen Anlässen erleben, wie hinter der betont biederen Fassade der staatssozialistischen Wirklichkeit ein ganz anderes, unkontrolliertes zweites Leben aufscheint. Nicht selten geschieht es nämlich nach derartigen Festlichkeiten, und zwar insbesondere dann, wenn die Jugend des Landes zusammengerufen wurde, daß nach dem Abgang der alten Herren von den Rednertribünen und den Podien die ganze Veranstaltung in einer geschlechtlichen Zuchtlosigkeit ausartet, die als der letzte Nachklang eines zweiten, man könnte sagen «dionysischen» Lebens gelten darf. Wie in einem Naturlaut macht sich hier der Protest gegen die auf den bedürftigen Schein und die verplante Lust gegründete Welt des Staatssozialismus Luft.

Natürlich verhindert die Politbürokratie mit der hier aufgezeigten Regie, daß ihrem «Bedürfnis zu gefallen» überhaupt entsprochen werden könnte. Denn mit diesem Bedürfnis untersteht sie unausweichlich «des Geschmakkes zartem Gericht». Um dessen Empfindungsweise aber kann die Macht nicht mit Gewalt, sondern nur durch die Form ringen: Sie müßte am «Muster des freien Bundes» orientiert in den öffentlichen Ereignissen der Freiheit Gestalt geben, wollte sie der Freiheit ernsthaft gefallen.[55] Solange der sozialistische Staat im Gegensatz dazu das gefühlsmäßige Erleben der Menschen als Marionettentheater symbolisiert, unterdrückt er auch in der Form unseren Sinn für Schönheit.

DRITTER TEIL: VOM «INNEREN MENSCHEN»

10. MARXISMUS UND MORAL ODER: DIE MORAL DES MARXISMUS

Nirgendwo ist es dem Marxismus bisher gelungen, dauerhaft seine moralische Überlegenheit unter Beweis zu stellen. Überall dort, wo er als politische Bewegung zur materiellen Gewalt wurde, die den Ausgebeuteten und Geknechteten ihr Überleben sichern wollte, ging es zumeist von dem Zeitpunkt an rasch mit seiner moralischen Lauterkeit bergab, sobald die Staatsmacht erobert war. Gar nicht erst zu reden von den Ländern, in denen im Ergebnis der Siege roter Armeen – Marx zum Ruhme – ideologische Zwangstaufen veranstaltet wurden.

Wie Václav Havel resigniert schreibt, ist das Leben im Staatssozialismus «von einem Gewebe der Heuchelei und Lüge durchsetzt: Die Macht der Bürokratie wird Macht des Volkes genannt; im Namen der Arbeiterklasse wird die Arbeiterklasse versklavt; die allumfassende Demütigung des Menschen wird für seine definitive Befreiung ausgegeben; die Manipulierung durch die Macht nennt sich öffentliche Kontrolle der Macht, und die Willkür nennt sich die Einhaltung der Rechtsordnung; die Unterdrückung der Kultur wird als ihre Entwicklung gepriesen; die Ausbreitung des imperialen Einflusses wird für Unterstützung der Unterdrückten ausgegeben; Unfreiheit des Wortes für die höchste Form der Freiheit, die Wahlposse für die höchste Form der Demokratie; Verbot des unabhängigen Denkens für die wissenschaftlichste Weltanschauung; Okkupation für brüderliche Hilfe. Die Macht muß fälschen, weil sie in eigenen Lügen gefangen ist. Sie fälscht die Vergangenheit, die Gegenwart und die Zukunft. Sie fälscht statistische Daten. Sie täuscht vor, daß sie keinen allmächtigen und zu allem fähigen Polizeiapparat hat, sie täuscht vor, daß sie die Menschenrechte respektiert, sie täuscht vor, daß sie niemanden verfolgt, sie täuscht vor, daß sie keine Angst hat, sie täuscht vor, daß sie nichts vortäuscht.»[56]

Fragen wir nach den Gründen für diese negative Bilanz, dann ist klar, daß niemals der Marxismus als solcher verantwortlich sein kann für die Unmoral der staatssozialistischen Gesellschaft. Und doch können wir uns nicht der Einsicht verschließen, die da besagt, der Marxismus sei bereits in seiner ursprünglichen Form eine Lehre gewesen, die konsequent darauf abzielte, einem jeden Partikularismus den Garaus zu bereiten und der Herrschaft des Allgemeinen zu dienen. Von daher ist es nur allzu verständlich, wenn der Marxismus in Gestalt des Leninismus ausgerechnet in den staatsbedingten Gesellschaften des Ostens zur Herrschaftsideologie aufstieg. In dieser Form leistete er dann seinen Beitrag zur Unterdrückung des Individuums durch den Staat. So gesehen besteht auch ein Zusammenhang zwischen den moralischen Schwächen des Marxismus und unserem Gesellschaftscharakter.

Setzt man in Rechnung, daß das von Václav Havel erstellte Sündenregister politbürokratischer Machtausübung natürlich ebenso Auskunft gibt über die Tugendhaftigkeit der dieser Macht unterworfenen Menschen, wird sofort deutlich, in welchem Umfang die ganze Zukunft des Staatssozialismus von einer grundlegenden geistigen Erneuerung desselben abhängt.

Das Versagen des Staatssozialismus besteht aus der Sicht einer universalistischen Ethik nicht in seiner strukturell bedingten ökonomischen Unterlegenheit gegenüber den Gesellschaften des Westens, denn diese Unterlegenheit schließt ein besseres Leben in Wahrheit und Gerechtigkeit nicht aus; der Sozialismus scheitert bisher überall auf der Welt an der Morallosigkeit. Man kann die unterschiedlichsten Gründe ins Feld führen, die dieses Ergebnis der marxistischen Bewegung erklären: die Natur des Menschen, das Wesen der Macht, gesellschaftliche Strukturen usw. Übersehen wird dabei zumeist die eigene Moral. Allzu selten fragen wir danach, in welcher Weise die marxistische Lehre unsere eigenen moralischen Schwächen verharmlost.

Sicher, Marx und Engels haben aus einer moralisch integren Position heraus ihre Gesellschaftskritik vorgetragen. Jesus oder Buddha können sie deshalb noch lange nicht ersetzen, wie so mancher meint, der sie unbedingt zu Schutzheiligen des Sozialismus berufen will. In seinen Schriften bezieht Marx ja ohnehin in der Regel eine objektivistische Beobachterposition mit Blick auf die Klassenkämpfe seiner Zeit. Die Schwäche des Marxismus besteht in dieser Beziehung darin, daß er seine eigenen Anhänger ungenügend zur Selbstkritik anleitet und zudem vorrangig dem Handeln sozialer Klassen und Gruppen Bedeutung beimessen will. Die Moral des einzelnen ist egal, wenn dieser nur gehörig auf seiten der Parteigänger des Marxismus am Klassenkampf teilhat. Im Grunde genommen hat Karl Marx nie ernsthaft auf die moralische Person und den «inneren Menschen» gesetzt, sondern alle seine

Hoffnungen – und hier ist er ganz ein Kind seiner Zeit! – in einen sozialen Handlungsrahmen investiert, in dem der Interessenkampf der Menschen unter dem Strich von selbst vernünftige Ergebnisse hervorbringen sollte. Erst aus einer solchen Erwartungshaltung erwächst die zweifelhafte Souveränität, ohne weitere moralische Skrupel «von der schönen Seite der Sklaverei» zu schwärmen, da diese ja zum «Angelpunkt der bürgerlichen Industrie» wurde. Und wen kümmert schon die Moral von der Geschicht, wenn «es grade die schlechten Leidenschaften der Menschen sind, Habgier und Herrschsucht, die zu Hebeln der geschichtlichen Entwicklung werden, wovon z. B. die Geschichte des Feudalismus und der Bourgeoisie ein einziger fortlaufender Beweis ist»[57].

Nur, wohin hat uns denn die Geschichte geführt? Vielleicht ist inzwischen das von Marx so bewunderte Böse als Triebkraft der gesellschaftlichen Entwicklung überholt? Besonders originell war der Gedanke von «jener Kraft, die stets das Böse will und stets das Gute schafft», schon zu Marxens Zeiten nicht mehr. Auch nicht in seiner Anwendung innerhalb der politischen Philosophie. Vor Marx hatte Giambattista Vico der im 18. Jahrhundert weit verbreiteten Illusion Gehör verschafft, richtig organisierte Gesellschaften könnten es verstehen, Grausamkeiten, Habsucht und Ehrgeiz als die großen Laster der Menschheit für das Gute nutzbar zu machen durch den Einsatz dieser Leidenschaften innerhalb der nationalen Verteidigung, des Handels und der Politik. Hegels List der Vernunft, Adam Smith' Invisible Hand, selbst noch das Freudsche Konzept der Sublimation – all das liegt ganz auf dieser Linie, wobei immer ungeklärt geblieben ist, was das Agens der erhofften Umwandlung «privater Laster» in öffentliche Tugenden sein sollte. Heute haben wir keinerlei

Grund mehr, an die heilsame Wirkung menschlicher Laster zu glauben. Eher schon zeigt der Gang der Geschichte gegenbeweislich, wie sich das Laster in allen sozialen Verhältnissen systematisch ausbreiten kann, ohne daß dieser Entwicklung mit irgendwelchen soziologischen Konstruktionen Einhalt geboten werden könnte.

Gewiß werden wir uns auch zukünftig immer wieder in Situationen gestellt sehen, in denen Gutes tun zugleich Böses tun bedeutet und umgekehrt. So schmerzlich das im Einzelfall auch sein mag, das wirkliche moralische Problem ist dies nicht. Wer in derartigen Situationen menschlich leidet, der beweist allemal seine moralische Gesinnung. Wogegen wir uns wenden müssen, ist die verbreitete Charakterlosigkeit, die sich als «dialektisches Denken» ausgibt. Gerade diese Art des Denkens gebärdet sich allzuoft als «Wissenschaft». Tatsächlich zeigt sich darin die Aufseher-Position. Überscharf wird aus dieser Position heraus der kleinste Splitter im Auge des anderen, jedoch niemals der Balken im eigenen Auge wahrgenommen. Nicht selten geht es in den Auseinandersetzungen darum, die Enttäuschung über die Trostlosigkeit der Verhältnisse, in denen wir leben, abzuwehren. Die ganze «Wissenschaftlichkeit» des Marxismus-Leninismus stellt sich dann meist sehr schnell als Versuch heraus, dem Pessimismus zu entgehen. Indem wir uns auf diese Weise selber täuschen, unterdrücken wir nicht nur die Wahrheit. Unsere Optimismus verbreitende Haltung ist zugleich Ausdruck von Feigheit, wenn nicht sogar eine besondere Form der Schläue.

Klasseninstinkte und soldatische Disziplin sind die von der Politbürokratie bevorzugten Tugenden. Abgesehen davon, daß kaum jemand weiß, was darunter zu verstehen ist, steht doch fest, daß ein solches Verhalten mit dem «inneren Menschen» wenig zu tun hat. Denn wo immer diese Sorte Tugenden propagiert wird, da fällt regelmäßig der verantwortlich wirkende einzelne aus.

Sollte diese Sicht der Dinge zutreffen, ist eine weitere Schlußfolgerung angezeigt. Wesentliche Voraussetzung für die Unmoral im Staatssozialismus ist, daß der Marxismus für seine Anhängerschaft den modernen Gedanken einer «Kausalität aus Freiheit» unter Hinweis auf «historische Gesetzmäßigkeiten» ablehnt. Für ihn ist der Bürger immer Bürger in einem Reich der Neigungen und materiellen Interessen. Als solcher strebt er nach Besitz und Macht, bevor ihm seine Würde als Mensch überhaupt in den Sinn kommt. Nicht das Gewissen und damit Wissen um das moralische Gesetz bestimmen daher sein Handeln, sondern allein Geld und Angst vor Strafe.

Ebenso wie jede Freiheit, die zugleich Selbstgesetzgebung will, der politbürokratischen Macht ein Dorn im Auge ist, widerspricht es der Macht und deren Vorstellungen von Machtausübung, daß sich ihrer Gewalt unterworfene Menschen innerlich einem höheren Prinzip verpflichtet fühlen. Hierin liegt der Grund, warum der Religion jeder Einfluß auf das Erziehungswesen genommen wird. Mit der «Wissenschaftlichkeit» unserer Weltanschauung hat das gar nichts zu tun. Nicht weil die Wissenschaft Gott widerlegt hat, soll den Menschen ihre natürliche Religiosität wie eine Art Aberglauben ausgetrieben werden; dies geschieht allein um der unbeschränkten Herrschaft über ihre Seelen willen.

Nachdem sich inzwischen die moderne Physik von mechanistischen Modellen hin zu einer Sichtweise bewegt, bei welcher der Geist in sämtliche Physis mit einbezogen wird, erscheint es geradezu als hinterwäldlerisch, im Namen der Wissenschaft Marxismus und Religion gegeneinander aufzuhetzen. Spätestens seit Kant wissen wir, daß

Gott nicht widerlegt werden kann. Marx aber ist einer der legitimen Erben der klassischen deutschen Philosophie. Und so gibt es ja auch nicht einen Satz aus der Feder von Marx, in dem dieser den untauglichen Versuch unternimmt, Gott zu widerlegen. Ein solcher Versuch wäre ebenso unsinnig, wie es die zahlreichen Versuche gewesen sind, das Dasein Gottes positivistisch zu beweisen.

Durchaus kein Unsinn ist es allerdings, wenn im bisherigen Atheismus das Dasein Gottes für «wünschenswert» gehalten wurde. Kant, der die mittelalterlichen Gottesbeweise ad absurdum geführt hat, postuliert das Dasein einer Gottheit und die Unsterblichkeit der Seele. Selbst wer nicht glaubt, es sei ein Gott, soll sich nach Kant die Idee eines solchen bilden. Daß jeglicher Gottesbegriff nur subjektiv und nicht objektiv (also selbst Pflicht) sein kann, wie Kant schreibt, macht den Begriff von einer Gottheit nicht unwirklich oder illusorisch. Gerade die Gottesidee kann, wenn dieselbe zur Richtschnur im täglichen Handeln wird, zu einer geistigen Gewalt werden. Wie inniglich Atheismus und Religion sich verbünden können, hat Robespierre bewiesen, als er im Konvent die Notwendigkeit eines höchsten Wesens und der Unsterblichkeit der Seele begründete. Robespierre wußte, wie unsicher seine republikanischen Ideen bleiben würden, solange dieselben ohne ein metaphysisches Fundament blieben.

11. SOZIALISMUS UND TOD

«Mach dich frei von Lebenslust, von Dünkel, von Unwissenheit und der Zerstreuung Wirrsal; zerreiß die Bande; so nur erreichst du wirklich das Ende der Pein. Wirf von dir die Kette von Geburt und Tod – du weißt, was sie bedeuten. So, von Verlangen befreit, sollst du im Erdenleben ruhig und heiter ziehn deines Weges.»

Der Buddha, Psalmen der frühen Buddhisten

«Es gibt nur einen Weg aus dem verfilzten Dschungel, in dem der Kampf um Ehre, Macht und Vorteil geführt wird... dieser Weg heißt: Ja sagen zum Tode.»

Dag Hammarskjöld

Um das Wesen des Sozialismus weiter zu erhellen, soll jetzt das Augenmerk auf dasjenige Phänomen gelenkt werden, das als letztes Geheimnis allem Sein zugrunde liegt: auf den Tod. Jeder wahre Weise interessiert sich für ihn und strebt danach. So jedenfalls lehrt es uns der alte Lebemeister Sokrates im «Phaidon». Richtiges Leben bedeutet deshalb Sterbenlernen. In aller herkömmlichen Geistesschulung ebenso wie in den Mysterien des Altertums wurde stets darauf geachtet, daß die Beteiligten sich praktisch auf das Erlebnis des Todes einließen. Es ist die Vorfreude darauf, daß es mit dem empirischen Bewußtsein einmal ein Ende haben werde, worin diese Gesinnung gegenüber dem Tod wurzelt. Denn mit dem empirischen Bewußtsein ist nicht allein der Durst nach Vergnügen, der Durst nach Macht und der Durst nach Dasein verbunden, mit dieser Form des Bewußtseins ist gleichfalls alles Leiden gesetzt.

Das sozialistische Bewußtsein will vom «Sein zum Tode» nichts mehr wissen. Mit diesem Bewußtsein und mit der Entwicklung eines «sozialistischen Gesundheitswesens» ist im Hinblick auf den Tod eine neue Situation eingetreten. Denn zahllose Menschen, die in der Vergangenheit längst gestorben wären, werden heute im Sozialismus mittels Herzschrittmachern, mit Hilfe mechanischer Nieren und anderem Gerät künstlich am Sterben gehindert. War in der Vergangenheit der Unterschied zwischen dem zu frühen Tod, sei dieser nun durch Krankheit, Unfall oder Verwundung im Kriege verursacht, und dem natürlichen, altersbedingten Tod für jedermann klar erkennbar, ist das in der Gegenwart kaum mehr möglich. Es ist also zu fragen, was aus einer Gesellschaft wird, die das Sterben behindert und den Tod zunehmend aus ihrem Bewußtsein drängt. Wer Fragen dieser Art stellt, wird bald merken, daß alles Behindern und Verdrängen durchaus kein Jasagen zum Leben ist, sondern lediglich der Aufrechterhaltung einer besonderen Lebensform dienen soll.

«Der Kampf um das Leben», heißt es in der neuesten Ethik des Staatssozialismus, «wird beim zu früh geborenen Säugling ebenso entschlossen geführt wie beim Schwerstverunglückten, bei dem chronisch Kranken oder auch sehr alten Menschen. Viel schlimmer als je zuvor wird der Tod als eine Niederlage in diesem Kampf empfunden.»[58] Dieser ganz dem empirischen Bewußtsein verpflichteten Ethik zufolge ist der Mensch nichts weiter als eine Erscheinung in der Zeit, weshalb ihm der Tod als Vernichtung erscheint. Dagegen aber muß man sich mit allen verfügbaren Mitteln zur Wehr setzen. Den Tod hinauszuschieben ist deshalb der Endzweck des Gesundheitswesens, denn das gegenwärtige Leben im Fleische soll verlängert werden um jeden Preis. Um das aber zu erreichen, muß sich die Gesellschaft «auf eine völlig neue Weise auf den sterbenden Menschen einstellen. Es ist nicht selten ein Kranker, der weder essen noch trinken kann, der künstlich beatmet wird, der also von einer Fülle technischer Einrichtungen umgeben ist.»[59]

Erstmalig in dieser Lage – im Zeitalter des totalen Einsatzes der Medizintechnik – bewahrheitet sich das Wort vom Körper als dem «Kerker der Seele». So sterben denn die Alten zu spät, und ihr sinnlos verlängertes Leben wird zur Last. Herausgerissen aus ihren Familien, lieblos durchgefüttert aus Pflichtgefühl, wird den Alten jede Entscheidungsfreiheit über ihr Leben und ihren Tod genommen. Als soziales Gerümpel werden sie schließlich entsorgt, sobald die von ihnen belegten Krankenhausbetten knapp werden. Achtung vor dem Leben soll das sein! Wie menschlich klingt im Gegensatz dazu die Lehre des «Stirb zur rechten Zeit», die Nietzsches Zarathustra dem Tod, «der heranschleicht wie ein Dieb – und doch als Herr kommt», entgegenhält. Freilich, ganz trifft dieses Bild vom Tode heute nicht mehr zu. Bei wem und wann die medizinische Versorgung eingestellt wird, das hängt davon ab, über wieviel Bettenkapazität die medizinische Einrichtung verfügt, in die der Mensch zum Ende seines Lebens eingeliefert wird. Begrenzte medizinische Kapazitäten verhindern ein weiteres Ansteigen der «durchschnittlichen Lebenserwartung», des wohl dubiosesten Wertes im Wettkampf der Systeme mit der Zeit.

Natürlich geht es jenen Predigern einer Ethik des Staatssozialismus, die den langsamen Tod ehren wollen, nicht allein um das Abschneiden im Wettlauf der Systeme. Es geht um weit mehr. Bis zu seinem Tode soll der Mensch daran gehindert werden, für sich und sein weiteres Leben selbstbestimmt zu entscheiden. Noch in seinem Sterben soll der Mensch den Geist der bürokratischen Vormundschaft zu spüren bekommen, ganz so, als sei der Mensch in Ewigkeit und nicht nur hier auf Erden von der Macht abhängig. Darum wird der freie Tod, der Tod, der dann kommt, wenn wir es wollen, verteufelt. Darum ist der bürokratisch geplante, der statistisch unauffällige Tod erwünscht. Vor dem Hintergrund dieses Todes aber wird das Sterben zur letzten erschütternden Zurechtweisung darüber, wohin uns die Entmündigung gebracht hat.

Welcher Mensch hat jemals so hilflos angesichts des Todes dagestanden wie der sozialistische? Klar ist doch wohl: Je materialistischer der Mensch eingestellt ist, um so überwältigender, vereinnahmender erscheint ihm die gegenständliche Welt, um so ärmer ist seine innere Welt. Je ausgeprägter die Lust des Menschen auf äußere Dinge aus ist, um so schwerer fällt es ihm, sich von der Erscheinungswelt abzukehren. In der Stunde des Todes bleibt da nicht viel mehr als die Angst, daß man vielleicht doch nicht richtig vorbereitet sei auf das, was da kommen wird. Denn was nützen alle Phrasen, wenn man nicht weiß, wie man sterben soll? In solch einer Lage erscheint der Tod nurmehr, wie Marx in den «Ökonomisch-philosophischen Manuskripten» richtig feststellt, «als ein harter Sieg der Gattung über das bestimmte Individuum». Natürlich kann der Tod das immer nur dort sein, wo der Mensch auf die Selbstbehauptung reduziert wird. Die bittere Niederlage des Individuums, die unsere Ethiker so schmerzt, kommt doch im Grunde genommen daher, daß der sozialistische Mensch Wirklichkeit nurmehr in seiner Person wahrhaben will, nicht jedoch in seinem inneren Wesen, in der Natur und in Gott. Bis zum letzten Atemzug auf die Behauptung seines Selbst bedacht, denkt der Mensch im Sozialismus zumeist in den Begriffen seiner eigenen Person, was ihn daran hindert, seinen Eigen-Sinn fahren zu lassen und mit der Welt einen einzigen Leib zu bilden.

Wie ein ontologischer Status des Menschen aussehen könnte, der nicht mehr durch Selbstbehauptung bestimmt ist, sondern von einem Willen zur lebendigen Gemeinschaft mit allem Sein, das haben in der deutschen Kultur bisher nur die Mystiker zu sagen gewußt. Besonders in ihrem vorlaufenden Bedenken des Todes deutet sich eine organismische Weltsicht an, die den Zustand des Abgetrenntseins des Menschen von seinem ureigentlichen Sein überbrückt. Wo immer der Mensch bei ihnen aufhört, ein Individuum zu sein, verkörpert er und durchdringt er die ganze Welt, innerlich ebenso wie äußerlich. Eins geworden mit allem, schafft der Mensch in sich und aus sich heraus das All, den Himmel wie die Hölle. Ganz in diesem Sinne antwortet der philosophus teutonicus Jakob Böhme, seines Standes einst Schuhmachermeister in Görlitz, auf die Frage: «Wo fährt die Seele denn hin, wenn der Leib stirbt, sie sei selig oder verdammt?» – «Sie bedarf keines Ausfahrens, sondern das äußerliche tödliche Leben samt dem Leibe scheiden sich nur von ihr. Sie hat Himmel und Hölle zuvor in sich... denn Himmel und Hölle ist überall gegenwärtig.»[60]

Auch im Sozialismus bleibt das menschliche Leben ein «Sein zum Tode». Mag dadurch das Leben von Anfang an beleidigt werden, wie uns die neueren Sinn-Geber einreden wollen, es ist so, daß wir ständig sterben. Deshalb mahnen die Meister: Sterblicher, denk ans Sterben! Denn der morgige Tag ist ungewiß, und es ist niemand da, der uns verbürgt, daß wir ihn noch erleben werden. Darum heißt es, wir sollen jetzt leben lernen, und zwar so, daß uns die Todesstunde mehr Freude als Schrecken bringt. Je weniger wir Mahnungen dieser Art beherzigen, je weiter wir statt dessen den Tod an den alleräußersten Rand des Sozialgeschehens drücken, um so mehr wird dieser zur Quelle unausgesprochener Ängste werden. Gegen diese Angst aber wird der sozialistische Mensch wehrlos sein, denn er hat ihr nichts – nicht einmal den Glauben an ein wohlwollendes Wesen – entgegenzusetzen. In solcher Lage ist die Verabsolutierung der banalen Lebensdauer beinahe schon wieder verständlich, ebenso wie die Erklärung des Todes zum Erzfeind der Menschheit nachfühlbar wird.

Das ständige Ausweichen vor dem Tode beherrscht den sozialistischen Alltag uneingeschränkt. Mehr denn je hängt die Entwicklung menschlicher Selbstbestimmung unter diesen Umständen davon ab, daß wir wieder die ethische Bedeutsamkeit des Todes erkennen. «Was tun?» – «Welches ist die bestmögliche Weise zu leben?» – «Wer will ich sein?» Gleichgültig in welcher Form wir die Grundfrage aller Ethik stellen, Tiefe gewinnt unser Fragen erst in dem Moment, wenn wir den Mut aufbringen, unser Leben im ganzen in Frage zu stellen und nicht nur irgendwelche untergeordneten Lebensziele. Wollen wir uns praktisch auf die Ganzheit unseres menschlichen Seins beziehen, setzt das notwendig voraus, daß wir den Tod als die einzige Möglichkeit des Nicht-mehr-Seins vorlaufend bedenken. Nur dann, wenn wir uns das jederzeit mögliche Ende unseres Lebens ernsthaft vor Augen führen, indem wir den weiteren Vollzug des bevorstehenden Lebens zum Gegenstand einer Wahl werden lassen, leben wir nicht weiter unüberlegt in den Tag hinein. Erst aus einer so gearteten Entscheidungssituation heraus kann die Verwirklichung einer eigenverantwortlich übernommenen Biographie beginnen, können neue Lebenswege beschritten werden. Zudem zwingt die Hamlet-Frage, den, der sich fragt, ob es besser ist, «zu sein oder nicht zu sein», das eigene Dasein tiefer zu begründen. Damit wird von vornherein der allerorten sich ausbreitende Optimismus in Frage gestellt, bei dem das Ergebnis von Lebensentscheidungen immer schon entsprechend der wohlfeilen Lehre feststeht, wonach – ganz gleich unter welchen Verhältnissen und Menschen – alles Leben gleichermaßen lebenswert sein soll. Nein, nicht das ist die Hamletlehre! Nicht der Hamlet ist uns Symbolfigur für menschliches Handeln, dessen Unentschlossenheit zum Leben angeblich aus einem Zuviel an Nachdenken herrührt. Von Interesse kann uns nur jener Prinz von Dänemark sein, der für sich erfahren mußte, daß ein unverschleierter Blick in das Wesen menschlicher Lebensverhältnisse Handeln lähmen kann.

Zu keiner Zeit in der Geschichte wurde vermutlich das Tätigsein und damit zugleich die Ruhelosigkeit höher bewertet als in der Gegenwart, wodurch die in jeder Hinsicht lebenswichtige Stille zu kurz kommt im Leben der Menschen. Durch die meditative Beschäftigung mit dem Tode könnte dieser Mangel wenigstens teilweise ausgeglichen werden. Um den Tod wieder in unserem Gefühlsleben einzuheimaten, empfiehlt uns der Dichter Rainer Maria Rilke die Lektüre der Erzählung Tolstois «Der Tod des Iwan Iljitsch». Sehen wir uns darüber hinaus nach weiteren Lebensgeschichten um, die ein vorlaufendes Verstehen gegenüber dem Tod befördern können, dürfen wir natürlich

Sokrates nicht vergessen. Platon hat die letzten Stunden des Sokrates in den Dialogen «Kriton» und «Phaidon» dargestellt, wobei ihm die Gelassenheit des Sokrates angesichts des sicheren Todes als der beste Beweis für das heimliche Streben eines weisheitsliebenden Menschen zum Tode erschien. Nicht als Bußprediger, nein, im Rahmen eines Lehrgesprächs zwischen Sokrates und Simmias trägt uns Platon sein Verständnis des Todes vor. Und es ist wundersam wahrzunehmen, wie er im Gespräch über die alltäglichsten Dinge des Lebens die esoterische Erkenntnis weitergibt, wonach erst in dem Augenblick, wenn Körper und Seele voneinander scheiden, alle die Hindernisse beseitigt sind, die dem Erkennen des Guten, Gerechten und Schönen im Wege stehen:

«Und offenbar dann erst werden wir haben, was wir begehren und wessen Liebhaber wir zu sein behaupten, die Weisheit, wenn wir tot sein werden, wie die Rede uns andeutet, solange wir leben aber nicht. Denn wenn es nicht möglich ist, mit dem Leibe irgend etwas rein zu erkennen: so können wir nur eines von beiden, entweder niemals zum Wissen gelangen oder nach dem Tode.»[61]

12. MARXISMUS UND CHRISTENTUM

Staat und «Kirche im Sozialismus»

> *«Christus ist der Geist des Höchsten, ist Ausdruck des Ewigen. Die Manifestation dieses Ausdrucks des Ewigen ist in der Geschichte nicht auf Jesus beschränkt. Erlösung wird erwirkt durch den ewigen Christus, der nicht mit dem historischen Jesus verwechselt werden darf, als Mittler des Wortes Gottes. Erlösung steht all denen offen, die niemals von ihm gehört haben und doch dem Geiste der Wahrheit dienen. Das vierte Evangelium lehrt, daß das Wort Gottes, das uns in Jesus heilig ist, in aller Schöpfung von Anfang an wirksam gewesen ist, und daß es das ‹wahrhaftige Licht ist, welches alle Menschen erleuchtet›.»*
>
> *Sarvapalli Radhakrishnan*

Um allen Mißverständnissen vorzubeugen: das unbestreitbar Menschengemäße an der Religion soll nicht bezweifelt werden mit dem Versuch, das Verhältnis von Staat und «Kirche im Sozialismus» näher zu charakterisieren. Es geht hier zunächst nur um den Beitrag der Kirche zur Erhaltung des Zustandes, in dem sich das politische System des Sozialismus gegenwärtig befindet. Denn zur

Systemerhaltung will die Kirche ja beitragen, wie ihr eigenes Wort «Wir wollen Kirche nicht neben, nicht gegen, sondern Kirche im Sozialismus sein» aussagt. Welche die sozialistische Wirklichkeit gestaltende Aufgabe die Kirche insoweit beabsichtigt übernehmen will, hat die klerikale Bürokratie unüberhörbar verlautbart. Man möchte gerne der «Mund der Schwachen und Benachteiligten in der eigenen Gesellschaft» ebenso wie anderswo sein; man will für Offenheit in den gesellschaftlichen Beziehungen streiten, dem Umweltschutz und der Kriegsgefahr die kirchliche Aufmerksamkeit widmen, man will Fragen nach dem Sinn des Lebens beantworten, Verständigung und Gerechtigkeit fördern sowie an der Bewältigung von Angst und Leiden teilhaben.

Neben diesen bezweckten oder wenigstens mitbedachten Wirkungen sind es aber gerade die im allgemeinen übersehenen, ins Vergessen abgeschobenen Ergebnisse kirchlicher Politik, die in das gesellschaftliche Bewußtsein gehoben werden sollten. Es sind die – soziologisch gesprochen – «latenten Funktionen» der Kirche als einer bürokratischen Organisation im Staatssozialismus, die das öffentliche Interesse verdienen. Funktionale Beziehungen zwischen Staat und Kirche also, die sich die klerikale Bürokratie ebensowenig wie die Parteibürokratie eingestehen will und darf, weil sonst das kirchen- und parteipolitische Handeln nicht mehr glaubhaft motivierbar wären.

Welchem Pfarrer schwillt nicht die Brust, sobald ihm hochrangige Partei- und Staatsfunktionäre bescheinigen, daß der sozialistische Staat in der Behindertenfürsorge am liebsten auf die Mitarbeit christlicher Pflegekräfte zurückgreift? Wie aber verhält sich derselbe Pfarrer, sollte sich herausstellen, daß die Arbeitsteilung zwischen der bürokratischen Organisation Kirche und dem Staat durchaus über unverfängliche Aufgaben wie die Behindertenfürsorge hinausgeht? Wenn es etwa zuträfe, daß die Kirche objektiv dazu beiträgt, die geistige Erneuerung unserer Gesellschaft zu erschweren, kann ein Pfarrer dann überhaupt noch ein wirkliches Interesse an der aufklärerischen Reflexion der bürokratischen Organisation Kirche entwikkeln?

Es mag unfein erscheinen, Devisenbezüge, gesicherte Reisemöglichkeiten und was es sonst noch für kirchliche Privilegien gibt, in diesem Zusammenhang anzusprechen. Es kommt aber darauf an, die Kirche als bürokratische Großorganisation so zu zeigen, wie sie wirklich ist – und das in einer Zeit, die deshalb wieder der Kirche naiv alles das abnimmt, was diese von sich selber behauptet, weil der Klerus von der Machtausübung ausgeschlossen scheint. Da hilft es dann manchmal schon weiter, wenn man sich nicht scheut, wieder einfache Kinderfragen zu stellen, um die partikularen Interessen der Pastoren und höheren kirchlichen Angestellten deutlich zu machen (etwa diese: warum erhält der Pastor einen Reisepaß, nicht aber der Betriebsparteisekretär?).

Wenn an dieser Stelle von der Kirche als einer «bürokratischen Organisation» die Rede ist, so sind damit vor allem Phänomene der Bürokratisierung gemeint, wie sie sich in der Praxis der evangelischen Landeskirchen widerspiegeln. Bekanntlich ist die DDR das sozialistische Land, in dem die überwiegende Mehrheit der konfessionell gebundenen Menschen dem Protestantismus anhängen. Das rechtfertigt es in gewisser Weise, den Blickwinkel auf die evangelische Kirche zu verengen. Der Blickwinkel, unter dem die nachfolgenden Erörterungen stehen, bedarf aber noch in einem weiteren Punkt der Erläuterung. Wird jetzt das «bürokratische Phänomen ‹Kirche im Sozialismus›» in den Blick genommen, dann darf dabei keinen Moment vergessen werden, daß es natürlich auch innerhalb dieser Kirche ebenso wie außerhalb stets ein Christentum der Nachfolge gibt, welches in sich selbst als messianische Praxis der gelebten Nachfolge zugleich politisch und mystisch ist. Im Wissen um die Existenz dieser jederzeit präsenten «unsichtbaren Kirche» ist die Darstellung bürokratischer Phänomene klerikalen Handelns an keiner Stelle denunziatorisch gegenüber dem einzelnen Gemeindemitglied oder seinem Pfarrer gemeint. Sie soll vielmehr den Blick schärfen gegenüber einer Form des real existierenden Christentums, welches sich ganz von selbst in Frage stellt, sobald es das erschreckende Manko an politischer Widerstandsgeschichte und das erdrückende Übergewicht der Gehorsams- und Anpassungsgeschichte verdrängen will, die das deutsche Luthertum bis in die Gegenwart hinein charakterisieren. Die Tatsache, daß der Protestantismus einmal etwas mit Protest zu tun gehabt hat, darf nicht länger vergessen werden.

«Die politische Praxis evangelischer Kirchen hat diesem Vergessen über Jahrhunderte hin kräftig nachgeholfen. Seit der Reformation bis zum Jahr 1918, also für nahezu vier Jahrhunderte, erkannten die evangelischen Kirchen in Deutschland den jeweiligen Landesfürsten als ihren Bischof an; zu Recht gelten sie deshalb noch immer als Musterbeispiel obrigkeitsfrommer Kirchen. Der wirksamste Beitrag des Protestantismus zur Moderne, zu ihrer politischen Kultur und zu ihrer Wertorientierung liegt keineswegs in seinem Protestpotential, sondern in seinem Arbeitsethos. Der sittliche Charakter beruflicher Pflicht, der Verzicht auf die Erfüllung eigener Wünsche, der Gehorsam gegenüber staatlicher Gewalt, die Anerkennung ständischer Grenzen in der Gesellschaft, die Einfügung in familiäre Rollen: darin sah und sieht man vielfach noch heute die Kennzeichen des protestantischen Ethos. Es erfüllte in hohem Maß eine politische Funktion.»[62]

Mit der Beschreibung «klerikalen Handelns» soll klargestellt werden, daß der Protestantismus auch noch im Staatssozialismus seine jahrhundertealte Rolle weiterspielt und daß diese Tatsache eng mit seiner bürokratischen Organisationsform zusammenhängt. Daraus aber können alle alternativen Kräfte nur die Lehre ziehen, daß in der Stunde wirklicher Not die wahre Kirche nicht in der hierarchischen Organisation zu finden ist, sondern einzig in der vor Ort versammelten Gemeinschaft von zu Widerstand und Befreiung entschlossenen Frauen und Männern, der es nicht an der erforderlichen Zivilcourage mangelt. Eine solche Gemeinde wird es jedoch nur dort geben, wo sich zuvor innerhalb des Gemeindelebens das kindliche Verhältnis der Unmündigen zu den bestellten «Vormündern» in ein freieres Verhältnis gewandelt hat, in dem eben nicht mehr nur die Amtsträger bestimmen, in welchem Maße das Evangelium gelebt werden darf. Das muß besonders gelten für das Verhältnis der deutschen Christenheit zum Staat. Gerade in der jüngsten Vergangenheit sind die evangelischen Kirchen verhängnisvoll in die Irre gegangen, und sie haben in Deutschland viele Tausende Gemeindemitglieder in die Irre geführt, weil sie allzu «unterthan der obrigkeitlichen Gewalt» waren, das Tier aber nicht wahrhaben wollten, was im 13. Kapitel der Offenbarung aus der Tiefe des Meeres heraufkommt.

Die Unterscheidung zwischen Gehorsam und Servilität ist im Staatssozialismus nicht leichter geworden, wie wir sehen werden. Wollen wir den darin liegenden Gefahren nicht leichtfertig anheimfallen, müssen Christen wie Marxisten, ja man kann sagen «alle Bürger des Landes» neu verstehen lernen, was die Apostelgeschichte uns andeuten will mit ihrer Weisheit: «Man muß Gott mehr gehorchen als den Menschen.» Eine Weisheit, die unseren Vorfahren in der Reformationszeit konkrete Weg-Weisung war und die noch bei Kant nachklingt, wenn er sagt, das Gewissen ist «der Gott in uns».

Bischöfliche Kirchensprecher (Schönherr, Krusche u. a.) haben in der Gegenwart wiederholt den Weg der «Kirche im Sozialismus» als Wanderung auf dem schmalen Grat zwischen politischer Opposition und opportunistischer Anpassung beschrieben. Mit dieser Bestimmung der kirchlichen Marschroute im Staatssozialismus, die lediglich festlegt, was die Kirche nach ihrem eigenen Selbstverständnis nicht sein will, reagierten die Kirchenleitungen seinerzeit auf den in den Reihen des eigenen Kirchenvolks geäußerten massiven Verdacht, die Kirchendiplomatie gegenüber der Partei- und Staatsmacht habe mindestens latent die Neuauflage einer Bündnispolitik nach dem Muster «Thron und Altar» zu ihrem Vorbild. Wie verlockend der Gedanke für die Kirchenbürokratie tatsächlich ist, mit der Partei- und Staatsmacht wieder in althergebrachter Weise arbeitsteilig zu politisieren, hat Albrecht Schönherr bereits 1979 vor den Synodalen der Berlin-Brandenburgischen Kirche ausgesprochen: «Die Gefahr der Anpassung ist darum so groß», sagte er, «weil die Macht gerade eine machtlos gewordene Kirche verlokken könnte, die Freiheit und die Fülle ihrer Verkündigung für das Linsengericht einer größeren ‹Überlebenschance› preiszugeben.»

Der Altbischof der «Kirche im Sozialismus» deutet hier selbst an, welch hohen Stellenwert für die beamteten Vertreter unserer Kirche die Notwendigkeiten bürokratischen Handelns einnehmen. Anders gesagt: weil sich die klerikale Bürokratie selbst als der letzte Endzweck von Kirche versteht, ist sie den Verlockungen der Macht preisgegeben. Das «Überleben», d. h. die Bestandserhaltung der bürokratischen Organisation, wird zum Inhalt der Kirchenpolitik, weshalb diese notgedrungen – wie noch zu zeigen ist – mit ihren verkündeten Zielen in Konflikt geraten muß. Denn wessen «Machtverlust» beklagte der alternde Bischof eigentlich? Der lange Abschied von der bornierten Struktur einer «Volkskirche», welche die Macht der großen Zahlen auf ihrer Seite hat, betrifft im Herrschaftsbereich des deutschen Staatssozialismus allein die großen evangelischen Landeskirchen, währenddessen die Freikirchen bezeichnenderweise weder unter der Säkularisierung noch unter der Formationsverdrängung in ihrem Bestand wesentlich gelitten haben. Gerade aber an der unterschiedlichen Problemlage, in die sich die Landeskirchen im Gegensatz zu den Freikirchen gestellt sehen, kann man ablesen, daß deren Widersprüchlichkeiten weitgehend aus ihrer Selbstbehauptung als bürokratische Großorganisation herrühren.

Vor diesem Hintergrund erscheint es doch sehr fragwürdig, wenn sich die Kirchenoberen ausgerechnet auf einen wahrhaft christlichen Mann wie Dietrich Bonhoeffer berufen, um dem Kirchenvolk die strategische Linie ihrer «Kirche im Sozialismus» schmackhaft zu machen. Man will «Kirche für andere» sein, ist zu hören, und auf fast allen Märkten des Landes wird das Losungswort von der «Zeugnis- und Dienstgemeinschaft» gehandelt. Bis in die Wortwahl wiederholen unsere Kirchenleitungen ganze Sätze aus dem theologischen Nachlaß Bonhoeffers, um ihr interessengeleitetes Handeln zu verbrämen. Dabei ist es in evangelischen Kirchenkreisen Bonhoeffer gewesen, der unzweideutig auf die Gefahr hinwies, die daraus erwächst, daß das «uns unmittelbar Gegebene» nicht mehr länger die Natur ist, «sondern die Organisation». Aus der Organisation als dem ursprünglichen «Schutz vor der Bedrohung durch die Natur» kommt nach den Worten Bonhoeffers «selbst wieder eine neue Bedrohung des Lebens» auf uns zu.[63] Daraus folgerte Bonhoeffer, die Kirche sei nur dann Kirche, «wenn sie für andere da ist». Geradeso als wollte Bonhoeffer der mißbräuchlichen Verwendung des Begriffs «Kirche für andere» vorbeugen, stellte er sogleich seinem Wort klare Handlungsmaximen an die Seite. «Um einen Anfang zu machen», sollte die Kirche nach den Vorstellungen Bonhoeffers, «alles Eigentum den Notleidenden schenken». Und die Pfarrer sollten «ausschließlich von den freiwilligen Gaben der Gemeinden leben, evtl. einen weltlichen Beruf ausüben»[64]. Was es ihnen bedeutet, «für andere dazusein», sollten die Kirchenmänner «helfend und dienend» inmitten des menschlichen Gemeinschaftslebens durch das eigene «Vorbild» den Menschen aller Berufe sagen. Die von Dietrich Bonhoeffer gewollte, zur Gesellschaft werdende Christförmigkeit steht zweifellos der von Marx im «Bürgerkrieg in Frankreich» geforderten joachitischen Kirchenform nahe. Hier wie dort haben wir die Forderung nach der «Auflösung und Enteignung aller Kirchen, soweit sie besitzende Körperschaften» sind! Und hier wie dort ist den Klerikern aufgegeben, ganz nach «dem Bilde ihrer Vorgänger, der Apostel» unter ihrer Gemeinde zu sein, abhängig «von der freiwilligen Betätigung des Frömmigkeitstriebs» der Menschen.[65]

Glaubhaft hat die «Kirche im Sozialismus» weder in der Lehre noch praktisch versucht, den «Anfang zu machen», von dem Bonhoeffer gesprochen hat. Statt dessen ist der evangelische Kirchenkonzern im Staatssozialismus weiterhin das geblieben, was die bürokratische Kirche diesseits aller Transzendenz immer schon gewesen ist: nämlich eine Eigentümerorganisation, die korporativ ihre Pfründen verwaltet. Und nicht aus der «Umkehrung alles menschlichen Seins», die aus der Begegnung mit Jesus Christus herkommt, kann die tatsächliche Stellung der «Kirche im Sozialismus» verstanden werden, diese Stellung ist allein zu begreifen aus der Verfügungsbefugnis über einen Millionenfonds an harter Westmark, den ihr die Gemeinden in der Bundesrepublik zukommen lassen, sowie aus den Notwendigkeiten einer bürokratischen Organisation. Nicht auf das «Verhältnis zu Gott», wie es nur aus dem Dasein für andere und damit aus der «Teilnahme am Sein Jesu» hervorgeht, gründet sich die reale Bestimmung der Kirche, sondern auf die Dienstherrschaft über 40000 Beschäftigte. Man sehe sich nur einmal den aus Prestigegründen vom Staat und der evangelischen Kirche gemeinsam wiederaufgebauten wilhelminischen Architekturkoloß, den Dom in Ost-Berlin, an. Wer dieses monströse Bauwerk auch nur ein paar Minuten auf sich wirken läßt, der bekommt ein Gefühl dafür, wie wenig unsere Prälaten ernsthaft bereit sind, sich an den Tugenden («Demut, Genügsamkeit, Bescheidenheit») zu orientieren, die Kirche für andere überhaupt erst sichtbar werden lassen. Anstelle der «Kirche für andere» erleben die Menschen im deutschen Staatssozialismus tagtäglich ein «real existierendes Christentum», welches immer besser lernt, aus dem strukturellen Sondersein der «Kirche im Sozialismus» konkreten Nutzen zu ziehen.

Welche Funktionen sind es nun aber, die der Kirche im Staatssozialismus zukommen? Auch im Staatssozialismus leben in Anbetracht unserer kulturellen Vergangenheit viele Menschen weiterhin in christlichen Sinnzusammenhängen, die allein religiös interpretiert werden können. Die ideellen Interessen dieser Menschengruppe zielen auf klassische Heilsgüter wie Gnade, Erlösung und ewiges Leben. Probleme innerer Not, denen sich diese Personengruppe ausgesetzt sieht, lassen sich außerhalb religiöser Beziehungen schwer bewältigen. Dieser Interessenlage entspricht der traditionelle Betrieb der «Seelsorge». In dieser Funktion kann der sozialistische Staat die evangelischen Kirchen nicht durch andere Einrichtungen ersetzen. Erhellend für das Verhältnis von Kirche und Staat im Sozialismus ist es jedoch, wie die Kirche das aus der Formationsverdrängung resultierende Leiden der evangelischen Christen ethisch beurteilt hat. Denn mit der Bewertung des Leidens hatte schließlich die Kirche neben der Partei den allergrößten Einfluß darauf, ob das aus dem Zusammenprall der in der protestantischen Ethik etablierten Gerechtigkeitsvorstellungen mit der sozialistischen Realität resultierende Widerstandspotential stillgelegt oder in soziale Handlungsalternativen ausschlagen würde.

Was die evangelischen Kirchen in der durch die Formationsverdrängung in Deutschland charakterisierten historisch einmaligen Lage ihren Mitgliedern zu sagen wußten, ist am Ende nicht viel mehr gewesen, als daß in der Nachfolge des Leidens Christi nichts Außergewöhnliches sei und Benachteiligungen ein besonderes Merkmal christlichen Daseins in dieser Welt darstellen. Mit dieser pauschalen Bewertung des Leidens, die nichts mehr weiß vom alten protestantischen «Durst nach Gerechtigkeit» und ihrem Verzicht auf die unüberhörbare Verurteilung aller inhumanen Konsequenzen der Parteipolitik, haben die Landeskirchen selber erheblich dazu beigetragen, den von der christlichen Ethik her motivierten Widerspruchsgeist gegen alles Unrecht mundtot zu machen.

Statt den Durst nach Gerechtigkeit zu löschen, wurde ein sich frühzeitig ausbreitendes evangelisches Selbstbewußtsein gehätschelt, das von Selbstmitleid nur so trieft. Entsprechend diesem Selbstverständnis erleiden Mitglieder der christlichen Gemeinde Nachteile in Schule und Beruf, da sie sich religiös bekennen. Man fühlt sich kontrolliert von den Sicherheitsorganen des «atheistischen Weltanschauungsstaates». Die Wahrnehmung fremden Leidens ist diesem der bürokratischen Kirche komplementären Exklusiv-Bewußtsein längst abhanden gekommen. Wie sollte man sonst die Überbetonung gerade des christlichen Leidensweges im Staatssozialismus verstehen?

In der weinerlichen Selbstgerechtigkeit, die das «real existierende Christentum» heutzutage auszeichnet, schlägt aber unüberhörbar schlechtes Gewissen mit. Es ist das alte Gewissen des Christentums, das sich gegen die massive Inanspruchnahme von Privilegien durch kirchliche Würdenträger und die Teilnahme an der Lüge wehrt. Wer davon weiß, welche Bewegungs- und Aufenthaltsfreiheit die Kirche – und zwar seit dem 13. August! – für ihre Kader beansprucht, währenddessen die Gemeinde die allergrößten Beschränkungen hinnehmen muß, dem dämmert die Ahnung, daß diese Leute zum überwiegenden Teil wohl auch sonst nicht zu denen zu rechnen sind, die um ihrer Gerechtigkeit willen verfolgt werden. Wenn dem so ist, muß jede aufklärerische Bewegung natürlich erst recht fragen, welches Interesse die Partei- und Staatsführung an eben dieser Form von «Kirche im Sozialismus» hat?

Vorläufig wäre diese Frage mit dem Hinweis zu beantworten, daß die evangelische Landeskirche im deutschen Staatssozialismus das sicherste Bollwerk gegen jede wirklich religiös motivierte Erneuerungsbewegung mit radikalhumanistischem Anspruch ist. Schon aus diesem Grunde ist es verständlich, daß die Staatspartei ihren intellektuellen Studienkadern verbietet, den Klerus öffentlich bloßzustellen. Der Klerus revanchiert sich dafür, indem er Sorge trägt, daß die geistige Windstille nicht durch fundamentale theologische Entwürfe gestört wird, wie sie westlich der Elbe Küng, Moltmann, Sölle und Zahrnt vorgelegt haben. Kurzum: es ist naturgemäß keine andere bürokratische Organisation besser geeignet, den radikalen Humanismus der Bergpredigt als Orientierungsgröße praktischen Handelns zu relativieren als die Kirche selbst. Und genau das macht die «Kirche im Sozialismus» als Bündnispartner für die Partei- und Staatsmacht unersetzlich.

Damit die Kirche aber in dieser Aufgabe glaubwürdig bestehen kann, müssen notgedrungen die Funktionsbereiche für Politik und Religion immer wieder neu voneinander getrennt werden, sie müssen geradezu gegeneinander verselbständigt werden. Seit der Aufnahme offizieller Beziehungen zwischen Staat und Kirche ist klargestellt, daß die Staatspartei im Interesse der erfolgreichen Bearbeitung innenpolitischer Konflikte bereit ist, der bürokratischen Kirche langfristig eine herausragende Stellung unter den Organisationen einzuräumen. Hier, im Raum der Kirche, sollten sich nach den Vorstellungen des Staates die politisch opponierenden Kräfte in bestehende Strukturen eingliedern, die den Staat als solchen nicht in Frage stellen. Rückblickend kann man ohne Übertreibung die von Staat und Kirche damals ausgehandelten Kompromisse als *neue Strukturbildung* innerhalb des politischen Systems des Sozialismus verstehen, die es in der Folgezeit ermöglichte, die wechselwirkend mit dem Helsinkiprozeß und den Moskauer Reformen im deutschen Staatssozialismus aufbrechenden Konflikte zu beherrschen. In ihrem Kern besteht die Funktion dieser Strukturänderung darin, die Komplexität der an sich möglich gewordenen politischen Verhaltensweisen der Menschen einzugrenzen.

Am Beispiel der DDR-Friedensbewegung kann man sich klarmachen, was das bedeutet. Die Gründung vieler Friedensgruppen war zunächst Ausdruck der begründeten Angst vor den in Ost und West erschreckend anwachsenden Rüstungskapazitäten. Diese Realangst war verbunden mit einem verstärkten Mißtrauen in die langfristige Wirksamkeit des weltweit dominierenden Konzepts gegenseitiger Abschreckung (Der Friede muß bewaffnet sein!), wie es auch die Staatspartei verkündete. Die in den Friedensgruppen sich allgemein durchsetzende Erkenntnis, daß es eben nicht die am Klassenkampfschema abgelesene Auseinandersetzung zwischen Imperialismus und Sozialismus ist, die alle bedroht, sondern hier wie dort das entfesselte System der Politökonomie als solches, ist insoweit mehr dem genannten Mißtrauen als der konkreten Analyse geschuldet. Sollte diese Einschätzung stimmen, dann hat sich von Anbeginn der Bewegung an in den Friedensgruppen ein Widerstandspotential versammelt, dessen eigentliche Stoßrichtung berechtigt gegen die «Verselbständigung» des politökonomischen Systems gerichtet ist. Wundern konnten sich über diese Stoßrichtung nur die Vertreter der bürokratischen Kirche. So heißt es z. B. in der Stellungnahme eines Kirchenvertreters zu einem in Schwerin veranstalteten Seminar: «Was mich am tiefsten betroffen machte, ist die für mich neue Erfahrung, wie wenig auf einer Tagung ‹Konkret für den Frieden› über den Weltfrieden geredet werden kann. Aber ist nicht der

Friede, um den es heute geht, primär Weltfriede!? Statt dessen diskutierten wir lange über negative Erfahrungen, die manche in unserer Gesellschaft und dem, was sie als deren Friedenspolitik sehen, gemacht haben...»[66]

Die Tatsache, daß die Religiosität der kirchlichen Friedensgruppen in den Augen der Oberen durchaus zu wünschen übrigläßt, ist ein deutliches Indiz für die tatsächliche Motivation der darin versammelten Menschen. Hinter dem Aufgreifen ökologischer Probleme angesichts des strukturell bedingten Vorrangs der Produktion materieller Güter, der Problematisierung des Leistungszwangs und der Menschenrechte im Sozialismus steckt wenigstens im Ansatz ebenso die Suche nach praktischen Möglichkeiten, das System der Politökonomie wieder unter menschliche Kontrolle zu bringen.

Dem hier versammelten Protestpotential hätte die Partei- und Staatsbürokratie von vornherein auf die Dauer nicht mit polizeistaatlichen Mitteln beikommen können. Das zeigen die gescheiterten Versuche, einzelne Mitglieder von Friedensgruppen in den Augen der breiten Öffentlichkeit als Klassen- oder Staatsfeinde abzustempeln. Das stillschweigende Angebot einer konfessionellen Integrationsbasis inklusive des weitgehend gesicherten Anspruchs auf Straffreiheit an alle diejenigen, die nicht länger an den verordneten Massenaufmärschen für den Frieden teilnehmen mochten, die aber dennoch nicht auf eigene Friedensarbeit verzichten wollten, war eine politisch weit gelungenere Lösung. Der rüde Schematismus, wonach ein jeder, der nicht mehr den offiziellen Reim nachplappern wollte, strafrechtlich als «Staatsfeind» behandelt wurde, konnte auf diese Weise modifiziert werden. Wer den parteibürokratisch gesteuerten Politrummel nicht mitmachen will, der hat damit die Gelegenheit, «alternativ» zu sein – im genau vorgegebenen Rahmen der evangelischen Landeskirche. Wo dieser Rahmen nicht eingehalten wird, da kommt es nach wie vor zum Konflikt mit der Staatsmacht.

Bilanzieren wir heute das Ergebnis der unterschiedlichen Protestformen, die unter «dem Dach der Kirche» angesiedelt sind, ein Ergebnis, das ohne westliche Medienverstärkung gar nicht zu hören gewesen wäre, so erweist sich die geringe gesellschaftliche Wirksamkeit dieses Protestes – jedenfalls wenn man seine Ergebnisse mit den Erfolgen der in den sozialistischen Nachbarländern entstandenen Bewegungen vergleicht – als der gemeinsame Nenner aller dieser Formen.

Beide Seiten, der Staat und die Kirchen, haben aus dieser *ordnungspolitischen Arbeitsteilung* nicht unerheblichen Gewinn gezogen. Was die evangelischen Landeskirchen betrifft, so wurde deren fortgesetzter natürlicher Mitgliederschwund und die Vergreisung der Kirchengemeinden dadurch optisch entdramatisiert, daß wieder Teile der Jugend die Kirchenbänke bevölkerten. Das In-die-Kirche-Gehen war nun nicht mehr allein die Sache der Alten, wenn nicht gar der ältesten Generation. Durch die Jugendlichen, die in die Kirche kamen, entwickelte sich nun wieder so etwas wie ein Gefühl der Perspektive, das beinahe schon verlorengegangen war. Getrübt wurde dieses Gefühl lediglich durch die ernüchternde Erkenntnis, daß die Schüler, Lehrlinge, Studenten und jungen Arbeiter, die den Gemeindebestand vergrößerten, in der Mehrzahl gar nicht aus religiösen Gründen in die Kirche kamen. Viele der Jugendlichen versuchten auf diese Weise, der Schematisierung ihres Freizeitverhaltens zu entgehen. Für sie war die Kirche mit ihrer tradierten Symbolik und Architektur und der überlieferten Redeweise ihrer Amtsträger die Anti-Institution schlechthin zum System des Sozialismus.

Das Ergebnis ist: Unter dem «Dach der Kirche» wird pausenlos politisiert, währenddessen im Gegenzug dazu der Staat in allen möglichen säkularisierten Formen die Religiosität der Menschen bedient. Im Hinblick auf die erkennbar wachsende innere Not vieler Menschen in einer spirituell verödeten Welt des Sozialismus ist das durchaus ein zwiespältiges Ergebnis. Denn die stille Sehnsucht der Jugend nach Erwachen in einem höheren Zustand will ja befriedigt werden. Noch in der Besessenheit der alle Rekorde brechenden sozialistischen Athleten zeigt sich diese Sehnsucht. Hier, in den großen Sportarenen, sucht die Jugend mit einer geradezu selbstzerstörerischen Konsequenz im Bereich des Körperlichen nach dem, was ihr heute aus keiner geistigen Welt mehr zuströmt.

Daß die Kirche bereit ist, die ihr übertragenen ordnungspolitischen Aufgaben konsequent zu erfüllen, ist spätestens seit dem 13.2.1982 klargeworden. Damals hatten junge Menschen einen Friedensmarsch anläßlich des Jahrestages der Zerstörung von Dresden vorbereitet, ohne zuvor die Genehmigung der Staats- oder Kirchenbürokratie hierfür einzuholen. Die innenpolitische Bedeutung dieser Aktion lag zweifellos weniger in der Kundgebung jugendlichen Friedenswillens als mehr in der Tatsache begründet, daß die jungen Menschen damals ihren Auszug aus dem Kirchenghetto proben wollten. Tausende Menschen waren angereist und willens, diese für das gesamtgesellschaftliche Bewußtsein in ihrer Bedeutung gar nicht zu überschätzende Aktion mitzutragen. Alles war vorbereitet. Die Flugblätter waren längst verteilt. Nur eines hatten die überwiegend christlichen Organisatoren der geplanten Aktion übersehen – die ordnungspolitische Arbeitsteilung zwischen Staat und Kirche. Kirchenmänner waren es dann auch, die die Jugendlichen in die Kreuzkirche führten, um sie dort einem bischöflichen Palaver auszusetzen, welches nur den einen Sinn hatte, den Jugendlichen ihren Mut zu nehmen. Der eigentliche Zweck der geplanten alternativen Aktion, die einen Lernprozeß hätte auslösen können, wie ihn die DDR bis dahin nicht erlebt hatte, wurde durch die bischöfliche Intervention verballhornt. Darüber können auch die Erklärungen nicht hinwegtäuschen, mit denen die beamteten Kirchensprecher bis heute das beschwichtigende Palaver ihrer Bischöfe rechtfertigen wollen. Wie es heißt, wollte man in bester Absicht und verantwortungsbewußt einer Konfrontation zwischen Sicherheitsapparat und Jugendlichen vorbeugen.

An der von Kirchenvertretern immer wieder vorgetragenen Rechtfertigung des bischöflichen Handelns sind nur die Teile der Erklärung annehmbar, in denen direkt die ordnungspolitische Funktion der Kirche eingestanden wird. In Wahrheit konnte es sich nämlich die Staatspartei Anfang der achtziger Jahre schon gar nicht mehr leisten, Tausende junger Menschen allein deshalb zu verhaften, weil diese an einem Schweigemarsch für den Frieden teilnehmen wollten. Es dürfte in diesem Zusammenhang kein Zufall gewesen sein, daß zur selben Zeit, als in der Dresdner Kreuzkirche die von den Bischöfen genarrten Jugendlichen ihrer Enttäuschung lautstark Ausdruck verliehen, die Kirchenleitung von Berlin-Brandenburg «nachdrücklich von einer Beteiligung an der Sammlung von Unterschriften» für den «Berliner Appell» abriet. Die Berlin-Brandenburger Kirche war in der Folgezeit dann auch die Kirche, die in der rigidesten Art und Weise die ihr übertragene ordnungspolitische Aufgabe erfüllte. Sie instruierte schriftlich noch die letzte Gemeindeleitung in ihrem Sprengel, den entstandenen Gruppen dann ihre Unterstützung zu entziehen, sobald diese sich nicht mehr an den vorgegebenen Handlungsrahmen halten wollten (nachzulesen in der kirchenamtlichen «Orientierung für die Arbeit mit Gruppen, die die Kirche durch ihre besondere Thematik herausfordern»).

In den letzten Jahren beginnt sich die Situation jedoch zu ändern: Entstanden sind erste autonome Gruppen, die sich bewußt der kirchlichen Vormundschaft entziehen und auf das «Dach der Kirche» in ihrer politischen Arbeit verzichten. Über eine größere Basis innerhalb der evangelischen Landeskirchen verfügen sie kaum, doch ihre Bedeutung kann auch gar nicht in der großen Zahl liegen; sie liegt in der sozialen und geistigen Offenheit, für die sie einstehen. Sie, die aus dem Kirchenghetto herausgekommenen Gruppen, sind die zukünftigen Keimzellen für eine politische Reformation des Sozialismus. Diese selbstbestimmten Gruppen sind, wenn ich recht sehe, neben der bevorstehenden Reform der Staatspartei an Haupt und Gliedern, die eigentliche Hoffnung für eine kulturelle Erneuerung des Sozialismus.

Die Entstehung und Entwicklung autonomer Gruppen zeigt seit Mitte der achtziger Jahre Rückwirkungen bis in die «Kirche im Sozialismus» hinein. Schon die Vorstellung, daß Menschen der Kirche mit der mehr oder weniger offen erklärten Begründung, sie fühlten sich unter dem «Dach Kirche» politisch bevormundet, den Rücken kehrten, mußte das sich gerade erst wieder festigende Selbstbewußtsein der klerikalen Bürokratie verunsichern. Es zeigte sich damit schließlich, wie zweifelhaft der von vielen kirchlichen Amtsträgern unverhohlen zur Schau getragene Stolz darauf war, daß die «Kirche im Sozialismus» als einzige gesellschaftliche Großorganisation einen halbwegs öffentlichen Raum für die freie Diskussion der anstehenden Umwelt-, Menschenrechts- und Friedensfragen gewährte.

Und, was unter diesen Umständen viel wichtiger war: Es blitzte erstmals die Erkenntnis auf, es komme vielleicht der Staatspartei und ihrem Geheimdienst gar nicht ungelegen, wenn sich die anwachsenden Kräfte des Widerstands in die kirchlichen Strukturen eingliedern würden.

Seit dieser Zeit ist ein besonders von Laien vorangetriebener Erkenntnisprozeß in Gang gekommen, der sich nicht nur in den mutigen Verlautbarungen großer synodaler Versammlungen, sondern ebenso in mancher örtlichen Gemeinde artikulierte und der die Kirchenoberen unter einen nicht unerheblichen Erwartungsdruck stellte. Auch die erkennbare Sympathie der meisten Gemeindemitglieder für die in Moskau begonnenen Reformen sowie die Entstehung der «Kirche von unten» trugen dazu bei, den Konservativismus der Kirchenführer zu lockern. Angesichts dieser Entwicklungen im kirchlichen Innenraum weigerten sich im Zusammenhang mit den nach der Luxemburg-Liebknecht-Demonstration im Januar 1988 stattfindenden Auseinandersetzungen prominente Kirchenführer erstmalig demonstrativ, ihre ordnungspolitischen Aufgaben zu erfüllen – während allerdings andere zur selben Zeit den bedrängten Staatsorganen mit Rat und Tat zu Hilfe eilten, um den sozialen Protest in Grenzen zu halten. In einem Fürbittgottesdienst für inhaftierte Bürgerrechtler ließ der Berliner Bischof seiner Empörung über die polizeistaatlichen Methoden der Konfliktlösung ungehemmt freien Lauf. Annähernd zeitgleich beteuerte sein Superindentent vor westlichen Fernsehkameras das «Grundvertrauen» der «Kirche im Sozialismus» zum Staat. Ungebrochen setzte er seine Hoffnungen darein, daß weiterhin Übereinkünfte mit der Politbürokratie möglich seien. Die wurden dann ja auch bald getroffen.

Wohlgemerkt, es geht an dieser Stelle nicht um die Kommentierung des politischen «Kuhhandels», der mit Hilfe der evangelischen Kirche damals abgeschlossen wurde. Der Rückblick auf die Januarereignisse soll zeigen, wie gespalten die bürokratische Fraktion innerhalb der Kirche inzwischen ist. Einem solchen Spaltungsprozeß kommt größte Bedeutung zu, weil er die Instrumentalisierung der «Kirche im Sozialismus» zugunsten der Staatspartei relativiert.

Hat damit bereits die Erneuerung unserer Kirche aus dem Geiste begonnen? Das darf trotz der anwachsenden Laienaktivitäten immer noch bezweifelt werden. Ob es zukünftig dazu kommt, ist gewiß davon abhängig, wie es den Laien gelingt, ihr eigenes vormundschaftliches Bewußtsein zu wandeln, das selbst noch nach den erlittenen Enttäuschungen weiter daran glauben will, die Erneuerung der Kirche hinge in erster Linie davon ab, daß die bestellten Vormünder ihren Sinn ändern. In Wahrheit bedarf es ebensosehr des Bewußtseinswandels seitens der Bevormundeten, die mündig werden sollen. Denn nur auf diese Weise kann «Basis für Mündigkeit» in der Kirche wachsen. Aufs Ganze gesehen heißt das, im kirchlichen und persönlichen Bereich muß die in einer Jahrhunderte währenden staatskirchlichen Vergangenheit entstandene unbiblische Servilität gegenüber der Macht überwunden werden. Sobald das geschieht, wird es auch mit der weitgehend unbemerkten ideologischen Arbeitsteilung zwischen der Staatspartei und der evangelischen Landeskirche ein Ende haben.

Staat und Religion

«... wo Hoffnung ist, ist auch Religion»

Ernst Bloch

«Meiner Meinung nach ist die Religion aus sich heraus vom politischen Standpunkt kein Opium und keine Wundermedizin. Sie kann in dem Maße Opium oder Wundermedizin sein, wie sie, in Abhängigkeit von der Form, in der sich der Mensch ... den politischen, sozialen oder materiellen Problemen stellt, die Unterdrükker und Ausbeuter oder die Unterdrückten und Ausgebeuteten verteidigt.»

Fidel Castro

Nicht ganz so klar umrissen wie die ordnungspolitische Funktion der Kirche im Sozialismus ist der ihr übertragene ideologische Auftrag. Staatspartei und Landeskirchen versichern sich gegenseitig ihre Rechtgläubigkeit, indem sie immer wieder von den «nicht überbrückbaren weltanschaulichen Gegensätzen zwischen Christen und Marxisten» reden. «Auf diesem Hintergrund», so lautet die in der Kirche festgelegte Generallinie, die wörtlich in jedes Programm der Staatspartei übernommen werden könnte, «ist das Gespräch zwischen Christen und Marxisten zu führen. Dabei gilt, daß eine Vermischung von christlichen und marxistischen Positionen weder denkbar noch wünschenswert ist. Es gibt Grundunterschiede, über die zu diskutieren wenig Sinn hat, die vielmehr als gegeben bei jedem Gespräch vorausgesetzt werden müssen.»[67]

Mit dieser sehr simplifizierenden ideologischen Frontbegradigung werden die seit jeher vorhandenen unterirdischen Beziehungen zwischen Christentum und Marxismus gewiß nicht abgebrochen. Es werden aber mit ideologischen Manöverübungen dieser Art die Borniertheiten der jeweiligen Kirchen- oder Staatspartei zynisch verstärkt: Marxismus ist dann das, was die Staatspartei sagt, und Lehre Gottes, was die staatsfrommen Landeskirchen verkünden. Auf diese Weise verhindert man mit vereinten Kräften den für den Staatssozialismus lebenswichtigen Dialog zwischen Christen und Marxisten. Keiner führt die Schäfchen des anderen in Versuchung. Angesichts einer derartigen Befestigung des Bestehenden kommt eine Meinungsäußerung wie die Fidel Castros, der im Gespräch mit dem Dominikanerpriester und namhaften Befreiungstheologen Alberto Libanio gesagt hat, «daß man ein Marxist sein kann, ohne aufzuhören, ein Christ zu sein», ebenso ungelegen wie die ganze Theologie der Befreiung.

Man könnte den letzten Zweck der ideologischen Arbeitsteilung zwischen Staatspartei und «Kirche im Sozialismus» auch in folgendem sehen: Mit ihr soll die unter Christen wie Marxisten gleichermaßen verbreitete Sehnsucht nach dem geheimen, bisher nirgendwo öffentlich verkörperten «ganzen» Menschen, der zugleich der gerechte und zukünftige ist, ein für allemal unterdrückt werden. Der «ganzheitliche» Mensch! In unterschiedlichsten Formen wird er herbeigebetet; über ihn wird endlos spekuliert; in Wahrheit aber ist er für den Klerus genauso wie für die Parteibürokratie die schlechthin unerwünschte Person. Denn der ganzheitliche Mensch wird die überkommenen monströsen Organisationen nicht mehr benötigen, da er zugleich der mündige Mensch sein wird. Für ihn gilt die «imitatio» Christi und nicht stupide Linientreue, gleichgültig ob die sich auf die Bibel oder das kommunistische Manifest beruft.

Wer das einmal begriffen hat, kann nicht mehr den Ehrgeiz entwickeln, die Menschen jemals wieder für ein bürokratisches Kirchentum – das gegenwärtig durch den allgemeinen Kreditverlust der Partei seine Konjunktur erlebt – zu gewinnen. Für den Marxisten heißt das aber ebenfalls, daß er nicht mehr nur die alten Schlachten gegen die Religion als ideologisches Opium für das Volk wiederholt, sondern mit seinen Mitteln daran teilhat, auf dem Boden einer erneuerten Metaphysik den intellektuellen Klassenkampf mit einem geistigen Friedensbund zu überwinden. Politischer Rahmen für einen derartigen Friedensbund kann der «atheistische Staat, der *demokratische* Staat» sein. Für Marx ist allein dieser Staat, wie er sagt, «der vollendete christliche Staat»[68]. Im Gegensatz dazu ist ein Staat, der sich auf eine Ersatzreligion beruft und der zugleich die bürokratische Kirche benutzt, um mit ihrer Hilfe die geistige Erneuerung seiner menschlichen Grundlage zu unterbinden, seinem Wesen nach ganz sicher weder atheistisch noch christlich.

Was wir benötigen, das ist ein Atheismus, der nichts weiter ist als «die *politische* Weise, sich von der Religion zu emanzipieren», denn ein solcher Atheismus ist die beste Voraussetzung für die kommende Erneuerung des Glaubens in Freiheit. Ein solcher Atheismus wurde seit Marx in der deutschen Linken als die zeitgemäße äußere Form begriffen, in welcher die Religion leben soll. Insoweit ist es durchaus keine dialektische Spitzfindigkeit, wenn Marx gerade den atheistischen Staat als die politische Rahmenbedingung hervorhebt, in der allein die geistige Welt der Religion sich entfalten kann, ohne mit dem Sinnlichen und Realen eine unheilige Allianz eingehen zu müssen.

Der Durchbruch zu einem Christentum mit wahrhaft universalreligiöser Bedeutung, zu einem Christentum also, das im Bewußtsein «des religiösen Gegensatzes und der religiösen Mannigfaltigkeit» schwelgt, führt nach Marx unweigerlich durch das Stadium der Zersetzung des Menschen «in den religiösen Menschen und in den Staatsbürger» hindurch. Nicht die politische Entmachtung der Kirchenbürokratie ist deshalb problematisch, bedenklich ist die weitere Beteiligung der «Kirche im Sozialismus» an der Machtausübung. Denn überall dort, wo die Macht des Klerus in der alten Form erhalten bleibt, wird die natürliche Religiosität der Menschen verwaltet und zur Konfession kodifiziert. Damit aber wird die Entwicklung persönlicher Gottesbeziehungen und die direkte Auseinandersetzung der Menschen mit einem extramundanen Prinzip aufgeschoben. Nur auf diesem Wege könnte aber der einseitige Determinismus der materiellen Verhältnisse überwunden werden.

Nicht daß die «Kirche im Sozialismus» die unmittelbare Zwiesprache der Seele mit dem ewigen Worte unterbinden könnte. Das kann sie gewiß nicht. Aber sie kann wie keine andere Institution in der sozialistischen Gesellschaft Religionsersatz bereitstellen. Und genau das passiert in dem Umfang, wie die Kirchen weiterhin geistlos kollektive Gottesvorstellungen überliefern, die durch keinerlei innere Erfahrungen mehr gestützt sind. Religion wird so zum Bestandteil eines billig zu habenden kulturellen Sortiments. Was die Entwicklung des Protestantismus angeht, so hat dieser gewiß nicht nur im deutschen Staatssozialismus zu Verhältnissen beigetragen, in denen der Mensch sich von seiner natürlichen Religiosität entfremdet hat und sich gedrängt sieht, seine tiefsten Wahrheiten losgelöst von sich selbst zu suchen. Aber auch für den Staatssozialismus und seine protestantische «Kirche im Sozialismus» gilt, was C. G. Jung 1952 gesagt hat. Der «protestantische Standpunkt», meinte dieser, «...hat offenbar die Fühlung mit den gewaltigen archetypischen Entwicklungen in der Seele des einzelnen wie der Masse und mit jenen Symbolen... verloren. Er scheint einem rationalistischen Historizismus verfallen zu sein und das Verständnis für den Heiligen Geist, der im Verborgenen der Seele wirkt, eingebüßt zu haben. Er kann daher eine weitere Offenbarung des göttlichen Dramas weder begreifen noch zugeben.»[69]

Anstatt mit sich und aus sich selbst heraus ihre Religiosität zu leben, stopfen nicht wenige Menschen weiterhin das in sich hinein, was ihnen protestantische Pastoren in ihrer «Kirche im Sozialismus» als Religion verkaufen. Sicher, ohne eine solche Abwehr ihrer eigenen Religiosität wären diese Menschen gezwungen, sich selber Rechenschaft über die Begründung ihres Glaubens abzulegen. Nicht der Glaube als solcher ist ja die eigentliche religiöse Erfahrung. Machen wir uns nicht oftmals genau das aber vor? Wirklicher Glaube beruht jedoch letztlich stets darauf, daß dem Gläubigen zuvor etwas widerfahren ist, was später seinen Glauben rechtfertigt. Wie sonst sollte sich der Glaube von jedem anderen Fürwahrhalten unterscheiden? «Die Forcierung des Herzens», hat Rilke einmal gesagt, «das oder jenes für wahr zu halten, die man gewöhnlich Glauben nennt, hat keinen Sinn. Erst muß man Gott irgendwo finden, ihn erfahren als so unendlich, so überaus, so ungeheuer vorhanden – dann sei's Furcht, sei's Staunen, sei's Atemlosigkeit, sei's am Ende – Liebe, was man dann zu ihm faßt, darauf kommt es kaum noch an...»[70] Alle großen Lebemeister wußten das! Augustinus gar wollte gleich den ganzen Erkenntnisfortschritt darauf gründen, daß wir allmählich erkennen, woran wir glauben. Und Meister Eckehart lehrte, ernstlicher Glaube sei weit mehr als ein dumpfes Wähnen der Menschen. Für ihn stand die Erkenntnis des gemeinhin Unsichtbaren in demselben Verhältnis zum Glauben, wie die Vorbereitung und der Versuch einer Tat zueinander stehen. Hat der Glaube nichts mehr vom Schauen an sich, geht er nicht mehr ernsthaft auf die Erkenntnis höherer Welten.

Solange der reine Wissenschaftsglaube vorherrscht, sind es wenige, die ihre übersinnlichen Erkenntniskräfte ebenso gründlich wie ihre Verstandesfähigkeiten praktisch ausbilden. Auf diesen wenigen lastet die ganze Verantwortung dafür, daß die Botschaft von einer höheren Welt unmittelbar durch übersinnliches Wissen empfangen werden kann. Diese Nachfolger der alten Eingeweihten sind die berufenen Seelenführer aller schöpferischen Kräfte. Mit ihrer Hilfe wird es möglich sein, den Grundstein für ein wirklich universalistisches Bewußtsein zu legen, welches von den Borniertheiten der gegebenen Bewußtseinsformen frei ist. Für ein solches neues Bewußtsein wird die Identität von Liebe und Erkennen konstitutiv sein.

Ebenso bedarf es einer Neuordnung des Systems kultureller Meinungen, die das metaphysische Heilswissen in ein anderes Verhältnis versetzt zum positivistischen Fachwissen und traditionellen Bildungswissen. Längerfristig müßte sich der Schwerpunkt des menschlichen Verhaltens vom aktivischen Aspekt im Sichverhalten zum eigenen Sein hin zum passivischen Aspekt verlagern. Denn das «Schauen im göttlichen Licht» und das «Hören des Unbewußten» setzen, wie wir wissen, Stille und die für jede metaphysische Erkenntnis notwendige Grundeinstellung der Gelassenheit im Äußeren voraus. Wenigstens zeitweilig muß der Mensch, wie es Meister Eckehart ausdrückt, «gar tot sein und nicht mehr bei sich selber», damit er das erfährt, was wir die Erkenntnis höherer Welten nennen.

Mystisches Erleben für sich genommen ist allerdings noch keine Erkenntnis. Zwar sieht sich der Myste mit jedem Erleben vor die Frage gestellt, wie er das, was ihm widerfahren ist, für sich bewertet. Damit ist aber noch kein Wandel des menschlichen Wesens und Handelns zum Besseren garantiert. Man kann mystisches Erleben wie jede andere Erfahrung auch bedeutungsmäßig abwerten, falsch einschätzen usw. Gewöhnlich geschieht das dadurch, daß man von Sinnestäuschungen spricht oder das eigene Erleben als Phantasterei herabsetzt (ohne sich allerdings Rechenschaft darüber abzulegen, was man damit überhaupt sagt!). Wer die Hervorbringung des kollektiven Unbewußten für sich aber in dieser Form nicht abwehrt, der wird sich meist auf geheimnisvolle Weise dessen bewußt, daß er auf dem Wege zu jenem Deus interior ist, von dem die Mystiker aller Zeiten, Kulturen und Kontinente berichten: jener göttlichen Wesenheit, die tiefinnerlich in uns ruht, beruhigender und liebender als alles, was wir sonst erleben.

Das überzeugendste Beispiel dafür, wie solcherlei Erleben auch politisch zu Buche schlagen kann, ist und bleibt wohl die Bekehrung des Christenverfolgers Saulus, der zu Paulus wird. Unterwegs nach Damaskus, um von dort, wie geschrieben steht, Anhänger der neuen Lehre, wenn er sie dort fände, gebunden nach Jerusalem zu führen, ist es um Saulus geschehen. Zu Boden gefallen, und zwar nicht etwa weil ihm Christus Jesus erschienen ist, wie manchmal behauptet wird, sondern da «ihn plötzlich ein Licht umleuchtete», bekam er die göttlichen Worte zu hören: «Saul, Saul, was verfolgst du mich?» In dieser Situation ist Saulus zu einer inneren Weiterung bereit, die der ganzen Wucht dieses Erlebnisses entspricht. Und er «kehrt um»!

Über die Zeiten und die politischen Systemgrenzen hinweg hat das Beispiel des Paulus Menschen zur Umkehr ermutigt. Und es hat daran erinnert, daß Jesu Mahnung «Wandelt euch!» nicht allein bei den Geschlagenen und Entrechteten Gehör findet.

Marxismus und Metaphysik

«Die Fantasie setzt die künftige Welt entweder in die Höhe oder in die Tiefe oder in der Metempsychose zu uns. Wir träumen von Reisen durch das Weltall: ist denn das Weltall nicht in uns? Die Tiefen unsers Geistes kennen wir nicht. – Nach innen geht der geheimnisvolle Weg. In uns oder nirgends ist die Ewigkeit mit ihren Welten, die Vergangenheit und Zukunft. Die Außenwelt ist die Schattenwelt, sie wirft ihren Schatten in das Lichtreich. Jetzt scheint es uns freilich innerlich so dunkel, einsam, gestaltlos, aber wie ganz anders wird es uns dünken, wenn diese Verfinsterung vorbei und der Schattenkörper hinweggerückt ist. Wir werden mehr genießen als je, denn unser Geist hat entbehrt.»

Novalis: Blütenstaub

Mit seinem Aufsatz «Über das Programm der kommenen Philosophie» hat Walter Benjamin die erste fundamentale Wegweisung für eine zukünftige Aussöhnung des Marxismus mit der Religion gegeben. «Die Philosophie beruht darauf», so lautet im Kern die Botschaft Benjamins, «daß in der Struktur der Erkenntnis die der Erfahrung liegt und aus ihr zu entfalten ist. Diese Erfahrung umfaßt denn auch die Religion, nämlich als die wahre, wobei weder Gott noch Mensch Objekt oder Subjekt der Erfahrung ist, wohl aber diese Erfahrung auf der reinen Erkenntnis beruht, als deren Inbegriff allein die Philosophie Gott denken kann und muß. Es ist die Aufgabe der kommenden Erkenntnistheorie, für die Erkenntnis die Sphäre totaler Neutralität in bezug auf die Begriffe Objekt und Subjekt zu finden, mit anderen Worten, die autonome ureigene Sphäre der Erkenntnis auszumitteln...»[71]

Der von Benjamin verwandte Begriff der Erkenntnis ist, kantisch gesprochen, transzendental! Das Prinzip wirklichen Wissens ist danach der Geist, der in ewiger Gegenwart webend sich seiner selbst bewußt wird. Es ist dies der Geist, der nicht mehr in den Gegensatz des Subjekts zum Objekt verwickelt ist und von dem es in den «Upanishaden» heißt:

> Was eben zweifach hier erscheint
> Als wahrnehmbar und Wahrnehmer,
> Ist doch des Geistes Zucken nur,
> Der Geist hat keinen Gegenstand,
> Und er ist wahrlich ewiglich.
> ‹Nichts haftet an ihm›, lehrt die Schrift.

Mit der beabsichtigten Reinigung der Erkenntnislehre will Benjamin aber nicht nur einen bestimmten Begriff der Erkenntnis hervorheben und, darauf wiederum bauend, das ableiten, was Erfahrung ist, ohne daß Erfahrung und Erkenntnis weiterhin allein auf das empirische Bewußtsein bezogen werden müßten. Zugleich soll damit der «logische Ort und die logische Möglichkeit der Metaphysik» abgesteckt werden. Philosophisch ist das die grundlegende Weichenstellung im Zentrum des Marxismus, die diesen aus seiner Abwehr der Spiritualität erlösen könnte. Und, was mindestens ebenso bemerkenswert wäre, damit würde sich der Marxismus im Verein mit der Avantgarde der modernen Physiker, und zwar durchaus in Fortführung abendländischer Denkweisen, auf eigene Art dem östlichen Denken nähern. In ein Weltbild der politischen Agitation und Propaganda gehört freilich eine solche Einstellung nicht hinein. Denn mit der vulgären Vorstellung, wonach der letzte Grund aller Erfahrung und damit auch des Wissens die «objektive Realität» sei, welche die Menschen in ihrer gegenständlichen Tätigkeit täglich erleben, geht der Begriff der Erkenntnis, den Walter Benjamin meint, nicht mehr zusammen. Immerhin wird ohne Umschweife gesagt: Wir sehen das, was wir wissen. Streng genommen war es ja ohnehin niemals die Verallgemeinerung von Erfahrungstatsachen, die weitergeführt hat. Zwar kann solcherlei Tun schon einmal in die Formulierung von Prinzipien und Gesetzen einmünden; das Wesen der Dinge braucht es deshalb nicht zu berühren. Wesentlich weiter führen Schöpfungsakte, in die der Mensch sich selbst als Person mit einbringt. Die Erkenntnis, die dabei aufblitzt, ist Ergebnis des Durchbrechens verwirrender Selbsttäuschungen, Ergebnis eines Niederbrennens aller Verworrenheit, die den Menschen am Enthüllen des erweckten Geistes hindert, kurz, sie ist das, was man Erleuchtung nennt.

Geist ist das, was weiß. Es gibt nicht «Wissende», sondern alles ist «selbst wissend». Planiert man so die gewohnte Unterscheidung zwischen dem Wissenden (Subjekt) und dem Gewußten (Objekt), dann ist es natürlich falsch, wenn der Mensch weiterhin von sich allein behauptet, er sei es, der denkt! Richtiger ist es da schon zu sagen: «Es denkt», so wie man sagt: «Es friert», «Es ist hell», oder, wie der Physiker feststellt: «Es ist ein elektrisches Feld im Raum.»! Gedächtnis und Erinnerungsvermögen sind zufolge dieses Erkenntnisbegriffs in allem, was ist, in der sogenannten unbelebten Materie ebenso wie im Pflanzen-

und Tierreich oder in der Welt des Menschen, wenngleich in unterschiedlichsten Formbestimmungen.

Mit einer solchen erkenntnismäßigen Einstellung befinden wir uns durchaus in bester Gesellschaft. Innerhalb der abendländischen Philosophie war es die Gnosis, die als mystische Geistesrichtung im 1. und 2. Jahrhundert n. Chr. den Gedanken einer *Beseelung aller Materie* mit aller wünschenswerten Klarheit durchdachte. Etwa 1970 haben Physiker in Princeton und Pasadena wieder den Gedanken einer unteilbaren Einheit zwischen dem Geist und den Phänomenen aufgegriffen. Und vor kurzem hat nun Jean E. Charon seine komplexe Relativitätstheorie vorgestellt, die in Weiterführung des gnostischen Denkens und der Einsteinschen Allgemeinen Relativitätstheorie ein neues Strukturmodell der Teilchen gebraucht. Danach besitzt jedes einzelne Teilchen, aus denen die Materie, aber auch das ganze Universum besteht, sein eigenes Erinnerungsvermögen. «Im Klartext heißt das nichts anderes», schreibt Charon, «als daß jedes einzelne Materieteilchen zu einem Verhalten befähigt ist, das sehr wohl vergleichbar ist mit dem Verhalten der *Lebewesen* – uns Menschen inbegriffen –, die ja ebenfalls ein ‹Gedächtnis› besitzen und dieses einsetzen, um in jedem Augenblick ihr Verhalten zu steuern.»[72]

Mit einer solchen Haltung gegenüber dem, was man «Psychomaterie» nennt, sind zwangsläufig Konsequenzen verbunden. Sobald wir nämlich Bewußtsein und Materie nicht mehr als voneinander getrennte Größen ansehen, sondern prinzipiell wie eine Zweieinheit (etwa wie Welle und Korpuskel), fällt der für das dogmatische Weltbild konstitutive Bewußtsein-Materie-Gegensatz ganz automatisch in sich zusammen. Wenn die Materie-Bewußtsein-Beziehung in dieser Weise gesehen wird, ist es natürlich unsinnig, weiterhin die «Grundfrage» der Philosophie in der bekannten Form zu stellen. Es gibt dann kein «Primat der Materie» mehr, keinen Materialismus, keinen Idealismus oder wie die Parteiungen, Fronten und Dualitäten noch heißen mögen, die sich um die Beantwortung der «Grundfrage» ranken.

Die Erkenntnis, die ein an Benjamin orientierter Marxismus gewinnen will, maßt sich zwar nicht an, Gott in die Welt zu setzen, wohl aber will sie Erfahrung und Lehre von ihm wieder möglich machen. Sicher, wie wir von Gott sprechen, ist stets abhängig von unserer besonderen Verständnisweise. Deshalb erinnert ja auch Meister Eckehart daran, daß da immer noch ein allerletzter Unterschied zwischen Gottes Sein in sich und unserem Verstehen bleiben wird. Wir müssen uns schon damit abfinden: Der Gott in der Moderne ist weiterhin namenlos, er ist weder in Raum und Zeit, noch ist er in dem, was Zahl, Teil und Menge einschließt.

Soll alles das, was die Religion einmal gewesen ist, in einer geistigen Erneuerung noch einmal wahr werden, dann bedarf es ganz sicher von den unterschiedlichsten Seiten her einer Annäherung an die Quellen, aus denen sich die «*wirkliche* Religiosität des Menschen» speist. Zu einer der üblichen Formen konfessioneller Religiosität können wir dagegen niemals mehr mit reinem Gewissen zurückkehren. Nachdem wir das «religionslose» Zeitalter fast durchschritten haben, verlangt es den spirituell empfindsamen Menschen nach einem tiefergehenden religiösen Erkenntnisleben, das mit der allerorten anzutreffenden Art des Glaubens, die über ein stupides Für-wahr-Halten bewußt nicht hinausgehen will, kaum mehr etwas zu tun hat. Worauf wahre Religion in zeitgemäßer Form deshalb abzielt, kann gar nichts anderes sein als die Erweckung des «inneren Menschen» in uns, des Menschen also, für den Gott allein das Licht ist. Dieser Mensch wird aber nicht aus Fleisch geboren, wie es schon bei Johannes heißt, sondern aus dem Geist heraus – also ganz allein «von oben her». Was auf diese Weise in uns wirkt, wirkt sich Ähnliches. Darum sagt Meister Eckehart: Gott wird in der lauteren Seele geboren.

Ohne das heilsame Wirken des «inneren Menschen» in den sozialen Beziehungen wäre allein eine rein äußerliche Leitung durch Macht, Geld oder ähnliche Mittel denkbar. In den Jahrhunderten seit der industriellen Revolution ist der Handlungszusammenschluß der Menschen untereinander ja auch immer mehr auf dieser Grundlage hergestellt worden. Ein Zeitalter der Verirdischung des Menschen war sicherlich erforderlich, denn allein in dieser Weise konnten die menschlichen Verstandeskräfte in ihrer ganzen Fülle entwickelt werden, nachdem sie zuvor in der Religiosität des Mittelalters befangen blieben. Berechtigt war die Verirdischung, die wir erlebt haben, aber immer nur als Stufe innerhalb einer Stufenleiter des Fortschritts, niemals jedoch als eigentliches Ziel des menschlichen Handelns. Inzwischen ist die Zeit reif geworden, die Welt des Geistes ebenso konsequent zu entdecken, wie wir in der Neuzeit die äußerliche Welt der Dinge entdeckt haben.

Was bedeutet nun in einer derartigen Situation die Redewendung von der «Erweckung des Menschen von oben her»? Die Beantwortung dieser Frage muß unterschiedlich ausfallen, je nachdem wie prinzipiell sie gegeben wird. Es ist ja gewissermaßen jeder Mensch, der sein Handeln am kategorischen Imperativ orientiert, bereits «von oben» inspiriert, ob dieser Mensch nun meint, «nur aus Gründen der Vernunft» zu handeln oder nicht. Denn wer in diesem Sinne nach verantwortungsbewußter Abwägung guter

Gründe etwas tut, der fragt eben nicht zuerst nach dem, was für ihn von Vorteil ist, Geld bringt, die eigene Macht erhöht. Wer so geleitet handelt, dem steht der Sinn nach Gerechtigkeit, die einfach sein sollte und leider nicht ist, dem geht es um die Befreiung aus der Verwerflichkeit.

Man muß sich von vornherein im klaren darüber sein, welche grundsätzlichen Vorurteile im heutigen Bewußtsein jeder Leitung «von oben» her entgegenstehen, ganz gleich in welcher konkreten Form diese Leitung sich auch empfehlen mag. Schließlich gilt der größte Teil dessen, was nicht mit Vorteilserlangung, der Durchsetzung materieller Interessen oder Eigensucht erklärt werden kann, dem heutigen Menschen oftmals als Spleen oder unreal. Aber so wie die Wirkungen der materiellen Verhältnisse wie «von unten» her an den Menschen herantreten, in vergleichbarer Weise ragt in unsere Seelen- und Geisteswelt der Bereich hinein, der über uns Menschen ist. Und genauso wie man durch das «Tor der Sinne» von dem erfährt, was die eigene Sinnlichkeit reizt und das materielle Interesse weckt, kann man durch «innere Organe» die Wegweisung hören, nach der wir uns richten sollen. Wirkungsvoller aber als jede äußere Form der Religionsausübung es jemals bewirken könnte, geschieht die Erweckung des «inneren Menschen» in der individuellen mystischen Praxis. Die Erkenntnis, die hier aufblitzt, ist nicht sinnliches oder verstandesmäßiges Erkennen, sondern ist Teilhabe am Geist. Das bedeutet: es kommt vor allen Dingen auf die Eigenschau an, zu der alle Lehre hinführen will.

VIERTER TEIL: WOHIN?

13. VORAUSSETZUNGEN UND MÖGLICHKEITEN ALTERNATIVEN HANDELNS

Freiheit «von oben» oder Selbstbestimmung

Erinnern wir uns an dieser Stelle nochmals an einige der im zweiten Teil dieses Buches vorgestellten Phänomene, in denen der «vormundschaftliche Staat» uns sein wahres Wesen offenbart hat: an den konkreten Funktionsmechanismus der politbürokratischen Macht, an das «Gefesseltsein an den Boden und die Maschinerie» als Wirksamkeitsbedingung der Staatsplanwirtschaft und auch an die dominierende Rolle geheimdienstlicher Tätigkeiten im gesamten Ordnungsgefüge des Sozialismus. Der aus einer solchen Zusammenschau resultierende Zustand größerer Klarsicht zeigt, daß die Menschen im Staatssozialismus nicht selten vor die unangenehme Wahl gestellt sind, entweder im Partei- oder Staatsapparat Karriere zu machen, sich in irgendeine gesellschaftliche Nische zu verkriechen oder zum erklärten «Staatsfeind» zu avancieren. In solchen Erfahrungen *kann* die Wende zum wahren Leben beginnen. Denn gerade die Augenblicke, in denen das Blitzen des Erkennens das Gehäuse grell erleuchtet, das dem Ich bis dahin Sicherheit und Geborgenheit gewähren sollte, enthalten ja immer die Chance, daß der einzelne intuitiv dem Ruf «Folge der Wahrheit!» nachgeht.

Nicht selten aber wird die eigene Lage und die der Gesellschaft einfach als aussichtslos erlebt. Aus dieser Ausweglosigkeit gibt es dann anscheinend nur noch eine Rettungsmöglichkeit, wenn sich ein aufgeklärter Despot findet, der dekretiv die «Vormundschaft» beendet und damit «von oben» die Menschen zur Freiheit zwingt. Diesen bürokratischen Ausweg aus der Gewaltherrschaft, der sich gegenwärtig in der sowjetsozialistischen Gesellschaft mit dem Namen des Reformers Gorbatschow verbindet, hatte schon Platon in seiner Staatslehre als praktikable Möglichkeit hervorgehoben. Gorbatschow dürfte vermutlich dessen Bild eines «wahren Gesetzgebers von Natur» ziemlich genau entsprechen. Und sobald der auch noch «Gewaltherrscher» ist, sagt Platon, sind die besten Bedingungen gegeben, damit durch ihn der «leichteste und schnellste» Übergang aus der politischen Despotie in freiere Verhältnisse herbeigeführt werden kann. Im Buch «Nomoi» heißt es dazu:

«Nicht der Anstrengungen und nicht einer besonders langen Zeit bedarf der Gewaltherrscher, will er die Sitten seines Staates umgestalten; zuerst muß er selbst den Weg, den er etwa eingeschlagen wissen will, einschlagen: wenn etwa zur Ausübung der Tugend, dann muß er die Staatsbürger antreiben, oder wenn zum Entgegengesetzten, dann muß er zuerst durch seine eigene Handlungsweise alles vorschreiben, indem er das eine lobt und ehrt, das andere dem Tadel unterwirft, und in jedem einzelnen Falle den Ungehorsam mit Schmach überhäuft.»[73] (Blättert man in Gorbatschows Buch «Perestroika» oder hört man seine Reden, könnte man den Eindruck gewinnen, der Generalsekretär der sowjetischen Staatspartei habe sich von der Platonschen Staatslehre belehren lassen.)

Bei Platon warnt in diesem Zusammenhang der «Athener», von niemandem sollen wir uns «überreden» lassen, «daß wohl auf anderem Wege leichter und schneller ein Staat seine Gesetze wechsle als unter der Leitung der Mächtigen, noch daß sich das jetzt anderswie begebe noch in Zukunft je begeben werde»[74]. In dieser voraufklärerischen Meinung liegt bis in die Gegenwart das grundlegende Vorurteil beschlossen, das den Kern jedes «vormundschaftlichen» Bewußtseins bildet. Jenes Kerns, der die Weigerung begründet, Freiheit als die Möglichkeit und Fähigkeit des Menschen zu begreifen, Veränderungen im gesellschaftlichen Leben von selbst anzufangen. Vor keiner anderen Lebenslage fürchtet sich das vormundschaftliche Bewußtsein gleichermaßen, wie vor diejenige Wahl gestellt zu sein, die wir seit den Tagen der Aufklärung als Selbstbestimmung bezeichnen.

Statt die gegebenen Möglichkeiten eines selbstverantwortlichen, kritischen Verhältnisses gegenüber dem Gemeinwesen und dem sozialistischen Staat hier und jetzt wahrzunehmen, begibt sich das vormundschaftliche Bewußtsein in diesen Tagen abermals massenhaft in die gewohnte Objekthaltung, indem es sich erwartungsvoll zum Gegenstand einer Befreiung «von oben» erklärt. Alle Zeichen der Zeit mahnen insofern an die Situation, wie wir sie schon einmal nach dem XX. Parteitag erlebt haben. Die allein in der Mündigkeit des Menschen wurzelnde Assoziation aber, «worin die freie Entwicklung eines jeden die Bedingung für die freie Entwicklung aller ist» (Kommunistisches Manifest), kann der sozialistische Staat in seiner gegenwärtigen Verfassung nur verhindern wollen. Daran wird der Reformer Gorbatschow nichts ändern können, denn auch er als Generalsekretär der Staatspartei muß die Staatsraison im Auge behalten. Die Staatsraison jedoch verträgt sich nicht so ohne weiteres mit der Bildung und Erziehung des Menschen zum «öffentlichen Gebrauche seiner eigenen Vernunft», sondern sie verlangt zuerst einmal im guten wie im bösen die Einschleifung der Untertanenrolle. Denn die im sozialistischen Staat verdinglichte Macht zur Fremdbestimmung des Menschen will und kann nur wollen den Bürger als den anpassungsbereiten Produzenten-Untertan.

Zweifellos hat Gorbatschow mit seiner durch die Worte «Glasnost» und «Perestroika» gekennzeichneten Politik bei unzähligen Menschen, die im Staatssozialismus leben, tiefes Aufatmen bewirkt, das kann man gar nicht überhören oder etwa gar geringschätzen. Deshalb brauchen wir aber nicht gleich in die Illusion zu verfallen, es sei nunmehr für den einzelnen Menschen gar nicht mehr nötig, «sich aus der ihm beinahe zur Natur gewordenen Unmündigkeit herauszuarbeiten» und den Staat bis in seine Grundfesten hinein umzugestalten. Worauf wir allein unsere Hoffnungen setzen dürfen, ist, daß das «Publikum sich selbst aufkläre», damit endlich die nach Kant erforderliche «wahre Reform der Denkungsart zu Stande kommen kann», die allein uns zukünftig an jeder Form von Subalternität wird hindern können.

Man glaubt heute offenbar vielerorts, den Menschen etwas Gutes anzutun, wenn man sie in ihrer Utopie des «guten Herrschers» bestätigt, aber man ist unehrlich, wenn man in ihnen nicht das Verständnis dafür weckt, in welchem Maße der Niedergang der staatssozialistischen Gesellschaften gerade dieser ihrer «vormundschaftlichen» Erwartungshaltung geschuldet ist. Nicht darum kann es sich schließlich in dem gegenwärtigen Augenblick des historischen Geschehens handeln, die eine Form der Vormundschaft gegen die andere auszutauschen, sondern einzig darum, die nächste Wegstrecke im «Fortschreiten zum Besseren» zu gehen.

Zum subjektiven Faktor alternativen Handelns

Soll der «vormundschaftliche Staat» zurückgenommen werden, so müssen Kräfte in der staatssozialistischen Gesellschaft tätig werden, die danach trachten. Wie die ersten Ergebnisse öffentlicher Diskussionen innerhalb der von Gorbatschow angeführten Nomenklatura im sozialistischen Lager zeigen, hat sich die herrschende Meinung im Zentrum des Staatssozialismus geändert. Es schwindet der Glaube, daß die Mängel der zentral geplanten sozialistischen Ökonomie nur als Ausdruck von Kinderkrankheiten einer sich selbständig zum Besseren wandelnden Staatsplanwirtschaft betrachtet werden können. Gleichzeitig breitet sich die Meinung aus, daß die allgemeine Unordnung in der Wirtschaft und darüber hinaus als eine Art Preis für die Bestandserhaltung des derzeitigen politökonomischen Systems angesehen werden muß. Denn für einen Teil der herrschenden Staatsbürokratie ist diese Unordnung von Vorteil.

Waren sich noch bis vor kurzem die Befürworter einer Erweiterung der Marktbeziehungen und die Verfechter der Selbstverwaltung einig in ihrem Angriff auf die starre Planwirtschaft, so beginnen sich heute, da die gesellschaftliche Entwicklung die praktische Frage einer Alternative auf die Tagesordnung gesetzt hat, weitergehende Differenzierungen abzuzeichnen. Grob gesprochen: Wie stets in derartigen historischen Situationen will der eine Teil der Nomenklatura der Wirtschaft mehr technokratisch gefärbte Rezepte verschreiben, währenddessen der andere Teil wieder mal auf die «Demokratisierung» setzt. Und so dreht sich dann der Interessenstreit, wie wir anläßlich der Diskussionen über den Gesetzentwurf für den staatlichen Betrieb und die Genossenschaften sehen konnten, immer wieder um die alte Frage, ob man ein bißchen «Mehr» an «Marktwirtschaft» zuläßt oder nicht. Sieht man einmal von der vereinzelt vertretenen Forderung nach der Schaffung eines «kleinen Reservearbeitsheeres» ab, so sind die vertretenen Auffassungen keinesfalls originell.

Aufs Ganze gesehen dürfte eine durch die Entwicklungsprozesse in der SU belehrte und bestärkte Reformbewegung im deutschen Staatssozialismus vermutlich zunächst annähernd dieselbe Entwicklung nehmen. Aber hier wie dort kann das Bedürfnis nach ökonomischen Umgestaltungen sehr bald weitertreibende Kräfte innerhalb und außerhalb der Bürokratie freisetzen, wenn sich erweist, daß wegen des Primats der Politik in der sozialistischen Gesellschaft wirtschaftliche Reformen nur zu haben sind nach einer entsprechenden «Rücknahme» des vormundschaftlichen Staates in die Gesellschaft. Kommt ein solcher Lernprozeß erst einmal in Gang, ist für den deutschen Staatssozialismus damit zu rechnen, daß sich sehr bald eine Entwicklung ergibt, die von ganz alleine auf eine Rücknahme des «vormundschaftlichen Staates» aus der Wirtschaft und dem Geistesleben hinarbeitet. Im Verlaufe eines solchen Prozesses dürfte es kaum ausbleiben, daß in einer deutschen Reformbewegung sehr bald rechtsstaatliche Traditionen erinnert würden – vielleicht der entscheidende Unterschied zur Umgestaltung in der SU.

Jeder Reformbewegung im deutschen Staatssozialismus, die Änderungen in dieser Richtung bewirken will, wird die Unterstützung innerer und äußerer Kräfte schon deshalb zuteil werden, weil sie eine Beendigung der durch die «Geschlossenheit» der sozialistischen Gesellschaft hervorgerufenen Leiden verspricht. Ob jedoch im Verlaufe eines solchen Prozesses eine wirkliche Neugliederung des sozialen Organismus entsteht oder ob im Ergebnis der gesellschaftlichen Umwälzungen lediglich eine dem Staatseigentum verpflichtete östliche Gesellschaftsversion zum Zuge kommt, die in gesteigertem Maße bestrebt ist, westlichen Vorbildern möglichst im Detail noch nachzueifern, hängt ganz entscheidend von der gesteigerten *Sozialfähigkeit* aller den Wandel tragenden Kräfte ab. Die menschliche Sozialfähigkeit aber gründet sich nicht nur auf die Selbstbehauptung, auch nicht auf die Selbstbehauptung gegenüber den Anmaßungen der Politbürokratie, und sie gründet sich erst recht nicht auf den Veränderungswillen eines um seine Weltanliegen kreisenden Ichs. Gerade das Welt-Ich vieler Menschen im deutschen Staatssozialismus will ja oft nicht mehr als nur schnittigere Autos, reizvollere Urlaubsziele, Vergnügungen aller Art – mit einem Wort: Konsumbefriedigung wie im Westen. Es sollte bloß nicht ganz so scharf zugehen wie dort.

Um die Verhältnisse aber gültig zu gestalten, muß der sozialistische Mensch vor allem der Tatsache gewahr werden, daß sein wahres Leiden letztendlich aus der Unerfülltheit seines menschlichen Wesens herrührt. Dieses Leiden, das Ganzsein und Heilsein verhindert, ist aber etwas anderes als das gewöhnliche Leiden des Welt-Ichs unter den politischen Verhältnissen. Erst wenn das Leiden aus der Tiefe Menschen zu Wesen formt, die sich bewußt im Widerspruch zwischen den Aufgaben und den Verführungen der Welt sowie ihrer inneren Stimme bewegen, kann eine gültige Umgestaltung der Gesellschaft gelingen. Wie aber vollzieht sich die Vermittlung derartiger Subjektäußerungen im praktisch-gegenständlichen Lebensprozeß der sozialistischen Gesellschaft?

Liebe ist nötig

Auch im bestehenden Staatssozialismus ist es niemals nur die Macht allein, die das Handeln der Menschen bestimmt. Mit Macht und Geld kann die Politbürokratie zwar das sozialistische System steuern, die Gesamtheit der zwischenmenschlichen Verhältnisse kann sie damit jedoch nicht erreichen. Wie sich die Zeiten insoweit gewandelt haben, verdeutlicht am besten die historische Sichtweise: Es liegen Welten zwischen dem partikularistischen Selbstverständnis unserer Bürokraten, wie es in der Betonung des Klassencharakters der sozialistischen Staatsmacht zum Ausdruck kommt, und dem alles und jeden vereinnahmenden Paternalismus der alten Despotien. Nicht daß die sozialistische Bürokratie diesem Selbstverständnis abgeschworen hätte. Wo es nur geht, spielt sie weiterhin Vormund für die Menschen. Heute weiß sie aber, daß der von ihr erhobene Anspruch, noch die persönlichen Lebensverhältnisse der Menschen bestimmen zu wollen, bereits in weiten Kreisen als unnatürlich empfunden wird. Zunehmend mehr Gesellschaftsmitglieder gestalten gerade aus diesem Empfinden heraus ihr persönliches Leben bewußt als Gegensatz zur System-Welt. Auf diese Weise wird der in der System-Welt erlittene «Schmerz über den Abstand zwischen dem Bedürfnis, wirklich zu leben (Wirklichkeit zu erleben), und der durchdringenden Erfahrung von Entsinnlichung, Entwirklichung» praktisch. Was entsteht, ist eine Wirklichkeit im Untergrund, die ihre eigene Geschichte schreibt und die zugleich planmäßiger Widerstand gegen Macht und Marktstrukturen ist.

Woher bezieht dieser Widerstand seine Energie? Allein aus dem Gegensatz zur System-Welt kann die Kraft nicht herkommen, welche die Menschen antreibt. Tatsächlich ist die Antwort einfach: Wo Liebe die Grundrichtung des Handelns bestimmt, entstehen in der Praxis Lebensformen, die gegen Macht und Geld immun sind. Weil Liebe aber in jeder Gesellschaft das bessere Sein darstellen will, ist diese von vornherein mehr als ein harmloses Privatvergnügen. Liebe zielt auf den «inneren Menschen»! Der Weg der Liebe, die im persönlichen Bereich beginnen mag, führt zu einem Verhalten des Menschen, das die Gleichgültigkeit gegen andere als die entscheidende Grundlage jeder Herrschaft überwindet.

Erst in der vollendeten Liebe werden alle die Schranken niedergerissen, die der Mensch um der Macht willen in sich errichtet hat, sei es in Form seines Charakterpanzers, der Vorurteile, Sprachstörungen usw. Liebe allein kann am Ende das Macht- und Besitz-Ich der Politökonomie niederbrennen. Denn ein solches begegnet dem Lebendigen in allen Liebesverhältnissen. Diese sind ja von sich aus nicht frei von jeder Gewalt und Unterdrückung. Sie müssen die Gewalt erst tilgen, die immer wieder in sie eindringt.

In den «Liebesverhältnissen» finden wir das praktische Modell, anhand dessen Gleichgültigkeit und Herrschaft kritisiert werden können. Die Liebe ist neben dem verständigungsorientierten Diskurs die einzige organisatorische

Lebensform, der eine *revolutionäre* Sprengkraft einwohnt. Liebe allein kann die Überzeugung festigen, daß der Mensch mit dem Menschen auch ohne Gewalt leben kann.

Nicht aus der unbegrenzt erweiterten Akkumulation des objektivierenden Denkens und des technisch-organisatorischen Wissens können wir menschlichere Handlungsorientierungen erwarten. Diese sind nur als ein Ausdruck der moralisch-praktischen Reife zu verstehen, die der einzelne im Umgang mit seinem Mitmenschen erwirbt. Hier, in den Liebesverhältnissen, begegnen wir Menschen einander als Vertreter wirklichen Lebens, für die das Sein selber das Worumwillen aller Tätigkeit darstellt. Nur aus der empirischen Tatsache der Existenz von Liebesverhältnissen heraus läßt sich die Hoffnung begründen, die Menschheit wäre heute reif genug, vor allem anderen zunächst reifere Formen des sozialen Zusammenhalts zu entwickeln, um erst auf dieser Grundlage vernünftig über die Anwendung der neuen Produktivkräfte zu entscheiden (und nicht umgekehrt!). Genau das ist des Pudels profaner Kern, den die unvermeidlich mit der Losung «Liebe ist möglich» einherkommende Metaphorik oftmals mehr verdeckt als freilegt.

Jede reifere Form der Sozialintegration setzt aber die weitere Entwicklung der Familie voraus. Wenn überhaupt, dann kann nur von hier her der Wandel des Gesellschaftscharakters seine ersten Impulse erhalten. Während der Mensch in der System-Welt des Sozialismus auf schmerzhafte Weise darin eingeübt wird, mit sich selbst, seinem Mitmenschen und der Natur distanziert umzugehen, damit er diese skrupellos auszubeuten lernt, erinnert ihn die Lebensweise in der Familie, in freundschaftlichen Beziehungen, Liebesverhältnissen und nachbarschaftlichen Begegnungen immer wieder daran, was ihm persönliche Nähe bedeutet, wie menschliche Beziehungen auch sein können.

In unseren Tagen bewährt sich die Familie immer weniger als das Übungsfeld, wo dem Individuum und zukünftigen Staatsbürger das Prinzip «Bück dich!» eingebleut werden kann, jenes Grundgefühl von Ordnung, das nach Hegel den Staat in seinem Innersten zusammenhält. Seitdem das Bild der modernen Familie immer mehr durch die sich ausbreitenden partnerschaftlichen Beziehungsmuster und immer weniger durch zwanghafte Erziehungspraktiken bestimmt wird, sucht und findet das Individuum hier Zuflucht vor der Scheinhaftigkeit der zwischenmenschlichen Beziehungen in den formal organisierten Handlungsbereichen des Systems der Politökonomie. Darin zeigt sich, daß die Familie auch noch im Staatssozialismus in einem sittlichen Gegensatz zum «Gesetz des Staates» steht. Auch noch im Staatssozialismus gilt das Wort, wonach in der Familie das «Gesetz des Weibes» vorherrscht, welches das «Gesetz der empfindenden subjektiven Substantialität, der Innerlichkeit» ist.

Wenn wir darüber hinaus die rapide fortschreitende Deinstitutionalisierung der Ehe und die Aufhebung der antiquierten «Männlichkeit» im Staatssozialismus in Rechnung stellen, dann schließt der Wandel in den sittlichen Verhältnissen Momente in sich ein, deren politische Bedeutung gar nicht hoch genug eingestuft werden kann. Denken wir nur an die Erhöhung der Reflexivität in der Zweierbeziehung oder an die massenhafte Bewußtwerdung der Gefühlswelt, die wir gegenwärtig erleben. Weit weniger als in Vorläuferformationen reguliert die klassische Institution Ehe im Staatssozialismus das Verhalten ihrer Glieder zugunsten der herrschenden Macht. In dem

Maße aber, wie die Konturen der «musterhaften Eheführung» dem Menschen nicht mehr vor Augen stehen, sieht sich dieser auf die Reflexivität in der Zweisamkeit verwiesen, um hier in einem mühevollen Dialog immer wieder neu die familiäre Identität zu bestimmen.

Unter diesen Bedingungen artet der Wechsel aus der familiären Lebenswelt in die bürokratisch organisierte Arbeitswelt immer mehr zu einer Machtprobe zwischen dem einzelnen und dem System aus. Je weiter sich das System gegenüber der persönlichen Lebenswelt verselbständigt, um so schwieriger wird es, den an die eigensinnigen dialogischen Strukturen der Familie gewöhnten Menschen den Imperativen des Systems zu unterwerfen. Sobald junge Menschen am ökonomischen und politischen Verkehr teilnehmen, stellt sich deshalb die Frage, ob ihre zu diesem Zeitpunkt verinnerlichten Handlungsmuster ein problemloses Umschalten zugunsten der vom System erwarteten bürokratischen Rationalität gewährleisten. Damit ist ein Widerspruch angezeigt, dem ausnahmslos alle Angehörigen der nachwachsenden Generation ausgesetzt sind. In der (gemessen am niedrigen Niveau der allgemeinen Kriminalitätsbelastung) unverhältnismäßig hohen Jugendkriminalität entfaltet sich der Widerspruch augenscheinlich nach seiner anarchischen Seite. Aber derselbe Widerspruch kann ebensogut das demokratische Handeln der Jugendlichen aktivieren. Nämlich dann, wenn er dem einzelnen als Bedürfnis bewußt wird, an der Gestaltung des eigenen Daseins auch außerhalb der familiären Lebenswelt mitzuwirken, und diesem legitimen Bedürfnis mit strafrechtlichen Mitteln eine Abfuhr erteilt wird.

Mit Hilfe des staatlichen Jugendverbandes und einer besonderen «Jugendpolitik» will die Politbürokratie das unter der Jugend vorhandene Widerstandspotential entschärfen. Wirtschaftliche Schwerpunktvorhaben werden zu Jugendobjekten erklärt, an deren Bewältigung sich junge Menschen heroisch bewähren sollen. Stumpfsinnigste Plackerei wird zum Abenteuer umgedeutet. Nachgeholfen wird mit materiellen Anreizen, Orden und allerlei Ehrungen, um die einmal geköderten Jugendlichen wenigstens zeitweilig bei Laune zu halten. Die «neuen Leiden des jungen W.», die der Schriftsteller Ulrich Plenzdorf protokolliert hat, sind aber so nicht zu heilen, wie das tragische Ende des Edgar Wibeau exemplarisch zeigt. Wenigstens dieser eine widersteht dem System mit aller Konsequenz und vertritt seinen Anspruch auf einen mitbestimmten Lebensentwurf, der über die engen Grenzen seiner Privatwelt hinausweist.

Ob und wie sich die Architektur des Systems der Politökonomie ändern wird, wenn die Familie und die Ehe als tragende Pfeiler von Recht und Ordnung in ihrer überlieferten Form immer mehr ins Wanken geraten, bleibt abzuwarten. Daß aber jeder Wandel in den sittlichen Verhältnissen politische Folgen zeitigen wird, steht fest.

Tapferkeit oder Zivilcourage?

Aus Angst scheuen die meisten Menschen im Staatssozialismus davor zurück, öffentlich in der Wahrheit zu leben. Wo es moralisches Handeln gibt, da beschränkt sich dasselbe oftmals auf private Tugendhaftigkeit, Hilfsbereitschaft gegenüber Nachbarn, die gewissenhafte Erfüllung anerkannter Normen in Familie und Beruf. Indem wir stillschweigend in unserem Handeln auf Öffentlichkeit verzichten, halten wir uns an die von der geheimpolizeilichen Macht abgesteckten Grenzen. Gegenüber dem Unrecht um uns herum bleiben wir taub und stumm. Durch Unterlassen werden wir mitschuldig an dem, was in unserer Umgebung politisch vor sich geht. Lieben wir ihn wirklich – unseren Nächsten? Schlüpfen wir nicht begierig, um unser Gewissen zu besänftigen, in die respektablen Rollen, welche die Gesellschaft für uns bereithält? Als «ehrlicher Arbeiter», «guter Vater», «gewissenhafte Buchhalterin», «sich aufopfernde Krankenschwester» und wie die zahlreichen Verkleidungen unseres wahren Ich alle heißen mögen, hinter denen wir unsere private Tugendhaftigkeit wahren wollen, schreiten wir emsig auf dem uns angewiesenen Pfad der Pflichterfüllung dahin. Der diesem sozialen Verhalten innewohnende Sinn, das ist der Sinn des Nichts-wissen-Wollenden. In der Begrenzung auf das Pflichtgemäße kommt Widerspruch erst gar nicht hoch. Es unterbleibt jeder Versuch einer freien, aus der Verantwortung heraus getanen Tat, die allein das Böse überwinden kann.

Dürfen wir aber, solange die geheimpolizeiliche Macht im Staatssozialismus allgewaltig ist, den bedingungslosen und öffentlichen Gebrauch der individuellen Vernunft unter allen Umständen fordern? Wohl kaum. Wir können einfach nicht erwarten, daß ausgerechnet in einer Welt geheimpolizeilicher Tätigkeiten Menschen nur noch aus reiner Moralität heraus handeln. Zwar wird die Macht weiterhin mit der intellektuellen Redlichkeit einzelner rechnen müssen, die aufs Ganze gehen. Nicht weniger bedarf es aber der Ermutigung, im täglichen Leben die eigenen Überzeugungen gegen die Anmaßungen der Macht von Fall zu Fall öffentlich zu vertreten. Mit anderen Worten: was wir bitter nötig haben, sind Menschen mit

Zivilcourage! Die Tugend der Zivilcourage hat erst in der jüngsten Vergangenheit ihren festen Platz in den Normenkatalogen der universalistischen Ethik gefunden. Zivilcourage meint nicht die individuelle oder kollektive Rebellion gegen empörende Mißstände und Unterdrückung. Zivilcourage zeigt, wer damit anfängt, «sich aus der ihm beinahe zur Natur gewordenen Unmündigkeit herauszuarbeiten». Für den, der die Macht hat, ist die Tugend der Zivilcourage dagegen entbehrlich. Der Machthaber bedarf ihrer nicht, will er seine «Wahrheiten» verkünden. Zudem sind couragierte Untertanen nicht mehr so ohne weiteres kuschbereit, sie «mucken auf», wie es im Jargon der Mächtigen heißt.

In Deutschland hat die Tugend der Zivilcourage noch immer Seltenheitswert. Schon der alte Bismarck soll zu seinem Mitarbeiter von Keudell gesagt haben: «Mut auf dem Schlachtfeld ist bei uns Gemeingut, aber Sie werden nicht selten finden, daß es ganz achtbaren Leuten an Zivilcourage fehlt.» Bis heute ist es dabei im wesentlichen geblieben. Während die Tugend der Tapferkeit staatlicherseits ebenso wie in der Familie gefeiert wird, gerade so, als müßten wir uns alsbald wieder mal auf den Schlachtfeldern dieser Erde bewähren, ist der Kurswert der Zivilcourage niedrig. Wir lernen zwar, wie man Schmerzgefühle abwehrt und unter allen Umständen die eigene Angst verleugnet – wie man «ein tapferer Junge ist», haben aber in vergleichsweise harmlosen Lebenslagen nicht den Mut zur eigenen Meinung. Unsere Geschichtsbücher sind Sammlungen von Heldenbiographien. Tritt da aber einer aus seiner Unmündigkeit heraus und der Macht mitsamt ihren Einschüchterungen couragiert entgegen, ist das unseren Geschichtsschreibern selten der Rede wert. Wie oft kommt es aber geschichtlich gerade auf das Handeln derer an, denen ihre Unmündigkeit beinahe zur zweiten Natur geworden ist. Es macht zudem einen Unterschied, ob der Mensch subjektiv aus der Rangtiefe heraus handelt oder ob da einer Widerstand leistet, der unter etwas anders gearteten politischen Umständen selber zum Kreis der Mächtigen zählen würde.

Gerade in der Zivilcourage zeigt sich ein moralisches Moment der Freiheit, das zutiefst menschlich ist. In Zeiten des Umbruchs etwa (die uns meist zum Vorbild für moralisches Handeln dienen), wenn die überlebten Ordnungen zusammenbrechen, entsteht meist im Gefolge der voranstürmenden sozialen Aktivisten ein Sog, in dem die vielen nur mitgerissen werden. Was mit ihnen geschieht, kann man schwerlich als tugendhaftes Handeln ansehen. Die Zeit der Zivilcourage liegt dazwischen. Zivilcourage ist in den geschichtlichen Abschnitten gefragt, in denen «Ordnung und Sicherheit» nicht in Gefahr sind. Dann hängt Entscheidendes für das menschliche Zusammenleben davon ab, ob Zivilcourage als Tugend gelebt wird.

Es leuchtet ein, wir alle brauchen Tugenden, nach denen wir unser Handeln richten. Ohne universalistische Normen und Werte sind wir hilflos den Zumutungen der Politbürokratie ausgeliefert, die sich durchaus nicht immer nur auf selbstsüchtige Interessen stützt. Es ist ja kein Zufall, wenn in der staatssozialistischen Gesellschaft allein heroische Tugenden wie «Heldentum», «Opferbereitschaft» usw. gepriesen werden und in Lehrbüchern der Ethik nicht einmal das Wort «Zivilcourage» geschrieben steht.[75] Durch diese Überhebung trefflichen Handelns ins schier Unerreichbare bleibt der gewöhnliche Alltag meist ungestört durch moralische Vorbehalte.

Natürlich kann auch im Staatssozialismus das notwendige «Zusammenfallen des Änderns» sowohl der bestehenden Verhältnisse als auch des menschlichen Handelns in der hier angedeuteten Richtung «nur als *umwälzende Praxis* gefaßt und rationell verstanden werden». So richtig aber diese Einsicht ist, sie darf nicht länger als Entschuldigung dafür dienen, daß wir nicht mit der erforderlichen Selbst-Veränderung beginnen. Gerade die Geschichte der neuzeitlichen Arbeiterbewegung liefert Beispiele genug, wie sich zunächst fortschrittliche Bewegungen in ihr genaues Gegenteil verkehrt haben, weil ihre Mitglieder nicht die psychischen Wurzeln der Vormundschaft bei sich selbst beseitigt haben. Moralisches Handeln ist ein Sprung vorwärts in der Bewußtheit der Menschen. Was immer wir an Charakterfehlern oder Schwächen besitzen – wir können uns ändern, umkehren. Darum geht es.

Wer auf eine menschlichere Form des Staatssozialismus hinwirken will, der darf die eigene Tugendhaftigkeit nicht auf den Sankt-Nimmerleins-Tag vertagen. Die Änderung der Verhältnisse allein – hier etwas weniger Zentralismus, da ein bißchen mehr Mitbestimmung – führt nicht weiter. Unser Unvermögen, konstruktiv und offen zu handeln, ist gewiß verschiedensten Umständen geschuldet. Aber diese Umstände wären nicht die, die sie eben sind, wenn nicht überall auch ein innerer angstbedingter Konformismus mit am Werke wäre, der uns ständig zuruft: nur nicht auffallen, es läßt sich sowieso nichts machen, sieh dich vor... Die Tugend, die diesen Konformismus überwindet, ist die Zivilcourage.

14. ZUR NEUGLIEDERUNG DES STAATSSOZIALISMUS – EIN ENTWURF

Bei aller Skepsis gegenüber der Möglichkeit einer grundsätzlichen Reformation des Staatssozialismus will ich dennoch zum Abschluß meiner Überlegungen den Versuch unternehmen, in die Zukunft zu denken, und der Frage nachgehen, wie denn menschlichere und demokratischere Verhältnisse beschaffen sein müßten. Eines ist sicher: Zum Besseren werden sich die Verhältnisse nur wenden, wenn es gelingt, die Entwicklung des Systems wieder mit der beeinflußbaren Wirklichkeit und den tatsächlichen Bedürfnissen der Menschen zusammenzuschließen. Anstelle der unter der Parole des «demokratischen Zentralismus» betriebenen Übersetzung der Systemzwänge in die Lebenspraxis der Menschen muß von dieser her ein vernünftiger Einfluß auf das System ausgeübt werden.

Wie dieser Einfluß der Lebenswelt auf das System aussehen könnte, kann man sich gut vor dem Hintergrund der tatsächlichen Planungspraxis im Staatssozialismus klarmachen. Diese ist ja dadurch gekennzeichnet, daß der zentral erarbeitete «Planentwurf» die gesellschaftliche Entwicklungsrichtung und die entscheidenden Prioritäten und Proportionen von vornherein festschreibt. Worüber außerhalb der Reihen der Politbürokratie nurmehr beraten werden darf, ist, wie die Plankennziffern übererfüllt werden können. Ob wir in die Kfz-Industrie oder den Ausbau des Schienennetzes der Eisenbahn, ob wir in die Volkswirtschaft oder die Rüstung investieren, ob wir dem Umweltschutz unsere Aufmerksamkeit zuwenden wollen oder nicht, Fragen dieser Art stehen prinzipiell außerhalb der öffentlichen Diskussion. Gerade die Beantwortung dieser Art Fragen muß aber vor jeder Planausarbeitung dem Vetodruck öffentlicher Diskurse ausgesetzt werden. Nicht innerhalb, sondern grundsätzlich außerhalb des Systems der Politökonomie müssen die tragenden Prämissen ausgehandelt werden, anhand derer die Planer ihre Entwürfe fertigen.

Wollen wir das alte Menschheitsziel einer «Überführung der politischen Regierung über Menschen in eine Verwaltung von Dingen und eine Leitung von Produktionsprozessen» nicht in das Nirgendwo rosaroter Sehnsuchtslandschaften verlegen, dann dürfen wir uns nicht scheuen, den Punkt zu benennen, von dem aus in der Gegenwart der Ausbruch aus dem Gehäuse bürokratischer Hörigkeit beginnt. Ich denke, es ist – so bescheiden das klingen mag – der öffentliche Diskurs, der in allen gesellschaftlichen Bereichen in Gang gebracht werden muß. Erst in dem Umfang, wie über öffentliche Diskurse die Ziele und Formen des Zusammenlebens im Staatssozialismus bestimmt werden, kann von einer Transformation des Politischen, einem ersten Schritt in Richtung einer Assoziation der Menschen in Freiheit gesprochen werden.

Wer gedanklich die Richtung der notwendigen Umgestaltung im Staatssozialismus vorzeichnen will, wird dann, wenn er es praktisch meint, gar nicht alle Einzelfragen beantworten können, welche die Praxis in der gegenwärtigen Phase der Entwicklung stellt. Um die Beantwortung einer Frage kommt jedoch keine Erörterung der zukünftigen Daseinsbedingungen im Sozialismus herum: Welcher *Neugliederung* bedürfen die sozialistischen Verhältnisse, damit unser Gesellschaftskörper von den ihn schwächenden und verunstaltenden sozialen Pathologien saniert werden kann?

Vor allem muß der soziale Organismus so gestaltet werden, daß bereits vom Wesen dieser Neugliederung her das «Gefesseltsein an den Boden und die Maschinerie» mitsamt «Mauer», der ideologische Dogmatismus, die Rechtlosigkeit ebenso wie die anderen Anachronismen innerhalb des Geistes- und Wirtschaftlebens überwunden werden. Ganz sicher müßte auch wieder die wirtschaftliche Tüchtigkeit wachgerufen werden. Ganz gleich, wie man die Sache betrachtet, die Fülle der zur Lösung anstehenden Probleme ist riesengroß. Man wird sie aber in ihrer Mehrzahl nur dann bewältigen können, wenn ohne jeden Vorbehalt die entscheidende *Konsequenz* gezogen wird, den «vormundschaftlichen Staat», der ja zum überwiegenden Teil für die Probleme verantwortlich ist, wenigstens in dem Umfang «absterben» zu lassen, wie er mit seinen Apparaten und Politiken das Geistes- und Wirtschaftsleben tyrannisiert. Die zu erringende Freiheit kann heute, wie Marx in seiner Kritik des Gothaer Programms geschrieben hat, nurmehr darin bestehen, «den Staat aus einem der Gesellschaft übergeordneten in ein ihr durchaus untergeordnetes Organ zu verwandeln...»[76].

Am Beginn jeder sozialen Erneuerung und vor ökonomischen Reformen muß daher die Einrichtung einer gesellschaftlichen Kontrolle über diejenigen Staatsparasiten stehen, deren fachmännischer Handhabung von Maulkorb und Knebelkette wir die anhaltende Friedhofsruhe in unserem Lande verdanken. Hierin muß der erste Schritt für einen Wandel zur Freiheit im Staatssozialismus bestehen. Der lähmende Einfluß der überdimensionalen Sicherheitsapparate muß zurückgedrängt und der Kaderbestand der Dienste sowie deren Reproduktion der Entwicklung der wirklichen Kriminalität in der Gesellschaft angepaßt werden.

Es fragt sich nun: Welche Umwandlung wird der sozialistische Staat erfahren, wenn er im Geistesleben und in der Wirtschaft planmäßig zum «Absterben» gebracht wird? Mit anderen Worten, welche Aufgaben bleiben dem Staat und seinen Organen vorbehalten, die den jetzigen Staatsfunktionen entsprechen? Logischerweise wird sein Betätigungsfeld erheblich schrumpfen. Aus der (ständig wachsenden) Rolle des Volkserziehers und Wirtschaftsorganisators wechselt der Staat dann zwangsläufig in die eher schon wieder liebenswürdige Rolle des bloßen «Wächters», der nach innen die demokratischen Formen garantiert, in denen sich Menschen unterschiedlicher gesellschaftlicher und politischer Gruppierungen zueinander ins Verhältnis setzen.

Wird der sozialistische Staat in dieser Weise aus dem Geistesleben und der Wirtschaft als eine diesen Verhältnissen wesensfremde Kraft zurückgenommen, so kann der soziale Organismus in diesen beiden Gliedern Zug um Zug eigene Selbstverwaltungen ausbilden. Im Ergebnis wird eine Dreigliederung in die gegeneinander verselbständigten Bereiche Geistesleben – Wirtschaft – Staat entstehen. Auf diese Idee der Dreigliederung weist bereits im Denken der Aufklärung wie des Marxismus vieles hin. Ihre konsequenteste Ausformung hat sie zu Beginn dieses Jahrhunderts durch Rudolf Steiner erfahren.

Geistesleben

Mag unter der erforderlichen Umgestaltung der gesellschaftlichen Verhältnisse im Konkreten auch durchaus Unterschiedliches verstanden werden – Übereinstimmung besteht vermutlich bei allen reformwilligen Kräften dahingehend, daß durch die Umgestaltung und die damit verbundene Ausschaltung der «kulturell-erzieherischen» Funktion des Staates dieselben Menschen zu selbstbestimmtem Handeln gerufen werden sollen, die derzeit oftmals noch widerspruchslos in der Unmündigkeit verharren. Nicht die Wünsche des sozialistischen Staates, der heute zum Haß auf den vermeintlichen Klassenfeind aufruft, morgen dagegen unsere Jugend zur Liebe gegenüber ständig wechselnden «Bruderparteien und Brudervölkern» erziehen will, würden dann weiter die Orientierung des Bildungs- und Erziehungswesens bestimmen. Es wären dann im Prinzip universalistische, menschheitspädagogische Gesichtspunkte, die allmählich in den Vordergrund rücken und die Richtschnur für das kulturelle Handeln liefern würden. Wilhelm von Humboldt hat in klassischer Weise das Ziel beschrieben, dem ein solches, von staatlicher Bevormundung befreites Geistesleben entgegengeht:

«Wenn wir eine Idee bezeichnen wollen, die durch die ganze Geschichte hindurch in immer mehr erweiterter Geltung sichtbar ist, wenn irgend eine die vielfach bestrittene, aber noch vielfach mißverstandene Vervollkommnung des ganzen Geschlechtes beweist, so ist es die Idee der Menschlichkeit: das Bestreben, die Grenzen, welche Vorurteile und einseitige Ansichten aller Art feindselig zwischen die Menschen gestellt, aufzuheben, und die gesamte Menschheit, ohne Rücksicht auf Religion, Nation und Farbe, als einen großen, nahe verbrüderten Stamm, als ein zur Erreichung eines Zweckes, der *freien Entwickelung innerlicher Kraft*, bestehendes Ganzes zu behandeln. Es ist dies das letzte, äußerste Ziel der Geselligkeit, und zugleich die durch seine Natur selbst in ihn gelegte Richtung des Menschen auf unbestimmte Erweiterung seines Daseins.»[77]

Ein an solchen Gesichtspunkten durchgängig orientiertes Geistesleben könnte schrittweise den Bewußtseinswandel befördern, der nötig ist, um die Seiten des deutschen Gesellschaftscharakters auszugleichen, die sich mit der «Verpreußung Deutschlands» herausgebildet haben und die im Staatssozialismus lediglich unter anderem Namen weiterentwickelt wurden. Anstelle der Begeisterung für «Organisationen», «preußischen» Gehorsam oder «Klassen- und Parteidisziplin» würde die Bereitschaft in der menschlichen Seele geweckt, durch persönliches Eingreifen die sozialistischen Verhältnisse so zu verändern, daß die Menschen wirklich wieder in solidarischer Weise neben- und miteinander leben können.

Allein durch seine Unabhängigkeit wird das gesamte Geistesleben in die Lage versetzt, wirklich von sich aus bestimmend durch die «Entwicklung des gesellschaftlichen Individuums, die als der große Grundpfeiler der Produktion und des Reichtums erscheint», in das Staats- und Wirtschaftsleben hineinzuwirken. Denn nur die Selbstverwaltung verspricht Verhältnisse, welche die wirklich «freie Entwicklung der Individualitäten» garantieren gegen die Zumutungen der Politbürokratie, deren borniertes Interesse immer wieder nur auf Menschen abzielt, die den Erfordernissen des bürokratischen Betriebs entsprechen.

Hier, im Bereich eines selbstverwalteten Geisteslebens, wäre zugleich derjenige kulturelle und soziale Raum gegeben, aus dem heraus die Menschen unbehindert durch staatliche oder wirtschaftliche Macht im Rahmen einer diskursiv geführten permanenten Volksaussprache die obersten Werte des im Staatssozialismus geltenden Weltbildes verändern könnten, damit so die Weichen für die materielle Produktion neu gelegt werden. Die «allgemeinen Mächte des menschlichen Kopfes» könnten dann einmal real zum Wegweiser aus einer ebenso unsozialen wie umweltfeindlichen Ökonomik werden.

Verliert der sozialistische Staat seine «kulturell-erzieherische» Funktion, dann wird es Sache des Geisteslebens selbst sein, aus sich heraus die angemessenen Regelungen für die Rekrutierung seiner Leiter zu treffen. Es schafft sich dann seine eigene Zentralverwaltung und -vertretung, der es obliegt, gleichberechtigt mit den Vertretern des politischen Staates und der Wirtschaft zu kooperieren und zu verhandeln. Heute ist die Zeit herangereift, in der jedes Geistesleben mit *allen* seinen Gliederungen (also nicht nur ein paar Schriftsteller oder Lieblingsprofessoren der Politbürokratie), sobald es sich einmal ungehemmt entfalten darf, beinahe zwangsläufig die Tendenz zum kulturellen Austausch über die Staatsgrenzen hinweg entwickelt. Für die deutsche Kultur gilt diese Feststellung immer schon. Nur durch den Austausch über die Grenzen hinweg kann die «kulturelle Verödung» der sozialistischen Gesellschaft rückgängig gemacht werden.

Wirtschaftsleben

Was für das Geistesleben im Staatssozialismus gilt, trifft in großen Zügen ebenfalls für die Zentralplanwirtschaft zu. Welche für die Politbürokratie unüberwindbaren Hindernisse bezüglich der Entfaltung wirtschaftlicher Initiativen allein daraus entstehen, daß die Arbeitsteilung zwischen leitender und ausführender Arbeit Herrschaftscharakter angenommen hat, ist am Beispiel der Staatsplanung deutlich geworden. Deshalb gilt in der Ökonomie wie im Geistesleben: Je schneller der Staat hier durch die sozialistische Gesellschaft zurückgenommen wird, um so besser.

Selbstverwaltung der Wirtschaft im Rahmen eines dreigegliederten sozialen Organismus würde zunächst bedeuten: Die Wirtschaft könnte endlich wieder ihrem eigenen Takt folgen, brauchte sich also nicht mehr weiter um die jeder Planmäßigkeit den Boden entziehenden Sonder- und Prestigevorhaben der politischen Klasse zu kümmern. Wirtschaftliche Tätigkeit würde sich anhand von Sachgesichtspunkten organisieren. Allein die formale Loslösung der Wirtschaft vom Staat hätte also bereits ihre positiven Wirkungen. Wer die sozialistische Wirtschaft im Alltag erlebt hat, wird derlei Entlastungen der wirtschaftlichen Tätigkeit gewiß nicht geringschätzen.

Zwar wäre damit wenigstens eine Quelle des wirtschaftlichen Durcheinanders und des Mißmuts bei den Produzenten verstopft, die dringend benötigte freie Initiative der wirtschaftenden Menschen könnte so aber kaum durchgreifend aktiviert werden. Um Initiative in großem Umfang freizusetzen, bedarf es schon einer Neuordnung der Besitz-, Nutzungs- und Verfügungsbefugnisse über die Produktionsmittel, in deren Rahmen diese soweit wie nur möglich wieder an befähigte Menschen übertragen werden. Es ist das zentrale Problem jeder Neuordnung des sozialistischen Wirtschaftslebens, daß der Grundsatz «Jeder nach seinen Fähigkeiten» ernst genommen wird. Das aber setzt Aneignungsbeziehungen voraus, in denen sich vom Staat unabhängige freie Unternehmer (oder Gruppen von Unternehmern) entwickeln können, *die keine Kapitalisten sind und werden wollen.*

Wie ist das möglich? Wenn die Übertragung *operativen Eigentums* an Produktionsmitteln auf freie Unternehmer wegen ihrer Fähigkeiten erfolgt, nicht aber durch privaten Kauf oder Erbschaft, dann ergibt sich daraus bereits, daß diese Form des Eigentums dann endet, wenn sich die einmal vorausgesetzten Fähigkeiten nicht mehr bewähren; dann z. B., wenn der Betrieb in Konkurs geht oder der Unternehmer in Rente. Ebenso ergibt sich daraus, daß die Auslese dieser Wirtschaftskader ausschließlich nach Sachgesichtspunkten, keinesfalls aber nach Parteizugehörigkeit oder ähnlichen Kriterien erfolgt. Die auf diese Weise neu begründeten Fondsinhaberschaften verpflichten und berechtigen die sozialistischen Unternehmensleiter dazu, über die ihnen übergebenen Produktionsmittel zweckgerichtet nach ökonomischen, sozialen und ökologischen Kriterien zu verfügen. Operatives Eigentum in dieser Form ist funktional und als Recht befristet, es verbleibt nur so lange in der Verfügungsmacht des Unternehmers, wie der es funktionsgemäß anwendet. Mit dem operativen Eigentum verbindet sich also ein Rechtsregime, welches ein originäres subjektives Bewirtschaftungsrecht beinhaltet und den Unternehmer dazu legitimiert, mit den von der Gesellschaft übernommenen, separierten Fonds im eigenen Namen und für eigene Rechnung zu operieren, für diese Fonds eigene Verantwortung zu übernehmen, über ihren konkreten Bestand und die Verwertung der Fondsbestandteile zu disponieren und ihre Reproduktion zu gestalten. Über die Frage der Entlohnung sowohl des Unternehmers als auch des Betriebskollektivs wird von unabhängigen *gesellschaftlichen Räten* entschieden.

Was hier vorgeschlagen wird, ist in seiner formalen Struktur keineswegs so neu, wie es vielleicht dem ersten Blick erscheinen mag. Wir haben in der bestehenden Eigentumsordnung des Staatssozialismus derzeitig schon verschiedene Rechtsformen, die den angedeuteten Forderungen nach allergrößter Selbständigkeit im Wirtschaften weit entgegenkommen. So beruht z. B. die persönliche Hauswirtschaft der in der Land- und Nahrungsgüterwirtschaft Beschäftigten großenteils auf operativem Eigentum. (Ferkel und Kälber für die Mast, Wirtschaftsgebäude, Futtermittel, landwirtschaftlicher Boden sowie schweres Gerät zu seiner Bearbeitung werden über die Zeit der produktiven Mitarbeit in den Genossenschaften hinaus an deren Mitglieder übergeben – wohlbemerkt, es handelt sich dabei meistens nicht um den ehemals von Eltern oder anderen Angehörigen eingebrachten Boden usw.)

Der Ort der Verantwortung würde nach einer solchen Umgestaltung der Eigentumsverhältnisse endlich wieder dort liegen, wo man ihn trotz aller krampfhaften Bemühungen um die «Schaffung» eines sozialistischen Eigentümerbewußtseins, das ohne Übertragung von Eigentum eben nicht zu haben ist, niemals zu suchen wagte, weil man da immer nur Egoismus und materielle Begierden sehen wollte; er liegt dann wieder in der Person der Unternehmenden selber. Man muß natürlich Vertrauen in den sozialistischen Unternehmer setzen. Man muß Vertrauen haben, daß die erstarrten wirtschaftlichen Strukturen allmählich beweglicher werden und daß die Hauptkraft dieses Lockerungsprozesses ein erstarkender unternehmerischer Mittelstand sein kann. Der unternehmerisch Wirtschaftende, der, weitestgehend unbehelligt vom Staat, wieder nach ökonomischen Motiven handelt, tritt in ein *näheres* Verhältnis zur wirtschaftlichen Praxis ein, als der im zentralisierten System der Lenkung und Leitung tätige Funktionär es jemals könnte. Auch der einzelne Unternehmer muß natürlich planen. Aber vor allem muß er gestaltend in das Betriebsgeschehen eingreifen. Das Geplante an das Wirkliche zu binden und durch diese Verbindung es zur Praxis zu vergegenständlichen, das ist ihm die Eigenart allen wirtschaftlichen Handelns, eine Eigenart, die bürokratisierte Berufsgruppen so nicht mehr kennen.

Bei der hier vorgeschlagenen Umgestaltung handelt es sich nicht um die Wiederbelebung kapitalistischer Strukturen. Ziel einer derartigen Neugestaltung des Wirtschaftslebens ist primär die Nutzung des sozialistischen Eigentums auf der Grundlage individueller Fähigkeiten, wodurch die bisher völlig unbefriedigende Effektivität und mangelnde Anpassungsfähigkeit unserer Ökonomik an die Bedürfnisse des Lebens gehoben werden soll. Die Umgestaltung des Wirtschaftsprozesses soll gewährleisten, daß möglichst alle vorhandenen individuellen Fähigkeiten zugunsten der Gesellschaft mobilisiert werden. Die Einbringung dieser Fähigkeiten in das Wirtschaftsleben kann aber nur so erfolgen – darin besteht ja die entscheidende Lehre, die man aus der vierzigjährigen Praxis des deutschen Staatssozialismus ziehen muß –, daß die wirtschaftlich Befähigten sie aus ihrer freien Initiative heraus zur ökonomischen Wirksamkeit bringen. Was nicht der selbständigen Initiative entspringt, was letztlich nur durch bürokratische Apparate angewiesen wird, das wurde noch niemals unter Einsatz der ganzen Person realisiert, in der Wirtschaft ebensowenig wie anderswo.

Erst im Rahmen einer in dieser Form reformierten Eigentumsordnung des Sozialismus kann sich wieder auf breiterer Basis eine Gesinnung herausbilden, der es nicht mehr darum zu tun ist, auf die bequemste Art und Weise und bei möglichst geringer Leistung den größtmöglichen persönlichen Vorteil zu erlangen, sondern deren ganzes Streben wieder weit über den eigenen Nutzen und Egoismus hinausreicht. Es wäre dann gleichsam die Idee des Güterschaffens, des tatsächlichen Nutzens, die zum wesentlichen Antrieb wird. Eine solche Gesinnung kann mit Sicherheit nicht lediglich durch eine Erhöhung des Einkommens erzeugt werden. Eher schon resultiert der Antrieb zur Leistung aus dem schöpferischen Charakter wirklich unternehmerischer Arbeit. Das so manchen hochdotierten Künstlern nachgesagte Aperçu, sie würden selbst dann noch ihrer Kunst nachgehen wollen, wenn sie dafür etwas bezahlen müßten, beleuchtet wahrscheinlich in gewisser Weise die Lage vieler Menschen, die eine sie innerlich befriedigende Arbeit verrichten, besser als langatmige psychologische Erklärungen.

Es ist also keinesfalls primär die materielle Interessiertheit begabter Leiter, die mit der Schaffung operativen Eigentums angesprochen werden soll. Zwar hebt die Mehrheit der Kritiker des Staatssozialismus den mangelhaften Ausbau des geltenden Systems der materiellen Stimulierung in der sozialistischen Wirtschaft immer wieder hervor, womit dann zumeist auch gleich das Allheilmittel gegen deren Antriebsschwächen gegeben ist. Doch in der gegenwärtigen Situation drängen die sozialistischen Verhältnisse durchaus nicht mehr nur danach, die materiellen Begierden der Menschen anzustacheln, damit diese ihre Fähigkeiten für die Allgemeinheit anwenden. Wieder eigener Einsicht zu folgen beim Einsatz der persönlichen Fähigkeiten, darin dürfte für den freien Menschen wohl ein ganz anderer Anreiz liegen, als ihm das Geld jemals wird bieten können. In einem sich aus dem Geiste erneuernden Sozialismus würden die Hauptantriebskräfte für jedes Tun in letzter Instanz in einem aus dem freien Geistesleben herkommenden sozialen Verständnis wurzeln. Daraus aber werden Anreize ganz anderer Art gewonnen als aus der bloßen Befriedigung des materiellen Begehrungsvermögens.

Hier wird deutlich: Rücknahme des Staates und damit der Macht als Steuerungsmedium im System der Arbeitsteilung muß nicht zwangsläufig zur Erweiterung des Geldverkehrs führen, wenn Einkommen und Arbeit in bestimmter Weise auseinandergehalten werden. Mit der bloßen Erweiterung des Geldverkehrs und der Ausdehnung der Marktbeziehungen wäre vermutlich auch nur eine *Verschiebung* der bestehenden sozialen Probleme, nicht aber die Gesundung des ganzen Gesellschaftskörpers zu erreichen. Die Bedeutung der Macht und des Geldes wird in dem Maße reduziert werden, wie sich allmählich das Primat des Geisteslebens durchsetzt. Und je nachdem wie gut es aus dem Geistesleben heraus gelingt, die innere Kultur der Menschen zu entwickeln und den bisher naturwüchsig wirkenden Zwang des Haben-Wollens zu brechen, können humane Prinzipien in viele Lebensbereiche vordringen.

Mit der Eigentumsfrage ist der ökonomische Nerv jeder politbürokratischen Herrschaft getroffen. Aber gerade um die Eigentumsfrage kann sich keine Alternative zum Bestehenden herumdrücken. Wenn wir uns diesem Problem ernsthaft stellen, dann taucht unvermeidlich die Frage jeder Selbstverwaltung auf: Wer darf was entscheiden?

Verdeutlichen wir uns zunächst, welche gesellschaftlichen Verhältnisse überhaupt durch unternehmerisches Entscheidungsverhalten direkt betroffen sind, sobald es erst einmal zur Loslösung des geistigen und staatlichen Lebens von der Wirtschaft kommt. Selbstverwaltung der Wirtschaft heißt ja in diesem Rahmen nichts anderes, als daß sich der Gegenstand der Wirtschaftsleitung in der Organisation der Warenproduktion, des Warenaustauschs (mitsamt Ex- und Import) und des Warenkonsums erschöpft. Durch das mit diesem Wirtschaftskreislauf hergestellte Ordnungsgefüge darf jedoch nicht mehr länger, so wie das bisher der Fall ist, die Regelung der Rechtsbeziehungen der wirtschaftenden Menschen zueinander vorweggenommen werden. Die Rechtssetzung darf weder nur der Reflex der wirtschaftlichen Verhältnisse noch allein der Willensausdruck irgendeiner besonderen Berufsgruppe sein, selbst nicht in den Gestaltungen, in denen das Recht in den Wirtschaftsprozeß regulierend eingreift. Rechtsbeziehungen können in der Moderne nur noch auf demokratischer Grundlage geregelt werden, was aber die Mitwirkung aller Bürger, also auch der Bürger, die nicht im Arbeitsprozeß stehen, verlangt.

Damit sind bereits Grenzen gesetzt, über die hinweg unternehmerisches Entscheidungsverhalten nicht wirken kann und soll. «Wie die Natur Vorbedingungen schafft, die außerhalb des Wirtschaftskreises liegen und die der wirtschaftende Mensch hinnehmen muß als etwas Gegebenes, auf das er erst seine Wirtschaft aufbauen kann, so soll alles, was im Wirtschaftsbereich ein Rechtsverhältnis begründet von Mensch zu Mensch, im gesunden sozialen Organismus durch den Rechtsstaat seine Regelung erfahren, der wie die Naturgrundlage als etwas dem Wirtschaftsleben selbständig Gegenüberstehendes sich entfaltet.» [78]

Für die Menschen im Staatssozialismus ist es von größter Wichtigkeit, daß die in der Produktion, dem Austausch und der Konsumtion geltenden wirtschafts- und arbeitsrechtlichen Normen in einem von der Wirtschaft und ihrer Leitung unabhängigen sozialen Bereich, der nicht nur «Überbau» der Ökonomik ist, auf demokratischer Grundlage festgelegt werden. Denn erst, wenn das gesichert ist, besteht für sie die Garantie, daß die ihnen zugebilligten Rechte in ihrer Wirklichkeit nicht mehr durch täglich wechselnde Zweckmäßigkeitserwägungen eingeschränkt werden können.

Unternehmerische Tätigkeit, die nicht zu einer Restauration kapitalistischer Verhältnisse, sondern die statt dessen zur Vergesellschaftung der im Staatssozialismus verstaatlichten Ökonomie beitragen will, muß von vornherein sichern, daß die menschliche Arbeitskraft nicht zur Ware oder zum Objekt unternehmerischer Macht degeneriert. Gilt das erforderliche unternehmerische Handeln vorrangig dem Arbeitsprozeß sowie den produzierten Mitteln zur Bedürfnisbefriedigung, also der gebrauchswertmäßigen Seite des Wirtschaftens, und nicht so sehr dem Verwertungsprozeß, der Produktion von Mehrwert (bezogen auf Arbeit und Lohn) respektive von Profit (bezogen auf das investierte Kapital), ist die Gefahr gering, daß die Arbeit in unveränderter Form ihren Doppelcharakter beibehält und damit zur Ware werden kann. Soviel ist sicher: Man kann nicht im Zuge der Neugestaltung unserer Eigentumsverhältnisse die menschliche Arbeitskraft ihres Objektcharakters entkleiden wollen, wenn man nicht gleichzeitig eine Praxis betreibt, die das Interesse des sozialistischen Unternehmers gebrauchswertmäßig orientiert.

Wie ließe sich eine solche Praxis entwickeln? Für die ökonomische Umgestaltung in der hier gewiesenen Richtung könnte als *Initialzündung* zur Umwälzung der staatssozialistischen Eigentumsbeziehungen die Neutralisierung des erwirtschafteten Mehrprodukts dienen. Wenn das Mehrprodukt als Bestandteil des Nationaleinkommens weder automatisch über den Staatshaushalt verteilt wird noch in das Privateigentum der Unternehmer übergeht, sondern in einem gesonderten Fonds der Gesellschaft konzentriert wird, entfällt die Möglichkeit, auf seiner Grundlage Staats- oder Unternehmermacht unkontrolliert aufzustocken. Wie das Mehrprodukt verteilt wird, in welchem Umfang mit Hilfe des Mehrprodukts konsumtive und kulturelle Bedürfnisse der Werktätigen innerhalb und außerhalb der Produktion befriedigt werden, welche Anteile des Mehrprodukts für die Erweiterung der Produktion, die Bildung von Reserven, als materielle Basis für die nichtproduktive Sphäre, für die Sicherung der Landesverteidigung, für die Wissenschaft, die Kultur und anderes Verwendung finden, kann die Politbürokratie nicht richtig entscheiden, das können auch sozialistische Unternehmer nicht bestimmen, das können allein *gesellschaftliche Räte* festlegen, in denen sämtliche betroffenen gesellschaftlichen Gruppen vertreten sind. Für eine den großen Menschheitsproblemen angemessene Fortentwicklung des Wirtschaftslebens ist die Schaffung wirklich gesellschaftlicher Räte unabdingbar. Nur sie könnten die Einseitigkeiten des bisher lediglich durch Macht- oder Marktinteressen gelenkten blinden Wirtschaftswachstums überwinden. Sie könnten die sozialen und umweltbedingten Kosten des Wirtschaftswachstums einigermaßen ehrlich kalkulieren, ohne dabei durch betriebliche oder politische Abhängigkeiten allzu sehr behindert zu sein.

Für die Vertiefung des gesellschaftlichen Charakters eines derartigen Entscheidungsgremiums ist es entscheidend, daß in jedem gesellschaftlichen Rat die Vertreter des freien Geisteslebens eine der überragenden Bedeutung ihres Bereichs entsprechende Position innerhalb des Interessenspektrums beziehen. Auf diese Weise wird die Gefahr in Grenzen gehalten, daß die Selbstverwaltung der Wirtschaft ähnlich wie in Jugoslawien lediglich zu einer Teilung der sozialökonomischen Macht zwischen der politischen Klasse auf der einen Seite und dem betrieblichen Management auf der anderen Seite führt. Gleichzeitig wird die gesamtgesellschaftliche Wirksamkeit des Geisteslebens enorm erhöht, da solche Räte dem Geistesleben die Gelegenheit bieten würden, seine kulturellen und sozialen Impulse in den Arbeitsalltag einzubringen. Zudem könnte sich das Geistesleben von der immer nur interessengeleiteten Finanzierung durch den Staatshaushalt befreien, da es seine Mittel direkt von der Gesellschaft erhalten würde. Es könnte seine eigene Praxisfremdheit verringern.

Aussagen über die Zukunft des Sozialismus, gerade auch die hier getroffenen Voraussagen über seine ökonomische Umgestaltung, werden wohl immer und in jeder Form Streit hervorrufen. Das ist nicht weiter überraschend. Aussagen über die Zukunft beweisen allerdings nicht zuletzt dadurch ihren Willen zur Sachlichkeit, daß sie sich dem Meinungsstreit stellen. Wir können in einem solchen Meinungsstreit nach Wahrheit streben, und wir werden das auch tun. Was wir aber niemals erreichen werden, ist Sicherheit! Alles was wir im Interesse der Wahrheit tun können, ist, daß wir uns jederzeit für andere Meinungen offenhalten und gegebenenfalls bereit sind, die eigene Auffassung zu berichtigen. In diesem Sinne rechnet die hier vorgeschlagene Umgestaltung der Wirtschaftsverhältnisse nicht nur mit Zustimmung, sondern sie erwartet das kritische Gespräch. Das darf aber eben niemals heißen, daß wir, wie so viele Skeptiker meinen, mit unserem Denken an der Welt, so wie sie ist, haftenbleiben. Für diejenige Umgestaltung, um die es hier geht, kann es sich nicht um das reine Registrieren oder die glatte Fortschreibung des Vorhandenen handeln, sondern allein darum, die Praxis von morgen vorzudenken.

Macht man sich das ausreichend klar, dann ist auch der Gedanke einleuchtend: Alles, was bis hierher gesagt wurde, gründet sich nicht bloß auf die geforderte Neugestaltung des Eigentums an den Produktionsmitteln, sondern setzt in demselben Maße die Umgestaltung des menschlichen Bewußtseins der an diesem Prozeß Beteiligten voraus. Dem sichtbaren Werk der Umgestaltung der Produktionsverhältnisse muß, vielleicht weniger sichtbar, der nach innen hin verwandelte Mensch gegenüberstehen. Wirklich gültige Produktionsverhältnisse setzen in der Gegenwart die Weiterentwicklung der inneren Kultur des Menschen voraus, und die zu einer höheren inneren Kultur führende Verwandlung des Menschen erfordert immer auch die Steigerung unseres Bemühens um das uns in der Welt aufgegebene Werk. So bedingen sich innerer Weg und äußeres Tun stets wechselseitig.

Als wirklich gelungen könnte die in diesem Kapitel vorausgedachte Umgestaltung der Produktionsverhältnisse ohnehin nur dann gelten, wenn sie in vollendeter Weise praktisch in Gang setzt, was die Idee der Dreigliederung des sozialen Organismus verkörpern will. In diesem Sinne wären die gesellschaftlichen Räte nur dann eine wirklich gültige soziale Form, wenn sich in ihnen die Kräfte durchsetzen könnten, die aus ihrem Wesen heraus nach einer erneuerten Menschengemeinschaft streben.

Rechtsstaat und demokratisches Leben

Unmittelbar nach Kriegsende orientierte sich die Machtpolitik der Staatspartei in der DDR zunächst an der Idee, der neugegründete Staat sei Ausdruck einer «Diktatur des Proletariats». Besonders brauchbar war die Idee einer solchen «Diktatur» schon deshalb, weil man mit ihr ohne viel Umschweife beinahe jede Ungesetzlichkeit rechtfertigen konnte, sobald diese nur ein vermeintliches «Klasseninteresse» der Arbeiter- und Bauernklasse zu befriedigen schien. Und, nicht zu vergessen, die Formel der «Diktatur» war bestens geeignet, noch die letzten Skrupel zu unterdrücken, die bei der Anwendung der Staatsmacht aufkamen. Stillschweigend aus dem Verkehr gezogen wurde der Ausdruck erst, nachdem der sozialistische Staat bereits in systematischer Form in allen Sphären der menschlichen Tätigkeit seine Hierarchie proklamiert und praktisch durchgesetzt hatte. Seither wurde weniger auftrumpfend, dafür wissenschaftlich verbrämt von der «gesetzmäßig wachsenden Rolle» des sozialistischen Staates bei der Gestaltung der entwickelten sozialistischen Gesellschaft gesprochen.

Obwohl erst unlängst auf der 6. Tagung des Zentralkomitees der Staatspartei (1988) diese Formel durch das gefälligere und propagandistisch reizvollere Etikett «Die DDR – ein sozialistischer Rechtsstaat» ersetzt wurde, gilt dennoch uneingeschränkt die Politik weiter, welche die nunmehr propagandistisch verbrauchte Formel signalisieren wollte. Noch immer fungiert der sozialistische Staat als der «Wirtschafter» (wirtschaftlich-organisatorische Funktion) und «Volkserzieher» (kulturell-erzieherische Funktion). Im geltenden Programm der Staatspartei heißt es dazu: «Der sozialistische Staat leitet die planmäßige Entwicklung der Produktivkräfte der Gesellschaft, fördert den wissenschaftlich-technischen Fortschritt und das stetige Wachstum der Arbeitsproduktivität. Durch den Staat werden die sozialistischen Produktionsverhältnisse, die kameradschaftliche Zusammenarbeit und gegenseitige Hilfe, die sozialistische Gemeinschaftsarbeit der Werktätigen entwickelt, das Bildungs- und Kulturniveau und das sozialistische Verantwortungsbewußtsein erhöht. Immer größeres Gewicht erhalten die sozialpolitischen Aufgaben des Staates.»

Mit derartigen programmatischen Erklärungen umschreibt die Staatspartei durchaus realistisch den von ihr verantworteten Prozeß der Verstaatlichung unserer Gesellschaft. Der darin zum Ausdruck gebrachte Staatsfetischismus mußte, je länger dieser sich in der Praxis vergegenständlichen konnte, für die Lebensfähigkeit des sozialen Organismus immer bedrohlicher werden. Denn heutzutage entspringt das Gesellschaftsleben ganz anderen Quellen des sozialen Seins, als sie der Staat jemals erschließen kann.

Insoweit ist es leicht zu verstehen, warum das «Gefesseltsein an Boden und Maschinerie» mitsamt «Mauer», ja man könnte sagen, die «Geschlossenheit» der staatsbedingten Gesellschaft insgesamt, in gleicher Weise Ergebnis und Voraussetzung einer Verstaatlichung der Gesellschaft sind. Durch deren Verschmelzung mit dem Staat mußten sich schließlich proportional zu diesem Prozeß die beschriebenen Formen des außerökonomischen Zwangs in gesellschaftlichen Bereichen festsetzen, die sich vordem aufgrund ganz anderer Antriebskräfte entwickelt haben. Man kann sich ja gerade noch vorstellen, wie der sozialistische Staat die «Produktionsverhältnisse» entwickelt. Wie er jedoch mit «staatlichen» Mitteln die «kameradschaftliche Zusammenarbeit und gegenseitige Hilfe» fördern will, ist schwer vorstellbar. Was da nur immer wieder herauskommen kann, ist jenes scheinheilige Getue, das wir als ökonomische und kulturelle Selbstverpflichtungsbewegung zur Genüge kennengelernt haben und das kein Mensch mehr für voll nimmt. Man kassiert die ausgesetzten Prämien ab und redet nicht mehr darüber.

Der Prozeß der Verstaatlichung muß, wenn unser Gesellschaftskörper wieder gesunden soll, einem Prozeß der Vergesellschaftung weichen: der geforderten schrittweisen Verselbständigung des Wirtschaftens und des Geisteslebens. Was aber soll aus dem sozialistischen Staat werden, wenn dieser sich aus seinen bisherigen Tätigkeiten (Funktionen) im sozialen Organismus in dem genannten Umfang zurückzieht? Worin besteht dann seine «gültige» Gestalt? Im «Grunde» genommen, das heißt von seinem Wesen her gesehen, kann der Staat dann das werden, was er in der Mitte Europas ohnehin längst hätte sein sollen – Rechtsstaat.

Beileibe ist es nicht bloßer Laune geschuldet, wenn die Politbürokratie in ihren Sprachgebrauch neuerdings das Wort «Rechtsstaat» wieder aufgenommen hat, nachdem dieser Begriff für mehr als zwanzig Jahre auf dem Index stand, denn damit will man durchaus wenigstens verbal einer aus den Tiefen der Menschennatur immer lauter hervortönenden Forderung entsprechen und in gewisser Weise auch zuvorkommen. Schließlich kann es nur noch eine Frage der Zeit sein, bis die alternativen Kräfte im Staatssozialismus über das eklektizistische Einklagen einzelner Menschenrechte hinausgehen und ihre Gesellschaftsvorstellungen im Hinblick auf die Entwicklung unseres Staatswesens präzisieren. Dann erst wird die Forderung nach dem «Rechtsstaat» richtig gestellt sein.

Die Idee, daß die Bindung an das Recht jegliches staatliche Handeln begrenzt und eine Bürgschaft guten Regiments sei, gehört seit alters her zu jenen bleibenden Schöpfungen des deutschen Volksgeistes, die weder «klassengebunden» sind noch sich in ihrer Ausstrahlungskraft in nur einer Gesellschaftsepoche erschöpfen. Seit dem Mittelalter hören wir die Forderung, der Mensch solle unter der Herrschaft von Gesetzen, nicht aber von Menschen stehen. Das Wort und die Institution «Rechtsstaat» gehören daher zu jedem wahrhaft deutschen Staatsleben (die «rule of law» des englischen und das «règne de la loi» des französischen Rechtslebens haben sicher ähnliche, aber dann doch wieder sehr eigene Züge). Soll dem danach strebenden menschlichen Sehnen wahrhaftig entsprochen werden, kann das allein innerhalb einer in sich gleichberechtigten Rechtsgemeinschaft geschehen, die aus sich heraus die sozial wünschenswerten Rechtsvorstellungen und -normen schöpft. Ebenso wie der Staat nicht mehr länger «Wirtschafter» sein kann, darf natürlich niemals an seiner Stelle die Wirtschaft zum «Gesetzgeber» werden. Grundsätzlich kann für sich genommen nicht einmal die «ökonomische Lage» in letzter Instanz zur Begründung rechtlicher Normen führen, wenn die kardinalen Fehler des Jahres 1961 zukünftig vermieden werden sollen. Damals hatten ja nicht zuletzt die ökonomischen Bedingungen dazu geführt, daß die Produzenten scharenweise abgewandert sind. Aber anstatt den Staat aus der Wirtschaft zurückzunehmen (was nachher kurzzeitig mit dem «Neuen Ökonomischen System» versucht wurde) und dem Wirtschaftsleben die Rekonstruktion der mißratenen Ökonomie zu überantworten, wurde – als Antwort auf die «ökonomische Lage» – mit der «Mauer» ein Rechtsregime geschaffen, welches, gerade weil es allzu offensichtlich der wirtschaftlichen Misere geschuldet war, den Gerechtigkeitsvorstellungen der meisten Menschen ins Gesicht schlug.

Darum muß sich in einem gesunden gesellschaftlichen Organismus *neben* der ökonomischen Basis und in Selbständigkeit dazu, also nicht lediglich als deren juristischer und politischer «Überbau», ein Leben entfalten, in dem die normativen Grundlagen beschlossen werden, auf denen alle anderen Bereiche der Gesellschaft wirken. Als Inbegriff der Beziehungen aber, welche die Menschen unter vernünftigen Rechtsgesetzen eingehen, darf der Rechtsstaat gelten. Denn zumindest für jedes Staats- und Gesellschaftsleben im Herzen Europas – und zwar in Ost wie West – kann er allein gültige Richtlinien dafür aufstellen, welche Einrichtungen dienlich sind, um einer Überhandnahme der Staatsgewalt vorzubeugen und die Staatsgewalt in vernünftigen Grenzen zu halten. Der hier dargestellten Idee zufolge wäre der Rechtsstaat idealtypisch gesehen zunächst erst einmal praktisch nichts anderes als die nach der Entflechtung des Staats-, Wirtschafts- und Geisteslebens entstehende Rechtsordnung. Die nach Durchführung der Dreigliederung dem Staat verbleibenden Funktionen Gesetzgebung und Verwaltung würden dann wieder zu reinen «Rechtsfunktionen».

Fruchtbar geworden ist die Rechtsstaatsidee in der Vergangenheit immer nur in den Abschnitten der deutschen Geschichte, wenn diese Idee sich mit einer verbreiteten demokratischen Gesinnung verbünden konnte. Deshalb ist es ein politischer Etikettenschwindel ersten Ranges, wenn die Staatspartei den gegenwärtigen sozialistischen Staat zum «Rechtsstaat» erklärt und sich gleichzeitig gegen das Aufkommen jeglicher demokratischer Bestrebungen innerhalb wie außerhalb ihrer Reihen mit Gewalt zur Wehr setzt. Die Schwäche der deutschen Rechtsstaatsidee war es seit jeher, daß dem Schutz der Individualrechte und der Beachtung strenger Gesetzlichkeit eine grundlegendere Bedeutung beigemessen wurde als dem für den Bestand des Rechtsstaates selber zentralen Moments einer demokratischen Verfassung. Aber spätestens seit dem Ende der gerade diese Schwäche offenbarenden Weimarer Republik wissen wir allmählich immer besser zu unterscheiden zwischen der bloßen Legalität, die auch eine ordentliche Despotie mit ihren Verwaltungsmaßnahmen in bestimmtem Umfang wahren will, und einem mehr inhaltlichen Begriff des «Rechtsstaats», der die Sicherung der subjektiven Rechte mit demokratischen Formen der Einflußnahme auf die Macht verbindet. Dadurch aber rückt die Idee des Rechtsstaats in die unmittelbare Nähe dessen, was wir den demokratischen Geist einer Gesellschaft nennen können, und dieser trägt wahrscheinlich in der alltäglichen Praxis am wirkungsvollsten dazu bei, die Staatsmacht in ihr angemessenen Grenzen zu halten.

Die Forderung, «daß *alle* zusammen über einen jeden, mithin auch über sich selbst gebieten» (Kant), ist in der Mitte Europas seit Jahrhunderten immer überzeugender vertreten worden, so daß es hier nur eine Frage der Zeit bleiben konnte, wann sich die demokratische Idee mit dem Rechtsstaatsgedanken verbindet. In diesem dritten Glied, im politisch-rechtlichen Staatsleben, muß die Gleichheit vor dem Gesetz und die Gleichheit der Bürger untereinander herrschen. Hier wird verhandelt und verwaltet, worüber jeder mündige Mensch gleichermaßen urteilsfähig ist.

Man muß sich darüber klar sein, daß weder der Rechtsstaat noch die Demokratie im Sozialismus «gesetzmäßige» Entwicklungen sind, die historisch unabdingbaren Notwendigkeiten entsprechen, denn wäre es so, dann würden unsere Verhältnisse nicht die sein, die sie gegenwärtig sind. Rechtsstaat und Demokratie sind gewolltes und hergestelltes Menschenwerk, also offene und entwicklungsfähige Formen menschlichen Verkehrs. Weil das so ist, müssen wir uns aber auch immer wieder neu fragen, worin die vernünftige Begrenzung des demokratischen Prinzips liegen könnte. Wir benötigen die Demokratie für unsere soziale und politische Selbstverteidigung, für die Durchsetzung einer Gesellschaftsordnung, in der man uns nicht weiterhin «einmauern», entmündigen und mit Hilfe des Geheimdienstes schurigeln kann. Wir brauchen aber die Demokratie dort nicht, denn da wäre es dann wieder nur die übliche scheinheilige Form, wo, wie etwa im freien Geistesleben, die natürliche Begabung erforderlich ist, wo man also mittels Mehrheitsentscheidungen gar nicht zu vernünftigen Entscheidungen kommen kann.

Das zu begreifen fällt schwer. Gemeinsam mit unseren Meisterdenkern sind wir leider allzu lange der Illusion nachgerannt, es sei vorteilhaft und die Menschen wünschten sich das auch, daß noch bis in die letzte «Küche» des Landes hinein demokratisiert würde. Derweilen konnten wir schon nicht einmal mehr «jenen unendlich kleinen Bruchteil an Macht» wahrnehmen, den noch der verkommenste Parlamentarismus seinen Wahlvolk zugesteht und den der Staatssozialismus bis heute den Menschen vorenthält.

Von Jalta zur Emanzipation der Deutschen

Jedes Nachdenken über die Bedingungen und Voraussetzungen alternativen Handelns im Inneren der sozialistischen Gesellschaft verlangt von uns, der äußeren Lage, in der sich der Staatssozialismus in Deutschland befindet, genügend Beachtung zu schenken. Der Deutsche in Weimar und Dresden empfindet inzwischen schmerzlich genug, wenn er nicht völlig abgestumpft ist, wie sehr unser Gesellschaftskörper in der Zwangsjacke von Jalta zusammengeschnürt wird und allmählich jede Form verliert. Es bleibt deshalb gar nichts anderes übrig, als an der Veränderung der Verhältnisse mit dem Ziel zu arbeiten, daß die innere Gliederung unseres sozialen Organismus wieder möglichst uneingeschränkt durch seine eigenen Kräfte bestimmt wird und nicht mehr weiter durch den militärischen Status quo, der im Ergebnis der Kriegskonferenzen Roosevelts, Churchills und Stalins (Teheran 1943, Jalta 1945) in die Architektur der Staaten Osteuropas übersetzt wurde. Eiserner Vorhang, Mauer und Stacheldraht – das sind bis in die Gegenwart die Symbole einer Machtlogik, die drei alte Männer in Jalta ausgeheckt haben. Symbole einer bipolaren Weltgeschichte, die auf dem Gegensatz zwischen der Sowjetunion und Amerika beruht.

Jalta wollte den Westen wie den Osten gleichermaßen gegen die Deutschen in der Mitte Europas vereinen. Herausgekommen ist der andauernde Ost-West-Konflikt. Der aber verhindert nicht nur, daß allein die Deutschen «ihre Mitte» weiterhin verfehlen.

Das Festhalten an Jalta hat keine Zukunft mehr, denn es sichert nurmehr die Bestandserhaltung der politbürokratischen Macht. Weil das mittlerweile der letzte Dummerjahn begriffen hat, haben die Erben von Jalta selber die

Rede vom «gemeinsamen Haus Europa» übernommen, um so den Anschein zu verbreiten, ihre Politiken zielten wirklich auf die Überwindung der Spaltung. Begreifen wir aber nicht baldigst, was sich hier in der Mitte Europas an Neuem herausringen will, dann könnte in einer Stunde der russischen Schwäche Revanchismus und Nationalismus unter den osteuropäischen Völkern um sich greifen. Niemals dürfen wir vergessen, ungeklärte Verhältnisse in der Mitte Europas haben schon zweimal in einen Weltkrieg geführt.

Unter diesen Voraussetzungen müssen wir uns die Frage stellen: Wie kann in der deutschsprachigen Mitte Europas ein Zustand herbeigeführt werden, der sowohl den berechtigten Wünschen der Deutschen nach einem in jeder Hinsicht unbehinderten und selbstbestimmten Verkehr miteinander und mit anderen Völkern Rechnung trägt, der aber andererseits auch die Ängste der Nachbarvölker vor einer Wiederholung der Geschichte ernst nimmt?

Einem geordneten Zustand freien Meinungs-, Wirtschafts- und Lebensverkehrs steht gegenwärtig in der Mitte Europas nichts ärger im Wege als die im Ergebnis von Jalta zustande gekommene imperial-nationalistische Organisationsform der mittel- und osteuropäischen Länder des Sozialismus. Schon die oberflächliche Beurteilung des grenzüberschreitenden Verkehrs unter dieser Fragestellung ergibt, wie sehr gerade in diesem Teil der Welt, und zwar ganz im Gegensatz zur Tradition der betroffenen Völker, der Staat noch immer «so etwas wie eine verhärtete Haut ist, eine geschlossene Fläche, welche den größeren Teil der in ihrem Raum wirkenden Kräfte nach innen zurückwirft und nur den weitaus kleineren durchläßt...» [79] Deshalb bleibt nur die Möglichkeit, alles an diesem «Isolator» sich vorbei Entwickelnde zu fördern und den Gedanken an die endgültige Überlebtheit der nationalstaatlichen Organisationsform menschlichen Zusammenlebens zu vertiefen. Die entwickelte Idee der Selbstverwaltung der drei Glieder des sozialen Organismus weist in diese Richtung. Von einem gründlich erneuerten Geistesleben zusammengehalten, welches seine Überzeugungskraft aus der Kontinuität der mitteleuropäischen Kultur schöpft, sollen dieser Idee zufolge ja die einzelnen Bereiche des gesellschaftlichen Lebens sich selbst im Hinblick auf ihre inneren *und äußeren* Beziehungen verwalten dürfen. Die damit zugleich einhergehende Entflechtung politischer und wirtschaftlicher Macht würde zwangsläufig allen eventuellen imperialen Gelüsten die Grundlage entziehen.

Ein aus der «Vormundschaft» des Staates befreites Geistesleben würde zudem die in seinem Energiefeld lebenden Menschen bestimmt nicht mehr länger zur «Nationalität», sondern nurmehr zu wahrer Menschlichkeit erziehen. Es ist ja ohnehin seit jeher eine deutsche Besonderheit gewesen, daß wir die Nation «von unten» nie richtig zuwege gebracht haben. Auch die «sozialistische deutsche Nation» ist ein Abstraktum geblieben. Deutschland war und ist immer mehr oder weniger als eine Nation gewesen. Schon in den «Xenien» heißt es deshalb: «Zur Nation euch zu bilden, ihr hofft es, Deutsche, vergebens, bildet, ihr könnt es, dafür freier zu Menschen euch aus...» Und Marx schrieb: «Die *Emanzipation des Deutschen* ist die *Emanzipation des Menschen*.»[80] In gewisser Hinsicht sind beide Sätze noch immer wahr. Nur wenn wir selber uns zu freieren Menschen ausbilden und in diesem Prozeß die geographische Lage in der Mitte Europas im Interesse der Überwindung seiner Spaltung in eine geschichtliche Funktion verwandeln, können wir die Zwangsjacke von Jalta loswerden.

Unser Ziel muß es sein, die «deutsche Misere» durch die Teilhabe an einem Bund deutscher Sprachgebiete in der Mitte eines freien Europas zu überwinden. Gewiß, solch ein «Bund» wäre mit dem Begriff der «Wiedervereinigung» nicht zu erfassen. Unter der Voraussetzung einer kulturellen Einigungsbewegung, welche die Losung vom «gemeinsamen Haus Europa» verwirklichen will, wäre es auch völlig gleichgültig, mit Hilfe welcher staatsrechtlicher Konstruktionen man den verbleibenden deutschen Besonderheiten Rechnung trägt. Allerdings böte, was die inneren Verhältnisse betrifft, die Dreigliederung des sozialen Organismus und die Selbstverwaltung seiner Glieder wohl die besten Möglichkeiten, um die «verhärtete Haut» endlich abzulegen, damit sich die bisher durch den Staat in der Mitte und im Osten Europas nach innen zurückgeworfenen Kräfte in einen freien menschlichen Austausch einbringen könnten. Auf diese Weise wäre es den Deutschen möglich, sich durch das verstehend-schätzende Heranholen der östlichen und westlichen Ideen, Werte und Lebensformen und deren Ausgleich selber zu freieren Menschen auszubilden. Wie sich in der Schweiz germanische und romanische Kulturströmungen gegenseitig bereichert haben, genauso könnte auf deutschem Boden der Gegensatz zwischen dem Osten und dem Westen zum Ausgleich gebracht werden.

Ernst Niekisch, der «rote Preuße», hat wohl als einer der ersten darüber geschrieben, wohin ein eigener Weg Deuschlands jenseits der Blöcke führen könnte. Unter gesamteuropäischen Vorzeichen gewinnen seine perspektivischen Vorstellungen über ein deutsches Zentrum unseres Kontinents in bemerkenswerter Weise an Überzeugungskraft. Nach Niekisch hängt die Zukunft der Deutschen davon ab, und zwar der Deutschen in West und Ost, ob diese den historischen Auftrag des «versöhnlichen Ausgleichs» in der Mitte Europas für sich akzeptieren oder nicht. «Erstrebt Deutschland die Stellung einer großen europäischen Schweiz, dann schließt das für das deutsche Volk die Selbstbescheidung ein; es muß sich bewußt auf einen kleinen politischen Fuß umstellen, es muß insbesondere begreifen, daß ihm keine kriegerischen Lorbeeren mehr winken, daß es künftighin seinen Ruhm ausschließlich in moralischen und kulturellen Taten zu suchen hat. (...) An der Frage, ob der Deutsche noch Erneuerungskraft genug in sich habe, sich vom menschlichen Leitbild des physischen Helden abzukehren und sich dem des moralischen zuzuwenden, hängt das Zukunftsschicksal des deutschen Volkes.» [81]

ANMERKUNGEN

Als Autor fühle ich mich drei zeitgenössischen Denkern gegenüber zu besonderem Dank verpflichtet – *Rudolf Steiner, Jürgen Habermas* und *Rudolf Bahro*. Sie haben mich in meinen Ansichten stark beeinflußt. Ich hoffe, daß dieser Einfluß auch für andere jederzeit erkennbar ist, selbst wenn ich gerade diese Autoren nicht zitiere.

1 Immanuel Kant, Von den Träumen der Vernunft, Kleine Schriften zur Kunst, Philosophie, Geschichte und Politik, Leipzig und Weimar, S. 225
2 Eduard Gans, Philosophische Schriften, Berlin 1971, S. 308
3 Georg Lukács, Über die Vernunft in der Kultur, Ausgewählte Schriften 1909–1969, Leipzig 1985, S. 17
4 Karl Marx, Friedrich Engels, Werke 1 (nachfolgend als MEW), Berlin 1964, S. 385
5 MEW 9, S. 221, 133, vgl. auch DZfph 1983, H. 11, S. 1249
6 Gustav Schwab, Die schönsten Sagen des klassischen Altertums, Bd. 1, Leipzig 1977, S. 30ff
7 Tocqueville, Die Demokratie in Amerika, deutsch nach Rüder, 1836, zitiert bei Karl Jaspers, Vom Ursprung und Ziel der Geschichte, Frankfurt 1957, S. 138/139
8 Nikolai F. Beltschikow, Dostojewski im Prozeß der Petraschewzen, Reclam Bibliothek Leipzig 1977, S. 133
9 Lenin, W. I., Werke, Berlin 1955ff (nachfolgend als LW), Bd. 15, S. 45; vgl. weiterhin Formationstheorie und Geschichte, Berlin 1978, hg. von Ernst Engelberg und Wolfgang Küttler
10 MEW 19, S. 385
11 Rosa Luxemburg, Gesammelte Werke (nachfolgend als GW), Dietz Verlag Berlin, Bd. 1, Zweiter Halbband S. 424
12 GW 1, zwt. Hb. 423/424
13 GW 1, zwt. Hb. 424

14 GW 1, zwt. Hb. 425
15 GW 1, zwt. Hb. 425/426
16 GW1, zwt. Hb. 428
17 LW 7, S. 400/401
18 GW 1, zwt. Hb. S. 443
19 GW 4, S. 359
20 GW 4, S. 362
21 MEW 3, S. 73
22 Karl Marx, Grundrisse der Kritik der politischen Ökonomie (Rohentwurf), Berlin 1974, S. 18
23 Hermann Hesse, Der Steppenwolf, Berlin und Weimar 1978, S. 31
24 Rainer Maria Rilke, Werke in drei Bänden, hg. von Horst Nalewski, 2. Bd., Frankfurt a. M. 1978, S. 855/856
25 Christa Wolf, Ins Ungebundene gehet eine Sehnsucht, Prosa und Essays, Berlin und Weimar 1986, S. 381
26 Ebenda, S. 376
27 MEW 3, S. 62
28 Georg Wilhelm Friedrich Hegel, Grundlinien der Philosophie des Rechts oder Naturrecht und Staatswissenschaft im Grundrisse, hg. von Hermann Klenner nach der Ausgabe von Eduard Gans, Berlin 1981, S. 220
29 Jean-Jacques Rousseau, Der Gesellschaftsvertrag, Leipzig 1978, S. 43
30 Hermann Klenner, Marxismus und Menschenrechte, Studien zur Rechtsphilosophie, Berlin 1982, S. 157
31 Ebenda, S. 30
32 Immanuel Kant, a. a. O., s. 229
33 Ebenda, S. 230, 372
34 Vgl. etwa Karl Jaspers, Vom Ursprung und Ziel der Geschichte, Frankfurt a. M. 1957, S. 171
35 Karl Marx, Das Kapital, Erster Band, Berlin 1977, S. 377/378
36 Karl Marx, Das Kapital, Dritter Band, a. a. O., S. 397
37 Ebenda
38 Karl Marx, Zur Kritik Der Politischen Ökonomie (Manuskript 1861–1863), Text Teil 4, Berlin 1979, MEGA, Zweite Abt., S. 144
39 Alexander Mitscherlich, Anstiftung zum Unfrieden, Frankfurt a. M. 1965, S. 43
40 Ethiker-Konferenz zur sittlichen Erziehung, Bericht von U. Wilke, DZfph, 1980, S. 727
41 Ebenda
42 Aristoteles, Eudemische Ethik, übersetzt und kommentiert von Franz Dirlmeier, Berlin 1984, S. 105; vgl. auch Platon, Politeia, Sämtliche Werke 3, a. a. O., S. 287
43 Karl Kautsky, Das Erfurter Programm, Berlin 1965, S. 167
44 LW 25, S. 489

45 Gerhard Riege, Die Staatsbürgerschaft der DDR, Berlin 1982, S. 93
46 Gerhard Riege, Überlegungen zum sozialistischen Verfassungsbewußtsein, Neue Justiz 1985, S. 41
47 MEW 1, S. 58
48 Karl Ferdinand Hommel, Des Herrn Marquis von Beccaria unsterbliches Werk von Verbrechen und Strafen, Berlin 1966, alle Zitate S. 141/142
49 MEW 1, S. 113
50 Andrej J. Wyschinski, Gerichtsreden, Berlin 1951; dazu weiter: Prozeß gegen die Leitung des staatsfeindlichen Verschwörerzentrums mit Rudolf Slánský an der Spitze, hg. in deutscher Sprache, Orbis Prag, Justizministerium; Der Rákosi-Prozeß, Berlin 1951
51 Eduard Gans, a. a. O., S. 178
52 Friedrich Schiller, Über Kunst und Wirklichkeit, Schriften und Briefe zur Ästhetik, Leipzig 1985, S. 330
53 C. G. Jung, Grundfragen zur Praxis, Grundwerk, Olten 1984, S. 276
54 Peter Hacks, Essais, Leipzig 1984, S. 152
55 Friedrich Schiller, a. a. O., S. 329
56 Václav Havel, Versuch, in der Wahrheit zu leben, Reinbek 1980, S. 17/18
57 MEW 21, S. 287, MEW 4, S. 131, 132, 140
58 Ethik, VEB Deutscher Verlag der Wissenschaften, Berlin 1968, S. 185
59 Ebenda
60 Jakob Böhme, Der Weg zu Christo, Buch 6, § 36, 37
61 Platon, a. a. O., Bd. 3, Phaidon, S. 19
62 Wolfgang Huber, Protestantismus und Protest, Reinbek 1987, S. 12/13
63 Dietrich Bonhoeffer, Widerstand und Ergebung, Briefe und Aufzeichnungen aus der Haft, München 1985
64 Ebenda
65 Karl Marx, Der Bürgerkrieg in Frankreich, Ausgewählte Schriften in 2 Bänden, Bd. 1, Berlin 1951, S. 497
66 Ehrhart Neubert, Reproduktion von Religion in der DDR-Gesellschaft, Hg.: Theologische Studienabteilung beim Bund der Evangelischen Kirchen in der DDR, 1986, S. 56
67 Günter Bransch, Kirche auf dem Weg, Perspektiven der evangelischen Kirche in der sozialistischen Gesellschaft, Versuch einer Einschätzung, Berlin 1987, S. 34; die Schrift kann in ihrem Inhalt als repräsentativer Querschnitt gelten.
68 MEW, S. 357
69 C. G. Jung, Antwort auf Hiob, Werke XI, S. 496/497, zitiert in: Eugen Drewermann, Tiefenpsychologie und Exegese, Bd. I, Olten und Freiburg im Breisgau 1984, S. 33
70 Dieter Bassermann, Der späte Rilke, München 1947, S. 343

71 Walter Benjamin, Über das Programm der kommenden Philosophie, in: Zur Kritik der Gewalt und andere Aufsätze, Frankfurt a. M. 1965, S. 15
72 Jean E. Charon, Der Sündenfall der Evolution, Wien 1987, S. 12
73 Platon, Sämtliche Werke Bd. 6, Nomoi, Reinbek 1975, S. 92
74 Ebenda
75 Z. B. enthält das Sachregister des vom Minister für Hoch- und Fachschulwesen im Oktober 1985 herausgegebenen Ethik-Lehrbuchs für die Ausbildung an Universitäten und Hochschulen das Stichwort «Zivilcourage» erst gar nicht.
76 Karl Marx, Kritik des Gothaer Programms, in: Ausgewählte Schriften Bd. 2, Berlin 1952, S. 24
77 Wilhelm von Humboldt, Über die Kawisprache, Bd. 3, S. 462, zit. nach: Alexander von Humboldt, Gesammelte Werke, Erster Band, Stuttgart, S. 264
78 Rudolf Steiner, Die Kernpunkte der sozialen Frage, S. 57
79 Robert Musil, Essays Reden Kritiken, hg. von Anne Gabrisch, Berlin 1984, S. 214
80 MEW Bd. 1, S. 391
81 Ernst Niekisch, in: Die Linke und die nationale Frage, Dokumente zur deutschen Einheit seit 1945, Reinbek 1981, S. 72

WARUM ICH DIESES BUCH GESCHRIEBEN HABE

Ich wünsche mir, daß dieses Buch zu Diskussionen Anlaß gibt: Diskussionen über den Ursprung, das Wesen, die Funktionsweise des bürokratischen Sozialismus, wie wir ihn heute in der DDR und den anderen Staaten des Warschauer Paktes erleben – und über den Weg in eine bessere Zukunft. Bei einer grundsätzlichen Kritik des Staatssozialismus liegt es in der Natur der Sache, daß sie über weite Strecken theoretisch und abstrakt gefaßt ist. Und doch war die Arbeit an diesem Buch für mich alles andere als ein akademisches Unternehmen: Es ist vor allem auch ein Produkt der Auseinandersetzung mit meinen eigenen politischen Erfahrungen als Bürger der DDR, als langjähriges Mitglied der SED. Ich will deshalb dieses Nachwort nutzen, um meinen persönlichen Werdegang und damit die Entwicklung meines politischen Denkens zu erläutern. Ich hoffe, daß dadurch auch die praktische politische Bedeutung mancher Gedankengänge verständlich wird, die auf den ersten Blick wie reine Theorie erscheinen mögen.

Man hat mich mehrfach gefragt, weshalb ich solchen Wert auf den marxistischen Gedanken der «ökonomischen Gesellschaftsformation» lege. Hätte ich mir nicht zum Vorteil des Lesbarkeit des vorliegenden Textes so manche diesbezügliche Passage ersparen können? Ich glaube nicht. Denn es geht bei den Erörterungen der «ökonomischen Gesellschaftsformation» und des damit in engstem Zusammenhang stehenden Ost-West-Gegensatzes um mehr als nur um irgendeine marxistische Denkfigur. Es geht um die entscheidende Grundfrage, ob in der Geschichte der Menschheit der Staatssozialismus, und zwar so, wie wir ihn kennengelernt haben, tatsächlich weltweit die nächste Stufe der gesellschaftlichen Entwicklung nach der bürgerlichen Gesellschaft darstellt oder nicht. Wenn es denn stimmt, daß – wie Kant gesagt hat – «... das menschliche Geschlecht im Fortschreiten zum Besseren immer gewesen sei, und so fernerhin fortgehen werde...», ist dann der real existierende Sozialismus dieser Fortschritt zum Besseren? Hat er sich in Theorie und Praxis als die *Nachfolgeformation* gegenüber dem Kapitalismus bewährt?

Viele Menschen können sich wahrscheinlich nur schwer vorstellen, wie sehr ich (und mit mir viele Genossen) vor noch gar nicht allzu langer Zeit die Gegenwart aus der Geschichte heraus begründen und begreifen wollte. Meine Freunde und ich, wir haben zeitweilig geradezu im Bann der Geschichte gelebt. Nicht selten fühlten wir uns in unserem politischen Handeln von «dämonischer Notwendigkeit» getrieben als die «prädestinierten Knechte, womit der höchste Weltwille seine ungeheuren Beschlüsse durchsetzt», um es mit Heinrich Heines Worten zu sagen. Als prädestinierter Knecht des Weltwillens kann sich natürlich nur der richtig fühlen, der guten Glaubens ist. Und guten Glaubens waren wir, wenigstens zeitweilig. Ich habe wirklich daran geglaubt, daß die Gesellschaftsformation, in der wir leben, der praktische Fortschritt sei gegenüber dem kapitalistischen Westen; selbst wenn die spezifische Form, in der sich der Sozialismus im einzelnen konkret verwirklichte, zuerst durch «Geburtswehen», später hieß es dann «durch Deformationen» unübersehbar verunstaltet war.

In einer solchen entwicklungslogischen Borniertheit befangen, haben wir nach dem 13. August 1962 unablässig die Formationsgeschichte bemüht, um die mit dem Bau der Mauer einhergehende Unterdrückung zu rechtfertigen. Der Bau der Mauer war damals für mich durchaus eine notwendige, wenngleich vorübergehende Maßnahme politischer Machtausübung. Mit ihrer Hilfe wollten wir ja die Voraussetzungen schaffen, damit sich die Gesetzmäßigkeiten des Sozialismus unter den Bedingungen der Ost-West-Konfrontation ungestört entfalten konnten. Der Sozialismus sollte, wie wir unentwegt beteuerten, die Chance erhalten, in einem Industrieland im Herzen Europas seine Überlegenheit zu beweisen. An die Möglichkeit, daß die Mauer über Jahrzehnte hinweg Bestand haben könnte, daran dachte kaum jemand. Allgemeiner Konsens unter uns war: Die mit der Mauer verbundenen, bedrückenden Beschränkungen unserer Freiheit waren deshalb gerechtfertigt, weil sie im Interesse eines in naher Zukunft zu erzielenden Freiheits- und Demokratiegewinns erfolgten. Anders wären derlei Maßnahmen auch kaum mit dem Gedanken der historischen Formationsabfolge Kapitalismus – Sozialismus vereinbar gewesen; denn diese Abfolge wurde stets als stufenweises Voranschreiten des Menschengeschlechts auf dem Wege zur Freiheit begriffen. (Mit welcher Überzeugung wir damals am Ende der Parteiversammlungen «Brüder zur Sonne, zur Freiheit» gesungen haben, kann sich heute wahrscheinlich niemand mehr vorstellen.)

Es mag einer heute nur schwer verständlichen politischen Naivität geschuldet gewesen sein: Doch in der Mitte der sechziger Jahre gewann ich tatsächlich den Eindruck, die politökonomischen Verhältnisse in der DDR würden sich auf der ganzen Linie zum Besseren wenden. In den Betrieben und Kombinaten wurden damals ansatzweise Formen der Arbeiterselbstverwaltung ausprobiert (Produktionskomitees, gesellschaftliche Räte). Und unser Rechtswesen wurde gründlich reformiert.

Erst mit dem Einmarsch deutscher Truppen in die ČSSR wurde mein Glaube an die historische Überlegenheit des Sozialismus in seinen Grundfesten erschüttert. Gewiß waren Ethik und Politik seinerzeit durchaus nicht dasselbe für mich, aber wo sie derart zugespitzt in Gegensatz zueinander geraten konnten wie in Prag 1968, da konnte es, dachte ich mir, nicht allzuweit her sein mit dem Fortschritt zum Besseren. Schlagende Argumente konnte ich damals dem Gerede von der Konterrevolution, welches sich wiederum auf die marxistische Formationslehre stützte, noch nicht entgegensetzen. Dennoch: 1968 ist mir klargeworden, daß die marxistische Geschichtsauffassung in dieser konkreten Situation nurmehr beschworen wurde, um das imperialistische Machtgebaren der Politbürokratie zu legitimieren.

Noch fehlte es uns allerdings an einer wirklichen gedanklichen Durchdringung des historischen Geschehens. Die brachte erst Jahre später Rudolf Bahros Buch «Die Alternative». Dieses Buch begeisterte mich, mit ihm war der ideologische Bann endgültig gebrochen: Bahro beschrieb den Weg der meisten sozialistischen Länder als einen Entwicklungspfad, der seinen *Ursprung* in der Hinterlassenschaft der «asiatischen Produktionsweise» hatte. Eine Epoche des Kapitalismus hatten diese Länder nie durchschritten.

Bald jedoch wurde mir klar, wie inkonsequent und dem alten Schematismus verhaftet Bahro mit seinem Ansatz blieb, wenn er unsere Verhältnisse charakterisierte «als *protosozialistisch*, d. h., wir haben Sozialismus im Larvenstadium». Für mich stand nach dem Lesen der «Alternative» fest: Wir haben keinen Sozialismus im Larvenstadium, sondern wir leben in der Gesellschaftsform, die weltweit gesehen das Erbe der «asiatischen Produktionsweise» angetreten hat. Nach dieser Vorstellung ist der Sozialismus nicht mehr die Nachfolgeformation des Kapitalismus; er ist, jedenfalls in der Form, in der er in der Wirklichkeit existiert, allgemeiner Ausdruck eines selbständigen (industriellen) Entwicklungspfades der «östlichen Welt».

Rein äußerlich betrachtet zeigte sich mir in dieser Sichtweise der Hauptwiderspruch unserer Epoche, der Gegensatz zwischen Sozialismus und Kapitalismus, als die aktuelle Form des seit der Antike bestehenden Ost-West-Gegensatzes. Vorbedingung für den in der Gegenwart lebensnotwendig gewordenen Ausgleich dieses Gegensatzes ist es – und vielleicht kann uns hier eine Diskussion der Formationslehre weiterhelfen –, daß die Menschen in Ost und West eine möglichst genaue Vorstellung davon entwikkeln, wodurch dieser Gegensatz bestimmt ist. Grundsätzlich gesehen ist ja der Widerspruch zwischen «Östlichem» und «Westlichem» nicht nur äußerlicher Natur. Nach Hegel hat jeder Mensch und jedes Ding seinen Osten und Westen «in sich». Die Aufhebung dieses Widerspruchs «in sich» ist in der Gegenwart dem Menschen aufgegeben.

Ich hoffe, vor diesem Hintergrund wird die Bedeutung verständlich, die ich in meinem Buch einer Analyse der formativen Struktur des Ost-West-Gegensatzes zumesse.

Eine andere Frage, die mir gestellt wurde, betrifft meine Mitgliedschaft in der SED. Mit der Staatspartei gehe ich ja ziemlich schonungslos ins Gericht, habe aber selber noch immer das Parteibuch in der Tasche. Wenn dieses Buch erscheint, werde ich ein Vierteljahrhundert Parteimitgliedschaft hinter mir haben. Fallen da nicht Wort und Tat bei mir auseinander? Ich selber habe mich immer wieder gefragt, ob ich meine Mitgliedschaft in der Staatspartei vor mir selber weiter rechtfertigen kann. Um verständlich zu machen, warum ich letzten Endes meine Mitgliedschaft bisher nicht aufgekündigt habe, will ich kurz erläutern, wie meine Entwicklung in der Partei verlaufen ist.

Ich sagte bereits, daß mir im Zusammenhang mit den Prager Ereignissen 1968 klar wurde, wie borniert mein Weltbild damals war. Damals bereitete ich mich an der Berliner Universität auf mein Examen vor. Die wirtschaftlichen Reformvorhaben, die in der ČSSR unter der Federführung Ota Siks versucht wurden, überzeugten mich nicht gerade, doch die dort geübte Form des politischen Diskurses begeisterte mich. Obwohl ich also nicht unbedingt zu den Anhängern der Prager Bewegung rechnete, bekam ich doch nach dem Einmarsch der Warschauer Paktstaaten in Prag im Zuge der innerparteilichen Auseinandersetzungen in der DDR hautnah zu spüren, wie unerwünscht jede eigene Meinungsäußerung war. Abgerechnet wurde nämlich damals, jedenfalls war es an der hauptstädtischen Alma mater so der Fall, nicht nur mit den Anhängern des Prager Reformkurses, sondern mit all denen, die sich überhaupt den Luxus selbständigen Denkens und Redens geleistet hatten. Wer niemals miterlebt hat, wie gestandene Hochschullehrer befohlene Selbstkritik übten, der kann sich schwerlich in die konkreten Zeitverhältnisse hineinversetzen.

Am Ende kam ich persönlich ziemlich glimpflich davon. Ich mußte ein für mich vorgesehenes Forschungsstudium abbrechen. Und man auferlegte mir gewissermaßen «zur Bewährung» die Bearbeitung eines neuen Themas für meine Diplomarbeit, da ich mit dem alten Thema – ich hatte bereits über die «Verinnerlichung von Normen» geschrieben – angeblich den «Klassencharakter des Rechts» als Instrument politischer Machtausübung mißachtet hatte. Parteizensoren wollten entdeckt haben, daß ich bereits in einer Arbeit, die man mit dem Fichtepreis der Humboldt-Universität ausgezeichnet hatte, zu einer «Psychologisierung des Rechts» angestiftet hätte. Mit anderen Worten, mir wurde «revisionistisches Verhalten» in der Wissenschaftsarbeit vorgeworfen.

Nach dem Studium habe ich meinen Wehrdienst geleistet und bin kurze Zeit an der Akademie für Staats- und Rechtswissenschaften tätig gewesen, bevor ich 1973 meine Zulassung als Rechtsanwalt erhielt. Noch im selben Jahr wurde ich dann Parteisekretär eines Bezirkskollegiums der Rechtsanwälte. In dieser Funktion besuchte ich eine höhere Parteischule, ich wurde das, was man im Parteijargon einen «Nomenklaturkader» nennt. Obwohl ich für mich in Anspruch nehme, in meiner zehnjährigen Tätigkeit als Parteisekretär die gegebenen Freiräume genutzt zu haben, war ich dennoch wegen der vielen kleinen «faulen Kompromisse» unzufrieden. Als Reaktion auf meine persönlichen und beruflichen Erlebnisse mit dem Staatssozialismus brachte ich schließlich zu Papier, was ich wirklich dachte.

Meiner Ansicht nach ist dieses Buch, wie es nunmehr vorliegt, von größter Bedeutung für alle an einer Verbesserung des deutschen Staatssozialismus interessierten Kräfte. Das gilt natürlich zuerst für die Mitglieder meiner Partei selbst. Denn die Partei als eine große Gruppe von Menschen, aus der die Leiter in der sozialistischen Gesellschaft hervorgegangen sind und weiterhin rekrutiert werden, lebt in großen Teilen fort in jenen Anschauungen, die heute in fast allen Ländern des Sozialismus berechtigt in Zweifel gezogen werden; und sie will bis heute den Zusammenhang zwischen ihrer dogmatischen Weltanschauung und dem kulturellen Niedergang der sozialistischen Gesellschaft nicht sehen. Genau diesen Zusammenhang, der sich seinem Wesen nach im Staatssozialismus überall gleicht, will ich meinen Lesern exemplarisch vor Augen führen.

Mir ist selbstverständlich bewußt: Mit der Veröffentlichung meines Buches «Der vormundschaftliche Staat» begehe ich in den Augen meiner Parteioberen «Verrat am Sozialismus»! Lange Zeit, ich denke zu lange, hat mich die Aussicht auf diese Bewertung meines Tuns abgeschreckt. Und zwar nicht etwa, weil mir noch etwas am bürokratischen Sozialismus gelegen wäre – der ist sowieso heutzutage reformbedürftiger als je zuvor. Nein, mich hat die Verratsvorstellung an sich geschreckt, denn unbewußt wollte ich lieber mit der Macht und der Mehrheit sein.

Inzwischen bin ich mir jedoch sicher: Die Vormundschaft der Politbürokratie kann ohne Handlungen, welche den Machthabern als Verrat erscheinen müssen, gar nicht gebrochen werden. Anders gesagt: Wir müssen endlich das Menschenrecht auf freie Meinungsäußerung mit Leben erfüllen. Dieses Recht umfaßt aber das Recht (lt. Art. 19 der Allgemeinen Erklärung der Menschenrechte), Informationen und Ideen mit allen Verständigungsmitteln *ohne Rücksicht auf Grenzen zu suchen, zu empfangen und zu verbreiten.* Vielen Menschen bei uns wird solche Einsicht ebenso schwerfallen wie mir, denn Infomationen und Ideen ohne Rücksicht auf Grenzen zu verbreiten, das bedeutet aus der Sicht unserer Strafrechtspraxis nicht mehr und nicht weniger als das, was das Strafgesetzbuch als «nachrichtendienstliche Tätigkeit» umschreibt!

Wenn die Wahrnehmung des Rechts auf freie Meinungsäußerung besonders Parteimitgliedern häufig Schwierigkeiten bereitet, dann nicht nur deshalb, weil die Partei in großen Teilen eingeschüchtert ist. Das ist nur die halbe Wahrheit. Die andere Hälfte der Wahrheit ist, daß bis heute viele Mitglieder der Partei meinen, mit dem Eintritt in die Reihen der Partei sei für sie die «Zeit des Sich-Entscheidens» endgültig vorbei. Fortan brauche man nur noch die einzelnen politischen Manöver der Partei mitzumachen. Nach dieser Geisteshaltung trägt «die Partei» die Last der Verantwortung! Eine so verstandene Parteidisziplin gehört überall zu den Grundfesten der vormundschaftlichen Gesellschaft.

Ich kann Menschen, die so denken, nicht verurteilen, weil ich inzwischen weiß, wie gerne wir Verantwortung auf andere übertragen. Ich behaupte aber, daß der einzelne, der moralisch leben will, seine gesamte politische Tätigkeit letztendlich nur von jenem Grunde seines Daseins her bestimmen kann, wo er der Wegweisung des «innerlichen Menschen» gewahr wird, wo die Stimme des Gewissens lauter klingt als der Ruf der Partei.

Zwischen der Parteilinie und dem Gewissen des einzelnen Mitglieds kann es immer wieder zu Divergenzen kommen. Das wird zuweilen dazu führen, daß Menschen ihre Mitgliedschaft beenden. Man kann aber auch den Kampf für die Wahrheit und die Gerechtigkeit, die man meint, innerhalb der Partei aufnehmen und auf diese Weise diejenige allgemeinmenschliche Front in der Partei stärken, die Martin Buber gewollt hat. Diese innere Front kann «– da sie, wenn überall aufrecht und stark, als eine heimliche Einheit quer durch alle Gruppen liefe – für die Zukunft unserer Welt wichtiger werden als alle Fronten, die heute zwischen Gruppe und Gruppe, Gruppenverband und Gruppenverband sich ziehen».

ÜBER DEN AUTOR

Rolf Henrich wurde im Februar 1944 in Magdeburg geboren. Er studierte Rechtswissenschaften in Jena und Berlin. Seit 1973 arbeitet er als selbständiger Rechtsanwalt. Henrich wurde 1964 Mitglied der SED. Von 1973 an war er zehn Jahre lang Parteisekretär des Kollegiums der Rechtsanwälte im Bezirk Frankfurt/Oder. In dieser Zeit besuchte er für ein Jahr eine höhere Parteischule. Für seine Arbeit als Anwalt und Parteisekretär wurde er unter anderem mit der Verdienstmedaille der DDR ausgezeichnet. Rolf Henrich lebt und arbeitet heute in Eisenhüttenstadt unweit der polnischen Grenze.